普通高等教育跨境电子商务方向系列教材

# 跨境电子商务

主　编　王　健

参　编　肖梦佳　弓永钦　宁福生

机 械 工 业 出 版 社

本书全面介绍在国际贸易领域的电子商务发展，以及所带来的运作方式、商业模式的变化，既反映跨境网络零售的实践发展，又反映在国际贸易B2B领域电子商务的发展，还体现跨境电子商务运营中的管理与决策。在跨境电子商务的发展中，跨境网络零售会是国际贸易的一个长期补充，B2B跨境电子商务的发展有不可估量的潜力，目前发展格局已经初露端倪，本书也考虑了这些发展实践和发展趋势。

本书可作为高校"跨境电子商务"课程教材，也可供社会读者学习、参考。

**图书在版编目（CIP）数据**

跨境电子商务 / 王健主编 . —北京：机械工业出版社，2019.10（2023.12重印）

普通高等教育跨境电子商务方向系列教材

ISBN 978-7-111-63776-9

Ⅰ . ①跨⋯　Ⅱ . ①王⋯　Ⅲ . ①电子商务－高等学校－教材

Ⅳ . ① F713.36

中国版本图书馆 CIP 数据核字（2019）第 217079 号

机械工业出版社（北京市百万庄大街22号　邮政编码 100037）

策划编辑：常爱艳　　　　　责任编辑：常爱艳　易　敏

责任校对：朱继文　张　征　封面设计：鞠　杨

责任印制：李　昂

北京中科印刷有限公司印刷

2023年12月第1版第4次印刷

184mm×260mm・16.5印张・325千字

标准书号：ISBN 978-7-111-63776-9

定价：44.80元

电话服务　　　　　　　　　　网络服务

客服电话：010-88361066　　　机 工 官 网：www.cmpbook.com

　　　　　010-88379833　　　机 工 官 博：weibo.com/cmp1952

　　　　　010-68326294　　　金 书 网：www.golden-book.com

**封底无防伪标均为盗版**　　机工教育服务网：www.cmpedu.com

# 前言

"跨境电子商务"这个概念，2014 年才进入公众的视野，当时中国的互联网商家，甚至个人，都可以通过跨境电子商务平台把海外的消费品卖给国内的消费者。自 2014 年开始，国内消费升级，大量消费者海外购物，随之兴起了跨境电商消费热潮。

而实际上，早在 2004 年，中国的商家和个人就已经开始通过互联网平台，把国内的产品直接卖给全球各地的终端消费者。跨境电子商务这个词由此而来。

在国外，跨境电子商务（Cross-border E-commerce）这个词最早通常被理解为跨境网络零售，也就是说，它是国内电子商务的一个国际化延伸。厂家或者商家可以通过互联网把产品直接卖给海外最终用户或者消费者。因此，跨境电子商务最早被认为是一个 B2C 的行为，主要是因为互联网商家或平台，可以让全球的消费者通过互联网选择自己喜欢的产品，然后直接下单成交、支付并通过国际快递或者邮政收货。

2018 年，世界海关组织发布了由中国牵头制定的供全球各国海关组织参考的《跨境电子商务标准框架》。该标准框架主要是把跨境电子商务理解为针对个人消费者参与的跨境交易活动，也就是我们通常理解的跨境网络零售。因为，个人消费者参与国际贸易，而且能够达成具有一定商业规模的网上跨境交易，这毕竟是国际贸易的新的发展趋势。

跨境网络零售不同于以往的传统国际贸易。它让全世界众多的中小企业，甚至消费者参与到国际贸易中。传统国际贸易都是在进出口商之间开展，由大公司来主导。而跨境网络零售可以跳过以往传统国际贸易中的经销商环节，可以直接把产品卖给最终消费者。这种技术驱动的贸易给国际贸易带来了新的经营方式和增长空间。

实际上，在跨境网络零售兴起之前，技术驱动国际贸易就已逐渐兴起并发展。20 世纪 90 年代，互联网在全球普及，出现了一些全球化的电子商务平台，如 eBay 等，但是大规模的跨境网络零售仍然还没有出现。

真正规模化地帮助中小企业进入全球市场，帮助它们在互联网上开展国际贸易的情况，是在 1999 年阿里巴巴成立之后。阿里巴巴最早的国际站就是帮助买卖双方在互联网上进行信息撮合，以期最终达成交易。除了阿里巴巴之外，在全球范围内陆续还有很多其他的电子商务平台做类似的业务。这些跨境的 B2B 电子商务虽然不能实现通过互联网直接完成支付和履约，但是能够帮助企业找到贸易机会，因此发挥着重要的促成交易的作用。特别需要指出的是，这些电子商务平台逐渐形成了各自独特的商业模式。

在中国，从1999年阿里巴巴创业开始，到碎片化外贸出现，到通过互联网把产品直接卖到海外的消费者手中，到消费者直接通过互联网渠道完成海外购物，这一切都是传统的国际贸易发生的重大变化。

这就是为什么后来人们逐渐用"跨境电子商务"这个词来笼统描述所有技术驱动的国际贸易，以及它给传统国际贸易形式所带来的实质性变化。因此"跨境电子商务"逐渐被广义化理解，既包括B2C模式的跨境网络零售，也包括技术驱动给传统国际贸易带来的形式变化，以及基于互联网而出现的新的国际贸易业态和新的商业模式。

令人关注的是，从2014年以后，中国外贸监管机构，包括商务部、海关总署等陆续推出一系列鼓励和支持跨境电子商务的政策和监管措施。其中，海关总署推出新的监管方式（9610、1210、1219等监管代码）主要就是为了满足众多中小微企业从事碎片化国际贸易的实践需要。其中"48新政"（《关于跨境电子商务零售进口税收政策的通知》）政策的暂停实施、反复徘徊，以及2018年底最后落地，更让跨境电子商务受到了广泛的关注。

从2016年起，国际组织包括联合国和WTO也开始关注互联网和跨境电子商务所带来的全球贸易方式的变化和全球市场的转型。联合国亚太经合组织曾多次举行论坛和政策咨询会讨论跨境电子商务及其给国际贸易带来的便利，以及全球中小微企业参与国际贸易所引发的各项政策调整和监管的创新。WTO每年举行论坛，讨论普惠贸易（Inclusive Trade）给全球市场和全球贸易增长带来的机遇，以及技术驱动的国际贸易给全球贸易制度带来的新挑战。

2017年，我们接受联合国国际贸易中心（UN ITC）的委托专门总结了中国电子商务的发展，并探讨中国跨境电子商务给世界上最不发达国家带来的一些机遇。在此研究报告基础上，联合国国际贸易中心联手阿里巴巴集团的阿里研究院出版了《中国的电子商务：对亚洲企业的启示》（E-commerce in China: Opportunities for Asian Firms）。中国跨境电子商务的发展受到了全球瞩目。

回想过去20年中国电子商务的发展，实际上最早就是从跨境电子商务开始的，到今天，跨境电子商务使中国的外贸经营方式发生了巨大变化。这一切也在引领全球市场发生根本性的转型。

网络虚拟市场已经把人类带入了新的经济发展阶段。人类商业生态环境发生了突变。这就如同生物世界的生态变化，有些物种适应不了生态环境的变化，结果就会被淘汰，有些物种会逐步调整来适应新的生态环境从而生存下来。而在新的生态环境下，还会出现基因突变，产生新的物种。这些物种就是我们所说的商业模式。旧的商业模式不断被颠覆，新的商业模式不断出现。这就需要我们从事教学和研究的人不断跟随实践变化，总结规律，赋予概念、理论，并传授给学生，让学生可以快速掌握最新的知识。

本书就是在这个背景下编写的。2015 年 6 月 1 日，对外经济贸易大学国际商务研究中心与阿里巴巴集团共同完成并发布了《跨境电子商务人才研究报告》，该研究发现，目前市场上严重缺乏跨学科的复合型人才，企业普遍认为，现有学科人才培养严重脱离实践，相关专业学生对跨境电子商务领域的知识了解非常不够。当然，人类才刚刚开始进入互联网时代，商业模式的创新至少还要持续 10 ~ 15 年，有关跨境电子商务的发展格局还没有完全定型，新知识、新概念层出不穷，我们还需要一个认知过程。

本书是以以往我们出版的教材为基础，经过大幅修订和更新完成的。我们注意到，已有跨境电子商务书籍，有的是业内人士从实践和操作角度写的操作手册，或者是经验介绍；有的把跨境电子商务仅仅理解为是跨境网络零售，大量介绍如何进行网上开店；还有的内容不能够真正反映出跨境电子商务的独特性等。本书全面介绍在国际贸易领域的电子商务发展，以及所带来的运作方式、商业模式的变化，既反映跨境网络零售的实践发展，又反映在国际贸易 B2B 领域电子商务的发展，还体现跨境电子商务运营中的管理与决策。我们认为，在跨境电子商务的发展中，跨境网络零售会是国际贸易的一个长期补充，B2B 跨境电子商务的发展有不可估量的潜力，目前发展格局已经初露端倪，本书也考虑了这些发展实践和发展趋势。

本书分为五篇，内容如下：

第一篇　跨境电商概述，包括电子商务对国际贸易的影响、跨境电子商务的界定与分类、跨境电子商务的商业模式三章内容。

第二篇　跨境电商运营基础，包括跨境电商物流与配送、跨境电商支付、外贸综合服务三章内容。

第三篇　跨境电商市场运营，包括跨境网络零售、B2B 跨境电商、跨境电商网络营销三章内容。

第四篇　跨境电商管理决策，包括跨境电商企业选品策略、跨境电商企业数据分析与引流策略、跨境电商仓储模式、跨境电商融资方式、跨境电商企业成本控制、跨境电商运营结构与人才需求、跨境电商代运营七章内容。

第五篇　跨境电子商务法规环境，包括跨境电商的海关监管和政策、跨境电子商务法律与规则体系两章内容。

在跨境电子商务这个新的领域，商业模式不断发展变化，教材的总结和积累是一个漫长的过程，尽管商业理论和知识总结永远落后于实践，但是通过编写教材对现有实践进行总结和提升，终究会为各方读者提供一个更全面看待跨境电子商务的视角。

本书由王健教授担任主编，由肖梦佳、弓永钦、宁福生担任参编，为本书编写做出贡献的其他人员有李凯仑、范鑫、李晓龙、董微、陈锐、周勍、王怡、万寒雪、刘屹、沈维、王悦、但萌等。

我们非常感谢为本书编写做出贡献的一些企业和团体：阿里巴巴集团、阿里研究院、阿里巴巴一达通、易宝支付、中国跨境电子商务50人论坛、APEC电子商务工商联盟等。

另外，我们也非常感谢以往在我们组织的各种跨境电商实践总结当中做出贡献的人员：欧阳橙、薛燕、肖锋、巨程晖、高静娟、薛芳、刘希全、杨丽敬、李潇、李银燕、孙莺、金毓、李浩、孔令玉、杨玥明、海楠、丁逸桐、李欣然、熊晓寒、董佳乐等。

鉴于本书编写人员涉及不同领域，视角不同，我们努力把握一致的方向，但是也难免对跨境电商这一新生事物认识不够深入、总结不够到位，出现错误和遗漏，敬请读者批评指正。

王　健

对外经济贸易大学国际经贸学院教授

对外经济贸易大学国际商务研究中心主任

APEC跨境电子商务创新发展研究中心主任

全国国际贸易实务研究会学术委员会主任

2019年8月6日

# 目录

CONTENTS

## 第三篇　跨境电商市场运营

# 第五篇　跨境电子商务法规环境

# 第一篇

## 跨境电商概述

# 第 一 章

# 电子商务对国际贸易的影响

## 本章概要 《《

　　本章的主题是电子商务对国际贸易的影响，共为两小节内容。第一节主要介绍电子商务在我国国际贸易领域的发展。第二节主要介绍电子商务对国际贸易的影响。

## 学习目标 《《

　　掌握电子商务在我国国际贸易领域的发展历程；理解电子商务对国际贸易的影响。

　　我国加入 WTO 以后的十多年，互联网信息技术日新月异，电子商务伴随网络信息技术异军突起，它与国际贸易结合形成的新型交易模式给传统的国际贸易带来了极大的冲击，并得到了广泛应用，推动了国际贸易向电子化、无纸化方向发展。随着技术、人才、政策等条件的逐渐成熟，跨境电子商务以其特有的优势正以惊人的速度向前发展，势头迅猛。本章首先介绍电子商务在我国国际贸易领域的发展，然后重点分析电子商务对国际贸易产生的深刻影响。

## 第一节　电子商务在我国国际贸易领域的发展

　　20 世纪 90 年代电子商务在中国起步，2000 年后稳步发展并成熟，到现在已经是全民电商时代。这与物流、支付等相关行业的发展及计算机技术等的高速发展密切相关。我国电子商务在这一背景下已走过了二十多年，具体来看，主要经历了起步与准备期、萌芽与发展期、成长与爆发期、稳定与加速整合期四个阶段。

### 一、起步与准备期（1990—1997年）

　　1990—1997 年，电子数据交换时代，是中国电子商务的起步与准备期。1993—1997 年政府领导组织开展"三金工程"，为电子商务发展打下了坚实基础。1993 年成立了以时任国务院副总理邹家华为主席的国民经济信息化联席会议及其办公室（简称信息办），相继组织了金关、金卡、金税等"三金工程",取得了重大进展。其中"金关工程"的提出,标志着中国外贸电子商务开始发展。"金关工程"的目标是要建设现代化的外贸电子信息网,将海关、商检、税务等部门实现计算机联网,用 EDI 方式实现无纸贸易,并于 2001 年正式启动。1996 年 1 月,国务院国家信息化工作领导小组成立,由邹家华副总理任组长、20 多个部委参加,统一领导组织中国信息化建设;1996 年,金桥网与因特网正式开通;1997 年,信息办组织有关部门起草编制中国信息化规划;1997 年 4 月,全国信息化工作会议在深圳召开,各省市地区相继成立信息化领导小组及其办公室,各省开始制订本省包含电子商务在内的信息化建设规划;1997 年,广告主开始使用网络广告;1997 年 4 月,中国商品订货系统(CGOS)开始运行。这些措施也初步奠定了我国传统外贸向互联网化转型的基础。

## 二、萌芽与发展期——跨境电子商务1.0时代（1998—2002年）

1998—2002 年,我国电子商务的萌芽与发展阶段。1998 年 3 月 18 日,浙江电视台播送中心的王轲平先生通过互联网向世纪互联通信技术有限公司支付了 100 元人民币,标志着中国第一笔互联网网上交易成功;1998 年 10 月,国家经贸委与信息产业部联合宣布启动以电子贸易为主要内容的"金贸工程",它是一项推广网络化应用、开发电子商务在经贸流通领域的大型应用试点工程;1999 年 5 月 18 日,中国电子商务领军人物王峻涛创办了 8848 网站(2002 年被美国《时代周刊》赞誉为"中国最火电子商务站点");1999 年,易趣、携程、阿里巴巴等电子商务网站建成,我国电商发展格局初具规模;同年,政府上网、企业上网电子政务(政府上网工程)、网上纳税、网上教育(湖南大学、浙江大学网上大学)、远程诊断(北京、上海的大医院)等兴起,广义电子商务开始启动试点并进入实际试用阶段。这一阶段,在跨境电子商务领域,网络黄页开始出现。黄页式跨境电子商务主要是在跨境网络平台上加入面向全球的黄页目录,即提供商品的线上展示并在全球目标市场的网络黄页上做广告,这一阶段的服务模式主要是进行信息流的整合,以信息服务为主,无法完成在线交易,主要的交易是在线下进行。这种黄页式外贸电子商务在互联网逐渐普及之后逐渐流行,很多 B2B 电子商务当时都是采用这种模式,如中国制造网、慧聪网、全球市场等。服务商主要的盈利模式是网页广告、竞价排名或增值服务等。这一阶段也被称为跨境电子商务 1.0 时代。

## 三、成长与爆发期——跨境电子商务2.0时代（2003—2012年）

2003—2012 年是我国国内电子商务发展的成长与爆发期。2003 年 5 月,淘宝网问世,标志着阿里巴巴正式涉足 C2C 市场;2004 年 1 月,京东进军电子商务领域;同一时期,当当、卓越网、亚马逊等细分商品类电子商务平台不断涌现,规模不断扩大;2007 年,国家发改委和国信办联合发布了《电子商务发展"十一五"规划》,明确指出了我国电子商务在"十一五"期间的发展战略;2008年7月,我国网民总数跃居世界首位,网民互联网购物总额突破1200亿元人民币;同年,"1号店"以线上超市的形式出现,主打"品牌特卖"与"限时抢购"的唯品会创立;2009年,商务部发布了《电子商务模式规范》《网络购物服务规范》;2010年,国家工商行政管理总局发布了《网络商品交易及有关服务行为管理暂行办法》;同年9月,"聚美优品"成为美妆团购的"领头羊"。各种平台与应用不断涌现,我国电子商务进入了一个持续高速发展的成长与爆发期。与这一阶段相对应的,随着网络技术、人才、模式等的越发成熟,从2004年起,我国跨境电子商务也进入了成长与爆发期。平台不仅仅只是提供信息黄页的展示,而是逐渐开始实现在线交易,部分支付、物流等关键环节开始实现电子化。在这一阶段,除了阿里巴巴国际站、中国制造网等早期老牌的跨境电商网站外,开始逐渐涌现出一大批新型的开展B2C业务的跨境电商平台,如敦煌网、米兰网、兰亭集势等。这一阶段也被称为跨境电子商务2.0时代。

## 四、稳定与加速整合期——跨境电子商务3.0时代（2013年至今）

2013年至今,我国电子商务经历了一个稳定发展与加速整合时期,电子商务交易额每年平稳上涨,各类互联网企业加速并购重组,同时注重满足消费者需求的新商业模式不断涌现。2013年,我国网民互联网购物总额超过10万亿元,其中电子商务零售额达1.85万亿元;同时据商务部统计,电商零售产业的发展给社会提供了超过900万个工作岗位。4G及5G的蓬勃发展促使全网全程的电子商务V5时代成型。电子商务已经受到国家高层的重视并提升到国家战略层面,国务院、商务部等部门印发的《关于大力发展电子商务加快培育经济新动力的意见》《国务院办公厅关于推进线上线下互动加快商贸流通创新发展转型升级的意见》《关于促进电子商务应用的实施意见》等文件,进一步规范与优化了我国电商发展的环境。同样也在2013年,我国跨境电子商务也进入了爆发式发展时期,特别是2013年"一带一路"倡议的提出,极大推动了我国跨境电子商务的发展。2014年,中国海关总署发布56号文、57号文,即《关于跨境贸易电子商务进出境货物、物品有关监管事宜的公告》和《关于增列海关监管方式代码的公告》,跨境电子商务有了法律依据。移动互联网也在深刻地改变着跨境电商,以Wish为例,其移动端用户占比高达95%,跨境电商移动化渐成主流,跨境电商体验店也悄然兴起。国内用户对国外高品质商品的追求以及国外用户对新兴市场国家的商品保持着较高的需求,均促进了跨境电子商务朝着多元与个性化、品牌与精细化方向发展。这一阶段也被称为跨境电子商务3.0时代。

## 第二节　电子商务对国际贸易的影响

网上订货、网上促销、网上谈判都为国际贸易开辟了新的发展形式。EDI 工程是信息技术与社会化服务系统的结合，进出口商利用电子表格进行商品的报关、商检、保险、运输、结汇等工作，大大减少了人力、物力和时间的消耗，降低了流通成本和交易费用，加快了国际贸易的节奏。这种网上的信息交换，开辟了一个崭新的市场空间，突破了传统市场必须以一定的地域存在为前提的限制，全球以信息网络为纽带连成一个统一的大"市场"，促进了世界经济全球市场化的形成。信息流带来的商品、技术等生产要素的全球加速流动导致了全球"网络经济"的崛起。在这种网络贸易环境下，各国间的经贸联系与合作得以加强。

### 一、电子商务改变了国际贸易的运行方式和运行环境

在国际贸易的交易过程中，信息技术的普及将企业、厂家、第三方服务商与海关、税务、商检等有关部门联系起来，同时可以对跨境电子商务贸易活动中的找寻商机、促销、浏览、洽谈、签约、支付、生产、交货、付款等进出口业务进行自动化处理并提供一条龙式的全程跟踪服务。进出口商品的交换信息、商贸洽谈、合同签订、货物运输、报关报检、进出口代理、交货付款等服务功能，也都可以通过电子商务系统来传输和处理。与之前的业务流程处理方式相比，国际贸易不仅在运行方式上发生了很大的变化，贸易的运行环境也有了较大的改变。互联网上"虚拟"进出口信息的交换，开辟了一个开放、多维、立体的崭新的市场空间，突破了传统交易市场中必须以一定地域存在为前提的限制，电子化的应用使得整个世界形成一个大的"统一市场"。同时，商品与服务等有关信息能在全球范围内充分、准确地流动，表现出公开、完整和实时等特性，减少了进出口双方信息的不对称，从而减少或避免了市场信息不完全而引起的扭曲，同等质量的商品或质量相似的商品之间的竞争更加激烈，保证了价值规律充分发挥作用。

### 二、电子商务促进了国际贸易流通渠道的变革

传统贸易的流通渠道中，各参与主体为生产企业、国际贸易批发企业、零售企业及国外消费终端，其渠道的特点主要表现为：专门的国际贸易部门及从业人员在固定的经营场所，按照国际惯例进行国际贸易商品的组织、运输、报关报检、国际结算。从生产商、中间商到国外消费者的链条中，由于各供货环节不紧密、随机性强等，导致渠道时间较长、产品耗损量大、产品保鲜困难。此外，传统的国际贸易模式经过的中间商较多，交易信息不对称且不充分，导致

交易效率不高。以上种种缺陷都是限制传统国际贸易进一步发展的重要原因。而电子商务模式下的国际贸易可以规避以上问题，实现国际贸易渠道变革带来的好处。跨境电子商务模式下，可以实现国际贸易多元主体无国界限制、无产业限制及无空间限制，这是运用网络信息技术及以此为基础的信息服务带来的结果。跨境电子商务企业基于网络进行跨国界、全天候地经营与服务的特点，为生产商掌握市场规律、明确市场策略、提供相应服务节省了大量成本，同时消费者选择产品时也降低了交易费用。

## 三、电子商务使国际贸易经营主体发生变化

跨境电子商务的发展使国际贸易的经营主体出现了重大变化。在传统的国际贸易中，国际贸易的成本较高，需要雄厚的资金开拓国际市场，这决定了国际贸易的主体大多为实力较强的大型企业；而跨境电子商务的发展简化了国际贸易的流程，使买卖双方通过平台可以直接交流，也免去了很多中间环节的成本，使交易成本大幅降低，因此，广大的中小微企业甚至个人企业也可以在国际市场上拥有竞争力。电子商务在国际贸易领域的广泛应用，产生了大批向世界市场提供产品或服务的"虚拟"企业。单个的公司在各自的专业领域拥有卓越的技术，利用电子商务技术将它们编成一个大网络，可以更加有效地向市场提供商品和服务。

## 四、电子商务使国际贸易经营管理方式发生变化

以计算机网络信息技术为核心的电子商务系统，利用信息技术改造传统国际贸易，为国际贸易提供一种信息较为完全的市场环境，促进跨国界资源和生产要素的配置优化，从而使市场机制能够更为充分、有效地发挥作用。这种方式突破了传统国际贸易以单向物流为主的运作格局，实现了以物流为依托、资金流为支撑、信息流为核心、商流为主体的全新经营管理模式，通过信息网络提供全方位、多层次、多角度的互动式的商贸服务。生产者与用户及消费者通过网络实现交易，使及时供货制度和"零库存"生产得以实现，商品流动更加顺畅，信息网络成为最大的"中间商"，传统国际贸易中由进出口商作为国家间商品买卖媒介的传统方式受到挑战，由信息不对称形成的委托—代理关系发生动摇，贸易中间商、代理商和专业进出口公司的地位相对减弱，引发了国际贸易中间组织结构的革命。

## 五、电子商务使国际贸易成本结构发生变化

在传统的国际贸易交易中，花费的成本主要是指买卖过程中所需要的信息搜寻、合同订立和执行、售后服务等方面的成本。现代信息技术降低了外贸企业的生产和交易成本。巨大的网

络平台使中小企业有更多的机会参与到国际贸易中，与之相关的在服务、信息传递和技术领域的互联网公司快速发展。这些不具有传统实体公司特点的"电子虚拟企业"在外贸业务中可以获取实时商情动态，和客户直接进行沟通和谈判，大大提高了国际贸易效率。同时企业可以通过网络发布商品信息、寻找贸易合作商，避开了中间商的烦琐环节，贸易更为便捷、有效。电子商务的应用，能够简化数据处理程序、缩短国际贸易的文件处理周期、降低企业的库存水平、消除信息传递过程中的人工干预，从而降低成本。在电子商务环境下，企业可以整合各个部门的要求，统一向供应方批量采购，节省采购成本等各种费用。每个公司在自己的专业领域内拥有核心技术，并通过网络技术连接完成传统国际贸易中单个公司不能承担的市场功能。他们可以快速、有效地向市场提供各种商品和服务的信息，进行资源的沟通共享，从而降低运输或库存成本。但电子商务的应用增加了包括软硬件成本、学习成本和维护成本、安全成本等投入，这些都在一定程度上改变了原来贸易形式的成本结构。

## 六、电子商务创造新的国际贸易营销模式

与传统国际贸易营销追求企业利润最大化不同，电子营销帮助企业同时考虑客户需求和企业利润，寻找能实现企业利益最大化和最能满足客户需求的营销决策。与传统国际贸易营销方式比较，国际电子营销的主要特点有四方面：一是网络互动式营销。在电子商务环境下，企业可以随时随地与客户进行互动式沟通和交流，根据客户的意愿设计和生产产品。二是网络整合营销。电子商务环境下企业和客户之间的关系非常紧密甚至牢不可破，这就形成了"一对一"的营销关系，这种营销框架被称为网络整合营销，它始终体现了以客户为出发点及企业和客户不断交互的特点，它的营销决策过程是一个双向的链。三是网络定制营销。随着沟通渠道的便利，企业可以根据个人的特定需求安排营销组合策略，针对客户的个性化需求进行生产，以满足每一位顾客的特定需求。四是网络"软营销"。在网络营销环境下，企业以顾客为主导，其向顾客传送的信息及采用的促销手段更具理性化、更易于被顾客接受，从而实现信息共享与营销整合。

## 七、电子商务使国际贸易的竞争方式发生变化

在电子商务环境下，企业之间的竞争也将不再是简单的产品或服务的竞争，而是商务模式和供应链之间的竞争。哪家厂商能以最快的速度把最先进的技术应用到产品及服务中，同时把最具竞争力的价格传递给客户，那么这家厂商就能赢得市场竞争的主动权。越来越多的进出口企业已经意识到，要在市场竞争中获胜，供应链管理非常重要。

## 八、电子商务使国际贸易的监管方式发生变化

电子商务交易的无形化、网络化，促使各国政府对国际贸易的监管方式进行创新，特别是在关税征收、海关监管、进出口检验等方面，必须尽快适应电子商务的发展需要。对中国来说，一方面要积极与世界各国合作，共同推进电子商务在国际贸易中的发展；另一方面要在国际贸易的管理上，加强电子商务的应用，如出口商品配额的发放、电子报关、进出口商品检验等方面要尽快与国际接轨，使政府在推动电子商务的发展中成为主导力量。

## 九、电子商务影响国际贸易政策的取向

电子商务在理论上和实践中都对国际贸易政策提出了新的要求。电子商务发展提出了一系列国际贸易的政策命题：电子商务基本属性的界定问题、安全性问题、关税问题、发展中国家问题等。在未来的电子商务政策制定过程中，国际社会还要考虑是否应建立切实可行的技术援助制度，以协助发展中国家利用电子商务，使发展中国家变被动为主动。这一切均对全球贸易的政策制定提出新的挑战。

简言之，全球化的结果形成了"地球村"，而电子商务的发展加速了"地球村"各个不同成员之间的信息交流与沟通。作为一种全新的贸易运作方式，电子商务打破了时空的限制，加快了商业周期循环，高效地利用有限资源、降低成本、提高利润，有利于增强企业的国际竞争力。因此，电子商务正在掀起国际贸易领域里的一场新的革命。它的运用拓展了国际贸易的空间和场所、缩短了国际贸易的距离和时间、简化了国际贸易的程序和过程，使国际贸易活动实现了全球化、智能化、无纸化和简易化，实现了划时代的深刻变革。为了能够更有效地参与国际市场竞争，能够在经济全球化过程中获取更大的利益，我们应当高度重视电子商务的发展态势，认真研究和探索电子商务发展规律及其对国际贸易产生的影响，以便采取积极的对策措施，培育企业的创新机制和企业的国际竞争能力，使我国对外贸易在国际竞争中赢得优势和主动，保持快速和健康的发展。

## 本章小结 《《

在物流、支付等电子商务相关行业快速发展，以及计算机技术等高速发展的背景下，我国跨境电子商务已走过了二十多年，具体来看，主要经历了起步与准备期、萌芽与发展期、成长与爆发期、稳定与加速整合期四个阶段。1993年"金关工程"的提出，标志着中国外贸电子商务开始发展，1990—1997年是我国跨境电商的起步与准备期；1998—2002年是萌芽与发展期，这一阶段被称为跨境电子商务1.0时代；2003—2012年为成长与爆发期，这一阶段被称为跨境

电子商务 2.0 时代；2013 年至今为稳定与加速整合期，被称为我国跨境电子商务 3.0 时代。

此外，电子商务对国际贸易的影响体现在：电子商务改变了国际贸易的运行方式和运行环境；电子商务促进了国际贸易流通渠道的变革；电子商务使国际贸易经营主体、经营管理方式、国际贸易成本结构、竞争方式、监管方式发生了变化；电子商务创造了新的国际贸易营销模式；电子商务还影响着国际贸易政策的取向。

## 课后思考题 《

1. 简要阐述我国跨境电子商务的发展历程。
2. 电子商务对国际贸易的影响主要有哪些？

# 第 二 章

# 跨境电子商务的界定与分类

## 本章概要 《《

　　本章的主题是跨境电子商务的界定与分类，分为两节。第一节主要介绍跨境电子商务的概念与基本特点；第二节主要介绍跨境电子商务平台的基本分类及其概念，以及代表性企业。

## 学习目标 《《

　　掌握跨境电子商务的概念；了解跨境电子商务的基本特征；掌握跨境电子商务的分类方法；掌握 B2B 跨境电商、B2C 跨境电商、C2C 跨境电商的概念；了解什么是信息服务平台、在线交易平台、外贸综合服务平台、出口型跨境电商、进口型跨境电商、第三方开放平台、自营型平台、垂直型跨境电商平台、综合型跨境电商平台；掌握不同类型跨境平台的代表企业。

　　在了解了跨境电子商务的发展历程以及电子商务对国际贸易产生的影响基础上，我们可以对跨境电子商务进行界定，分析跨境电子商务具有的特点，并基于不同的标准对跨境电子商务进行分类。

## 第一节　跨境电子商务的概念和特点

### 一、跨境电子商务概念

　　跨境电子商务（Cross-border E-commerce）有广义和狭义之分，广义的跨境电子商务是指分属不同关境的交易主体，通过电子商务手段从事各种商业活动的跨境进出口贸易活动。狭义的跨境电子商务，又称在线国际贸易（Online International Trade），特指分属不同关境的交易主体，通过电子商务手段达成交易并完成跨境支付结算、办理跨境物流运输等一系列流程的国际或地区间新型商品交换活动。

　　根据跨境电商模式的不同，平台提供支付结算、跨境物流送达、金融贷款服务等内容均有不同，一般来说，其需满足如下几方面条件：

1）交易双方分属不同的经济体（国家或地区）。

2）通过电子商务手段达成交易。

3）完成在线支付、运输办理等一系列基本流程。

4）从事商品交换活动。

其中第二个条件和第三个条件是狭义跨境电子商务与广义跨境电子商务最关键的区别。例如，若企业只是通过互联网进行网络营销，在线达成协议，并没有进行在线支付，则属于广义跨境电子商务的范畴。目前，能够实现网上成交、网上支付并完成一系列国际贸易流程形式的只有跨境网络零售（Cross-border Online Retailing）。因此，后面的内容中提到的跨境电子商务均指广义概念。

## 二、跨境电子商务的特征

跨境电子商务融合了国际贸易和电子商务两方面的特征，有一定的专业复杂程度，主要表现在：一是信息流、资金流、物流等多种要素流动必须紧密结合，任何一方面的不足或衔接不够，就会阻碍整体跨境商务活动的完成；二是流程繁杂且不完善，国际贸易通常具有非常复杂的流程，牵涉到海关、检验检疫、外汇、税收、货运等多个环节，而电子商务作为新型交易方式，在通关、支付、税收等领域的法规目前还不太完善；三是风险触发因素较多，容易受到国际政治经济宏观环境和各国政策的影响。

具体而言，跨国电子商务具有如下特征：

### （一）全球性（Global）

网络是一个没有边界的媒介，具有全球性和非中心化的特征。依附于网络发生的跨境电子商务也因此具有了全球性和非中心化的特性。电子商务与传统的交易方式相比，其一个重要特点在于电子商务是一种无边界交易，丧失了传统交易所具有的地理边界因素。互联网用户不需要考虑跨越国界就可以把产品尤其是高附加值产品和服务提交到市场。网络的全球性特征带来的积极影响是信息的最大程度共享，消极影响是用户必须面临因文化、政治和法律的不同而产生的风险。

### （二）无形性（Intangible）

网络的发展使数字化产品和服务的传输盛行，而数字化传输是通过不同类型的媒介，如数据、声音和图像在全球化网络环境中无形传输的。以一个电子邮件信息的传输为例，这一信息首先要被服务器分解为数以百万计的数据包，然后按照TCP/IP协议通过不同的网络路径传输到一个目的地服务器并重新组织转发给接收人，整个过程都是在网络中瞬间完成的。电子商务是数字化传输活动的一种特殊形式，其无形性的特性使得相关部门很难控制和检查销售商的交易活动。数字化产品和服务基于数字传输活动的特性也必然具有无形性。传统交易以实物交易为主，而在电子商务中，无形产品却可以替代实物成为交易的对象。以书籍为例，传统的纸质书籍，其排版、印刷、销售和购买被看作是产品的生产、销售。然而在电子商务交易中，消费者只要购买网上的数字产品便可以使用书中的知识和信息。而如何界定该交易的性质、如何监督等一系列的问题却给相关部门带来了新的难题。

### （三）匿名性（Anonymous）

由于跨境电子商务的非中心化和全球性的特性，很难识别电子商务用户的身份和其所处的地理位置。在线交易的消费者往往不显示自己的真实身份和自己的地理位置，重要的是这丝毫不影响交易的进行，网络的匿名性也允许消费者这样做。在虚拟社会里，隐匿身份的便利，导致自由与责任的不对称。人们在这里可以享受最大的自由，却只承担最小的责任，甚至干脆逃避责任。不过，随着信息技术及监管制度的发展和完善，这种情况有所改善。

### （四）即时性（Instantaneous）

对于网络而言，传输的速度和地理距离无关。传统交易模式中的信息交流方式有信函、电报、传真等，在信息的发送与接收间存在着长短不同的时间差。而电子商务中的信息交流，无论实际空间距离远近，一方发送信息与另一方接收信息几乎是同时的，就如同生活中面对面交谈。某些数字化产品 ( 如音像制品、软件等 ) 的交易，还可以即时清结，订货、付款、交货都可以在瞬间完成。电子商务交易的即时性提高了人们交往和交易的效率，免去了传统交易中的中介环节。

### （五）无纸化（Paperless）

电子商务主要采取无纸化操作的方式，这是以电子商务形式进行交易的主要特征。在电子商务中，电子计算机通信记录取代了一系列的纸面交易文件。由于电子信息以比特的形式存在和传送，整个信息发送和接收过程实现了无纸化。无纸化带来的积极影响是使信息传递摆脱了纸张的限制，但由于传统法律的许多规范是以规范"有纸交易"为出发点的，因此，无纸化带来了一定程度上的法律混乱。

### （六）快速演进（Rapidly Evolving）

互联网是一个新生事物，现阶段它尚处在幼年时期。网络设施和相应的软件协议的未来发展都以前所未有的速度和无法预知的方式不断演进。基于互联网的电子商务活动也处在瞬息万变的过程中，短短的几十年中电子交易经历了从 EDI 到电子商务零售业的兴起的过程，而数字化产品和服务更是花样出新，不断改变着人类生活。

# 第二节　跨境电子商务的基本分类

基于不同的分类标准，跨境电子商务可作不同分类。

## 一、按照市场主体属性划分

按照市场主体属性的不同，跨境电子商务平台分为 B2B、B2C 及 C2C 三种类型。

### 1. B2B 跨境电商

**B2B** 跨境电商，是企业与企业之间（Business-to-Business）通过互联网跨境平台进行商品与服务等数据信息的传递而后达成交易并完成支付结算、线下物流配送等流程的国际商业活动。B2B 跨境电商的卖家一般为大中型企业，提供企业产品与服务等相关信息，最终客户为企业或集团客户。目前，在中国跨境电商市场交易规模中，B2B 跨境电商市场交易规模占总交易规模的将近 90%。在跨境电商市场中，企业级市场仍处于主导地位。

代表性企业有：阿里巴巴国际站、中国制造网、环球资源网、环球市场网、大龙网、易单网等。

### 2. B2C 跨境电商

**B2C** 跨境电商指的是企业（Business）针对个人（Consumer）开展的跨境电子商务零售活动，是指分属不同关境的企业直接面向个人消费者开展在线销售产品和服务，通过电商平台达成交易、进行支付结算，并通过跨境物流送达商品、完成交易的一种国际商业活动。它的上端卖方是企业，面对的终端消费者是个人。目前我国 B2C 类的跨境电子商务在整体跨境电商的交易规模中的比重正在逐年攀升，在未来或将迎来大规模增长。

代表性企业有：阿里巴巴速卖通（Aliexpress）、易贝（eBay）、敦煌网、兰亭集势、京东全球购、执御等。

### 3. C2C 跨境电商

**C2C** 跨境电商是分属不同关境的个人卖方（Consumer）与个人买方（Consumer）依托第三方平台进行的跨境电子贸易活动。个人卖方对个人买方在线销售产品和服务，是由个人卖家通过第三方电商平台发布产品和服务售卖、产品信息、价格等内容，个人买方进行筛选，最终通过电商平台达成交易、进行支付结算，并通过跨境物流送达商品、完成交易的一种国际商业活动。C 类跨境电商市场一直存在，虽然仍然处于小众，但是其发展的意义重大。

代表性平台有：阿里巴巴淘宝国际版、eBay 等。

## 二、按照服务类型或交易流程划分

### 1. 交易前：信息服务平台

信息服务平台主要是为境内外会员商户提供网络营销平台，展示与传递供应商等商家的商品或服务信息，促进供应商与采购商或买卖双方之间完成交易。

代表性企业有：阿里巴巴国际站、中国制造网、环球市场网、环球资源网。

### 2. 交易中：在线交易平台

在线交易平台不仅提供企业的产品、服务等多方面信息，并且可以通过平台完成搜索、咨询、对比、下单、支付、物流、评价等全购物链环节。在线交易平台模式正在逐渐成为跨境电商中的主流模式。

代表性企业有：阿里巴巴速卖通、敦煌网、炽昂科技（FocalPrice）。

### 3. 交易后：外贸综合服务平台

外贸综合服务平台在交易双方完成了信息服务与在线交易等环节之后，为商户提供物流、通关等流程或全流程一条龙服务，并收取一定的服务费用。

代表性平台有：一达通、世贸通。

## 三、按照平台运营方属性划分

### 1. 第三方开放型平台

第三方开放型平台通过线上搭建商城，并整合物流、支付、运营等服务资源，吸引品牌商、制造商等商家及经销商等买家入驻，为其提供跨境电商交易服务。平台以收取商家佣金及增值服务佣金作为主要的盈利模式，但并不从事商品的购买与销售。一般而言，平台上商品种类较为丰富、网站流量较大，各项服务方便快捷，但不能很好地保障商品的质量。

代表性企业有：阿里巴巴国际站、阿里巴巴速卖通、敦煌网、环球资源网。

### 2. 自营型平台

自营型电商通过在线上搭建平台，平台方整合供应商资源，以较低的进价采购商品，然后以较高的售价出售商品，其主要以赚取商品差价作为盈利模式。由于商品基本上都是平台自营的，商品品质有保障，货源稳定，且配套服务方便快捷，可信赖度较高。但其总体运营成本较高，平台需要承担退换货、商品滞销等所有问题，相比第三方开放型平台，存在着较高的运营风险。

代表性企业有：兰亭集势、炽昂科技（Focalprice）、京东全球购、网易考拉。

## 四、按照进出口货物流向划分

按照跨境电商进出口货物流动的方向，跨境电子商务可分为出口跨境电子商务和进口跨境电子商务两种。

### 1. 出口型跨境电商

目前我国跨境电子商务还是以出口型为主，出口型跨境电商指的是我国出口企业通过跨境电商平台进行商品展示、完成交易并用线下跨境物流渠道将商品出口至境外市场的贸易活动。

代表性企业有：阿里巴巴速卖通、亚马逊（Amazon）海外购、eBay、兰亭集势等。

### 2. 进口型跨境电商

进口型跨境电商是指将境外的商品通过跨境电子商务平台销售到我国境内市场的贸易活动，平台一般为自营型，即通过海外买手采购商品并将商品运送至国内保税仓，通过平台上商品的展示促成交易，买方一般为国内的终端消费者。其物流速度相对较快，但一般慢于国内电商。

代表性企业有：天猫国际、京东全球购、洋码头、小红书。

## 五、按照涉及的销售品类划分

### 1. 垂直型跨境电商

垂直型跨境电商包括产品类垂直跨境电商和地域性垂直跨境电商。产品类垂直跨境电商即平台上所售商品只涉及某个行业或某个细分市场，并在这一领域做大做深，如母婴类、建材类；地域性垂直跨境电商即平台商品只专注销往某一个地域或区域。

代表性企业有：易单网、蜜芽。

### 2. 综合型跨境电商

与垂直型跨境电商相对应，综合型跨境电商指的是平台上所售商品的品类比较全面与综合，种类较多，涉及多个行业的方方面面。

代表性企业有：阿里巴巴速卖通、亚马逊、eBay、Wish。

## 六、按照盈利模式划分

### 1. 传统跨境大宗交易平台（大宗 B2B）

大宗 B2B 为境内外会员商户提供网络营销平台，传递供应商或采购商等合作伙伴的商品或服务信息，并最终帮助双方完成交易。这种平台主要依靠收取会员费和营销推广费盈利。

### 2. 综合门户类跨境小额批发零售平台（小宗 B2B 或 C2C）

小宗 B2B 或 C2C 为独立第三方销售平台，不参与物流、支付等交易环节。其收入来源主要依靠收取交易佣金，此外还包括会员费、广告费等增值服务费。

### 3. 垂直类跨境小额批发零售平台（独立 B2C）

独立 B2C 为批发零售平台，同时自建 B2C 平台（含物流、支付、客服体系），将产品销往海外。销售收入为其主要的收入来源。

### 4. 专业第三方服务平台（代运营）

专业第三方服务平台不直接或间接参与任何电子商务的买卖过程，而是为行业不同、模式各异的从事小额跨境电子商务的公司提供通用的解决方案，帮助客户提供后台的支付、物流及客户服务、涉外法律顾问等模块服务。

### 5. 外贸综合服务平台

外贸综合服务平台为跨境电商商家提供外贸出口一条龙服务，如一达通。国家也有外贸综合服务企业的提法。

## 本章小结 ◀◀

本章首先对跨境电子商务的概念进行了界定。跨境电子商务（Cross-border E-commerce）有广义和狭义之分，广义的跨境电子商务是指分属不同关境的交易主体，通过电子商务手段从事各种商业活动的跨境进出口贸易活动。狭义的跨境电子商务，又称在线国际贸易（Online International Trade），特指分属不同关境的交易主体，通过电子商务手段达成交易并完成跨境支付结算、办理跨境物流运输等一系列流程的国际或地区间新型商品交换活动。它具有全球性、无形性、匿名性、即时性、无纸化、快速演进等特点。跨境电子商务平台根据不同的分类方法可以被分为不同的类型。按照市场主体属性分为 B2B、B2C 及 C2C 三种类型；按照服务类型或交易流程可以分为信息服务平台、在线交易平台、外贸综合服务等服务平台；按照平台运营方属性可分为第三方开放平台与自营型平台；按照进出口货物流向可分为出口跨境电商和进口跨境电商；按照涉及的销售品类划分可分为垂直型跨境电商和综合型跨境电商；最后按照盈利模式可分为传统跨境大宗交易平台（大宗 B2B）、综合门户类跨境小额批发零售平台（小宗 B2B 或 C2C）、垂直类跨境小额批发零售平台（独立 B2C）、专业第三方服务平台（代运营）和外贸综合服务平台。

## 名词解释 《

1. 跨境电子商务：跨境电子商务（Cross-border E-commerce）有广义和狭义之分，广义的跨境电子商务是指分属不同关境的交易主体，通过电子商务手段从事各种商业活动的跨境进出口贸易活动。狭义的跨境电子商务，又称在线国际贸易（Online International Trade），特指分属不同关境的交易主体，通过电子商务手段达成交易并完成跨境支付结算、办理跨境物流运输等一系列流程的国际或地区间新型商品交换活动。

2. B2B跨境电商：B2B跨境电商，是企业与企业之间（Business-to-Business）通过互联网跨境平台进行商品与服务等数据信息的传递而后达成交易并完成支付结算、线下物流配送等流程的国际商业活动。

3. B2C跨境电商：B2C跨境电商指的是企业（Business）针对个人（Consumer）开展的跨境电子商务零售活动，是指分属不同关境的企业直接面向消费个人开展在线销售产品和服务，通过电商平台达成交易、进行支付结算，并通过跨境物流送达商品、完成交易的一种国际商业活动。

4. C2C跨境电商：C2C跨境电商是分属不同关境的个人卖方（Consumer）与个人买方（Consumer）依托第三方平台进行的跨境电子贸易活动。

5. 跨境电商信息服务平台：信息服务平台主要是为境内外会员商户提供网络营销平台，展示与传递供应商等商家的商品或服务信息，促进供应商与采购商或买卖双方之间完成交易。

6. 跨境电商在线交易平台：在线交易平台不仅提供企业的产品、服务等多方面信息，并且可以通过平台完成搜索、咨询、对比、下单、支付、物流、评价等全购物链环节。

7. 外贸综合服务平台：外贸综合服务平台在交易双方完成了信息服务与在线交易等环节之后，为商户提供物流、通关等流程或全流程一条龙服务，并收取一定的服务费用。

8. 第三方开放型平台：第三方开放型平台通过线上搭建商城，并整合物流、支付、运营等服务资源，吸引品牌商、制造商等商家以及经销商等买家入驻，为其提供跨境电商交易服务。平台以收取商家佣金以及增值服务佣金作为主要的盈利模式，但并不从事商品的购买与销售。

9. 自营型平台：自营型电商通过在线上搭建平台，平台方整合供应商资源通过较低的进价采购商品，然后以较高的售价出售商品，其主要以赚取商品差价作为盈利模式。

10. 出口型跨境电商：出口型跨境电商指的是我国出口企业通过跨境电商平台进行商品展示、完成交易并用线下跨境物流渠道将商品出口至境外市场的贸易活动。

11. 进口型跨境电商：进口型跨境电商指将境外的商品通过跨境电子商务平台销售到我国境内市场的贸易活动，平台一般为自营型，即通过海外买手采购商品并将商品运送至国内保税仓，通过平台上商品的展示促成交易，买方一般为国内的终端消费者。

12. 垂直型跨境电商：产品类垂直跨境电商即平台上所售商品只涉及某个行业或某个细分市场，并在这一领域做大做深，如母婴类、建材类；地域性垂直跨境电商即平台商品只专注销往某一个地域或区域。

13. 综合型跨境电商：与垂直型跨境电商相对应，综合型跨境电商指的是平台上所售商品的品类比较全面与综合，种类较多，涉及多个行业的方方面面。

## 课后思考题 《《

1. 试分析跨境电子商务的概念及基本特征。

2. 跨境电子商务的分类方法有哪些？每一类别下有哪些知名跨境电商企业？

3. 辨析 B2B 跨境电商、B2C 跨境电商与 C2C 跨境电商。

4. 跨境电商信息服务平台与跨境电商在线交易平台的主要区别是什么？

5. 垂直型跨境电商与综合型跨境电商的主要区别是什么？

6. 试述几种出口型跨境电商与进口型跨境电商的代表企业。

# 第三章

# 跨境电子商务的商业模式

## 本章概要 《《

　　本章的主题是跨境电子商务的商业模式，共有三小节内容。第一节主要介绍跨境电子商务自营平台；第二节主要介绍跨境电子商务网上商店；第三节主要介绍跨境电子商务第三方平台。

## 学习目标 《《

　　掌握跨境电子商务主要的商业模式；掌握跨境电子商务自营平台、跨境电子商务网上商店、跨境电子商务第三方平台的概念、类别及各自的代表性平台。

## 第一节　跨境电子商务自营平台

### 一、什么是自营平台

　　简单地讲，自营平台就是在互联网上搭建一个商场，平台的电商企业以较低的进价购买商品，然后以较高的售价出售商品，以赚取差价作为盈利模式。自营型平台的商品基本都是"自己"的，大多数商品都需要平台自己备货，这种经营方式更注重传统商业的本质，是传统商业的转型。在自营平台经营方式中，从品牌吸引力到商品选择，从购物流程到配送，从售前导购到售后支持，都以使消费者获得良好的购物体验为经营核心。

### 二、跨境电子商务自营平台分类

　　自营平台按其经营的商品一般又分为综合型自营和垂直型自营两类。

#### （一）综合型自营跨境平台

　　综合性自营跨境平台经营的商品种类繁多，类似于综合性的大超市，这类电商企业通常都有自己较为稳定的货品供应商，一般是建立在传统商业的基础之上。在国内，综合性自营跨境平台的代表商家有来自美国的亚马逊、以沃尔玛作为支撑的"1号店"，以及本土逐步发展起来的京东商城跨境平台。其中，亚马逊和"1号店"在2014年先后宣布落户上海自贸区开展进口电商业务，它们所出售的商品以保税进口或者海外直邮的方式入境；京东商城于2015年7月才正式宣布开始它的跨境业务。

1. 平台案例

亚马逊致力于成为全球最"以客户为中心"的公司，目前已成为全球商品种类最多的网上零售商之一。2014年，亚马逊在上海自贸区设立仓库，以自贸模式(即保税备货)，将商品销往中国。海外电商在中国的保税区内自建仓库的模式，可以极大地改善跨境网购的速度体验，因此备受期待。

"1号店"2008年7月正式上线，开创了中国电子商务行业"网上超市"的先河。在跨境自营平台中，"1号海购"的保税进口经营方式可以提前将海外优品进口至上海自贸区备货，消费者下单后，进口优品便可直接从上海自贸区仓库报关报检后发货，从而大幅降低物流成本，缩小国内外商品之间的价格差距。同时，其配送时间也将大大缩减，顾客下单后，最快可以在第二天收货，让目前普通代购长达半月之久的等待期从此成为历史。除此之外，"1号店"的战略投资方沃尔玛在国际市场的零售和采购资源整合，将海外优质商家引进入驻"1号店"，为消费者提供更多的优品选择。"1号店"自营平台的页面如图3-1所示。

图3-1 "1号店"自营平台

2. 平台特点

综合型自营跨境平台在跨境经营方式中是非常重量级的，拥有传统商业的规范流程与雄厚的商业链支持，具有先天优势，但同时也有其不足。其优势有：跨境供应链管理能力强；强势的供应商管理；较为完善的跨境物流解决方案；后备资金充裕。不足主要有：业务发展会受到行业政策变动的显著影响。

### （二）垂直型自营跨境平台

垂直型自营跨境平台是指销售某一领域的比较专业的跨境电子商务网站，平台在选择自营品类时会集中于某个特定的范畴，如食品、奢侈品、化妆品、服饰等。

1. 平台案例

蜜芽宝贝（见图3-2）是中国首家进口母婴品牌限时特卖商城。其主导的"母婴品牌限时特卖"，是指每天在网站推荐热门的进口母婴品牌，以低于市场价的折扣力度，在72小时内限量出售，致力于开拓跨境电商业务。据中国母婴电商网监测数据显示，目前蜜芽宝贝用户已经超过百万，2014年10月它的GMV⊖超过1亿元，月复购率达到70%左右。

图3-2  蜜芽宝贝平台

蜜芽宝贝的成功得益于它上游供应链的成功设置。蜜芽宝贝的采购分为四种模式：①从品牌方的国内总代采购体系采购；②从国外订货直接采购，经过各口岸走一般贸易形式；③从国外订货，走宁波和广州的跨境电商试点模式；④蜜芽的海外公司从国外订货，以直邮的模式报关入境。

2. 平台特点

垂直型自营平台经营的商品专而精，一般都是相关领域核心商家的核心产品。做垂直型自营平台的代表商家有：中粮我买网、蜜芽宝贝、寺库网、莎莎网、草莓网等。垂直型自营平台的优势是供应商管理能力相对较强。它的不足是前期需要较大的资金支持。

---

⊖ GMV，Gross Merchandise Volume，网站成交金额，属于电商平台企业成交类指标，主要是指拍下订单的总金额，包括付款和未付款两部分。

# 第二节　跨境电子商务网上商店

## 一、网上商店的形式

网上商店又称"虚拟商店""网上商场""电子空间商店"或"电子商场"，是电子零售商业的典型组织形式，是建立在因特网上的商店或商场。网上商店都是以自己的名义与消费者达成买卖关系。跨境网上商店涉及跨境业务，一般有多种形式和经营方式。下面我们首先梳理一下跨境网上商店的形式种类。

### 1. 垂直商店

这种商城的产品存在着更多的相似性，要么满足于某一类人群，要么满足于某种需要，亦或某种平台（如电器）。垂直商店存在于互联网上的数量取决于市场的细分。此类网上商店有聚美优品等。

### 2. 复合品牌店

随着电子商务的成熟，越来越多的传统品牌商加入电商战场，以抢占新市场，拓宽新渠道。其以优化产品与渠道资源为目标，如各大知名品牌的网络店铺等。

### 3. 服务型网店

服务型网店越来越多，都是为了满足人们不同的个性需求，甚至有帮助消费者排队买电影的网上商店。

### 4. 导购型网店

导购型网店使购物的趣味性、便捷性大大增加。同时，诸多导购网站推出了购物返现，少部分网站推出了联合购物返现，这些满足了大部分消费者的需求，许多消费者通过这种渠道进入 B2C 网站购物。此类网店有返还网等。

## 二、跨境电子商务网上商店经营方式

在跨境电商兴起之后，网上商店的众多形式也不可避免地受到网上商店经营方式的影响，出现了如下一些跨境电子商务网上商店经营方式。

### （一）海淘

海淘，顾名思义就是海外／境外购物，购买人通过互联网检索商品信息，并通过电子订购单发出购物请求，然后填上私人信用卡号码，由海外购物网站通过国际快递发货，或是由转运公司代收货物再转寄回国。以 eBay 海外商城为例，海淘流程如图 3-3 所示。

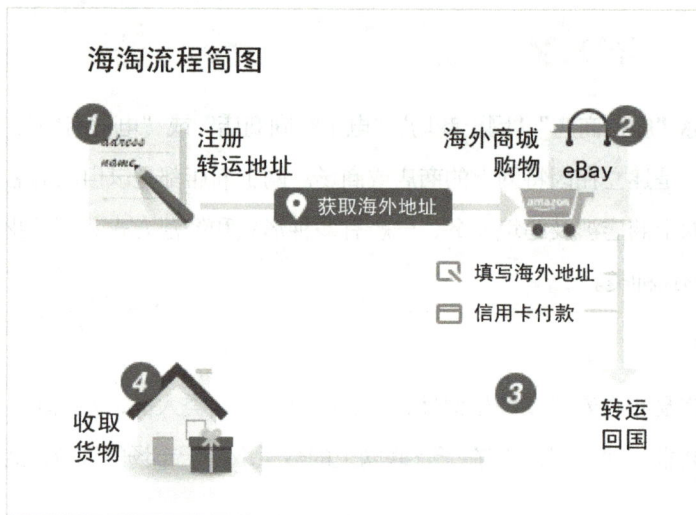

图 3-3　海淘流程

海淘由于涉及外币与人民币的支付兑换，所以针对不同的支付方式，又分为如下几种具体形式：

1. 海外购物网站 + 外币支付

"海外购物网站 + 外币支付"是最传统的海淘形式。境内消费者需登录海外购物网站并注册，对于不能直运到中国的境外购物网站，境内消费者还需登录转运公司网站并注册，通过转运公司将商品邮寄到国内，同时国内消费者还需持有一张外币信用卡。在做好上述准备工作后，国内消费者就可以在境外购物网站挑选心仪商品。对于普通消费者而言传统海淘模式操作难度大，门槛较高，语言有障碍及双币信用卡申请难度大，并非所有消费者都能得心应手。

2. 海外购物网站 + 人民币支付

"海外购物网站 + 人民币支付"模式的形成得益于国家外管局批复第三方支付机构可以开展跨境电子商务外汇支付业务，该政策使得国内消费者的海淘之路更加简便。对于国内消费者而言，跨境电子商务外汇支付业务试点，最直接的好处就是"海淘"更方便、快捷。以前海外购物需要使用 VISA、万事达等双币卡消费，现在客户通过网上支付将钱款支付到国内的第三方支付平台，由获得业务资质的第三方支付平台代国内消费者购汇，将人民币转换为外币后直接清算给境外卖家。这样提升了资金清算效率，更消除了传统海淘外币信用卡支付的门槛。目前，亚马逊等大型境外购物网站已经支持人民币的在线支付。

3. 境内导购网站＋人民币支付

"境内导购网站＋人民币支付"模式是最轻松的海淘模式。随着海淘市场的逐渐壮大，海淘的前端需求逐渐显现，因此在境内催生了一批海淘导购网站。这些海淘导购网站的运营模式是与境外商家合作，将境外商品进行再加工后，以中文介绍和人民币价格展示给境内消费者，这样客户就可享受与国内购物完全一样的购物体验，克服了语言障碍与外币卡申请的困难。海淘模式使得任何一个国内消费者都可淘到心仪商品。但该模式也有一定局限性，就是可海淘的境外商品有限，能够选择的商品品类要视境内导购网站合作的境外商户的类型和规模而定。

### （二）海外代购

海外代购简称"海代"，是继"海淘"之后第二个被消费者熟知的跨国网购概念，简单地说，就是身在海外的人／商户为有需求的中国消费者在当地采购所需商品并通过跨国物流将商品送达消费者手中的经营方式。从业务形态上，海外代购模式大致可以分为以下两类：

1. 海外代购平台

海外代购平台的运营重点在于尽可能多地吸引符合要求的第三方卖家入驻，不会深度涉入采购、销售及跨境物流环节。入驻平台的卖家一般都是有海外采购能力或者国际贸易能力的小商家或个人，他们会定期或根据消费者订单集中采购特定商品，在收到消费者订单后再通过转运或直邮模式将商品发往中国。海外代购平台走的是典型的跨境 C2C 平台路线。代购平台通过向入驻卖家收取入场费、交易费、增值服务费等获取利润。其优势主要有：为消费者提供了较为丰富的海外产品品类选项，用户流量较大。其劣势主要有：消费者对于入驻商户的真实资质持怀疑态度，交易信用环节可能是 C2C 海外代购平台目前最需要解决的问题之一；对跨境供应链的涉入较浅，或难以建立充分的竞争优势。

代表性企业有：淘宝全球购、京东全球购、eBay、美国购物网。

2. 微信朋友圈海外代购

微信朋友圈海外代购是依靠熟人、半熟人社交关系从移动社交平台自然生长出来的原始商业形态。虽然社交关系对交易的安全性和商品的真实性起到了一定的保障作用，但受骗的例子并不在少数。随着海关政策的收紧，监管部门对微信朋友圈个人代购的定性很可能会从灰色贸易转为走私性质。这只是目前政策等尚未明朗形势下存在的一种形式，在海购市场格局完成未来整合后，这种原始模式恐怕将难以为继。

### （三）导购 / 返利平台

导购 / 返利方式是由引流和商品交易两部分组合完成交易的进口跨境电子商务经营方式。其中引流部分是指通过导购资讯、商品比价、海购社区论坛、海购博客及用户返利来吸引用户流量。商品交易部分是指消费者通过站内链接向海外 B2C 电商或者海外代购者提交订单实现跨境购物。为了提升商品品质、增加商品品类，这类平台通常会搭配海外 C2C 代购模式。因此，从交易关系来看，这种方式可以理解为"海淘 B2C 模式 + 代购 C2C 模式"的综合体。导购 / 返利平台通常会把自己的页面与海外 B2C 电商的商品销售页面进行对接，一旦产生销售，B2C 电商就会给予导购平台 5% ～ 15% 的返点。导购平台则把其所获返点中的一部分作为返利回馈给消费者。

**1. 平台案例**

55 海淘网（见图 3-4）是针对国消费者进行海外网购的返利网站，其返利商家主要是美国、英国、德国等国家的 B2C、C2C 网站，如亚马逊、eBay 等，返利比例在 2% ～ 10% 不等，商品覆盖母婴、美妆、服饰、食品等综合品类。

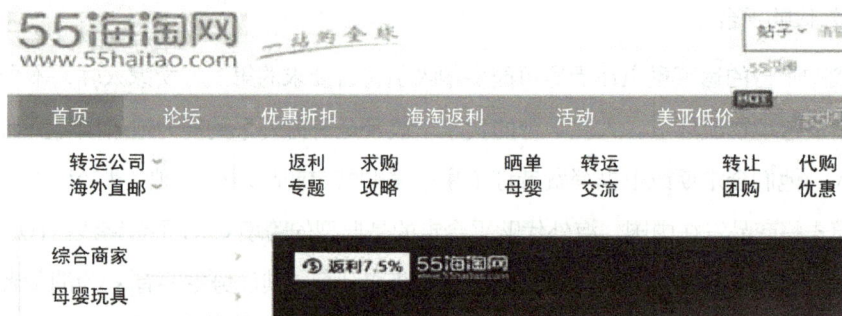

图 3-4　55 海淘网

**2. 特点**

导购 / 返利模式是一种技术门槛相对较低的跨境电子商务经营方式，可以分为引流与商品交易两部分。这就要求企业在 B 端与境外电商建立合作，在 C 端从用户中获取流量。它的优势在于：定位于对信息流的整合，较容易开展业务；引流部分可以在较短时期内为平台吸引到大量海购用户，可以比较准确地理解消费者的前端需求。而它的不足有：长期而言，把规模做大的不确定性比较大；对跨境供应链把控较弱；进入门槛低，玩家多，相对缺乏竞争优势，若无法尽快达到一定的可持续流量规模，其后续发展可能比较难以维持。

代表商家有：55 海淘、一淘网、极客海淘网、海淘城、海淘居、海猫季、Extrabux、悠悠海淘、什么值得买、美国便宜货。

## 第三节　跨境电子商务第三方平台

### 一、第三方电子商务平台

　　第三方电子商务平台，也可以称为第三方电子商务企业，泛指独立于产品或服务的提供者和需求者的第三方企业。平台通过网络，按照特定的交易与服务规范，为买卖双方提供服务，服务内容可以包括但不限于"供求信息发布与搜索、交易的确立、支付、物流"。

　　之所以称它们为第三方平台，这些平台只是提供跨境电子商务的基础设施和基础服务，平台本身不参与交易。

### 二、跨境电商第三方平台案例

　　洋码头（见图3-5）是一家面向中国消费者的跨境电商第三方平台。该平台上的卖家可以分为两类，一类是个人买手，模式是C2C；另一类是商户，模式是M2C。它帮助国外的零售产业与中国消费者对接，就是海外零售商应该直销给中国消费者，中国消费者直购，中间的物流是直邮。它强调三个直：直销、直购、直邮。

图 3-5　洋码头平台

### 本章小结 ◀◀

　　自营平台就是在互联网上搭建一个商场，平台的电商企业以较低的进价购买商品，然后以较高的售价出售商品，以赚取差价作为盈利模式。自营平台按其经营的商品一般又分为综合型自营和垂直型自营两类。目前国内的跨境电商自营平台大多属于这两类。网上商店又称"虚拟商店""网上商场""电子空间商店"或"电子商场"，是电子零售商业的典型组织形式，是建立在因特网上的商场。在跨境电子商务的经营时代，依托网上商店的不同形式，催生出了多种形式的跨境网上商店经营方式。它的形式包括垂直商店、复合品牌店、服务型网店以及导购引擎型网店。此外还有海淘、海外代购以及导购／返利平台。第三方电子商务平台，也可以称为第三方电子商务企业，泛指独立于产品或服务的提供者和需求者的第三方企业。平台通过网络，按照特定的交易与服务规范，为买卖双方提供服务，服务内容可以包括但不限于"供求信息发布与搜索、交易的确立、支付、物流"。跨境电商第三方平台的代表性平台如洋码头。

## 名词解释 《《

1. 自营平台：自营平台就是在互联网上搭建一个商场，平台的电商企业以较低的进价购买商品，然后以较高的售价出售商品，以赚取差价作为盈利模式。

2. 网上商店：网上商店又称"虚拟商店""网上商场""电子空间商店"或"电子商场"，是电子零售商业的典型组织形式，是建立在因特网上的商场。

3. 第三方电子商务平台：第三方电子商务平台，也可以称为第三方电子商务企业，泛指独立于产品或服务的提供者和需求者，通过网络服务平台，按照特定的交易与服务规范，为买卖双方提供服务，服务内容可以包括但不限于"供求信息发布与搜索、交易的确立、支付、物流"。

## 课后思考题 《《

1. 试述跨境电子商务主要的商业模式。

2. 请分析跨境电子商务自营平台、跨境电子商务网上商店、跨境电子商务第三方平台的概念、类别及各自代表性平台。

# 第二篇

# 跨境电商运营基础

# 第 四 章
# 跨境电商物流与配送

## 本章概要 《《

本章的主题是跨境电商物流与配送，共分为两小节。第一节主要介绍物流与配送在跨境电商业务中的地位、跨境电商物流与配送的特征、跨境电商物流与配送的发展现状及未来发展方向；第二节主要介绍出口跨境电商物流和进口跨境电商物流模式。

## 学习目标 《《

了解物流与配送在跨境电商业务中的地位；掌握跨境电商物流与配送的特征；理解跨境电商物流与配送的发展现状；了解跨境电商物流与配送的未来发展方向；掌握邮政物流模式、快递物流模式、海外仓物流模式；掌握一般进口物流模式、集运进口物流模式、保税进口物流模式。

## 第一节　跨境电商物流与配送概述

### 一、物流与配送在跨境电商业务中的地位

物流与配送是在贸易活动中被交易的实物标的从生产企业或者商家仓储位置转移到买家手中的过程及其有关活动的总称。物流一般是指物的搬运和运输集成过程，可能还包括与此相联系的包装、装卸、储存保管，而配送更加强调物品送达买家手中的过程。

电商的发展带动了物流的变革和发展，物流的发展又支撑了电商的发展。在跨境电商领域也是如此。跨境电商的发展必将带来跨境电商物流的变革和发展，跨境电商物流的发展将成为支撑跨境电商发展的关键因素。

1. 跨境电商物流与配送是跨境电商的组成部分

贸易活动通常由信息流、物流、资金流三部分构成。首先，跨境电商网站是跨境电商信息流的表现形式。在跨境电商的发展过程中，跨境电商的信息流实现了由传统的线下展会形式对接向线上网站形式对接的转变，又进一步发展形成了 B2B 网站形式的对接和 B2C 网站形式的对

接等不同模式。其次，商务资金支付形式反映了资金流的形态，当前贸易的资金流也由传统的银行支付发展到了电子银行支付，随着跨境电商的发展，又进一步发展形成了当前的网上在线支付等资金流形式。最后，物流在跨境电商业务中承载着货物转移和交付的功能，是跨境电商不可或缺的组成部分，离开了物流，跨境电商交易将无法实现。由此可见，跨境物流是跨境贸易中信息流、物流、资金流三部分不可缺少的一部分。

2. 跨境电商物流与配送是跨境电商的核心环节之一

在贸易活动中，信息流促成了交易双方信息的对接，从而使双方达成交易意向；物流和资金流则使得这种交易意向得以执行和实现，分别反映了交易标的的流动和交易资金的流动。因此，物流自然成为贸易活动的核心环节，跨境电商物流自然也是跨境电商的核心环节。在跨境电商业务中，交易双方分处不同国家，交易商品趋向具有个性化、定制化特征，如何实现将交易商品安全、高效地从商家仓储位置交付至买家手中，是跨境电商买家重点关注的问题，也是当前跨境电商商家致力于解决的核心问题之一。安全、高效的跨境电商物流将大大改善跨境电商买家的消费体验，也是诸多跨境电商企业所追求的目标。

3. 跨境电商物流与配送亟待进一步发展和提升

在当前阶段，跨境电商物流是阻碍跨境电商发展的一个主要瓶颈，这一点在零售模式的跨境电商业务中尤为突出。首先，跨境电商物流成本普遍偏高。例如，采用 UPS、FedEx、DHL 等国际快递运输商品时，当前折扣后至欧美等主流市场的首重价格也要在 100 元人民币左右，部分产品的物流成本等同甚至超过出库成本。其次，跨境电商物流的运输时间普遍偏长。例如当前部分跨境电商出口企业采用价格较为低廉的中国邮政小包邮运，其从国内到达欧美等主要市场的交付时间都有可能达到 50 天以上，最短也需要 7 ～ 14 天时间。最后，物流过程的可追溯性有待提升。尤其是对于价格低廉的中国一些物流小包裹而言，部分的邮运过程甚至无法追踪。整体而言，目前还不能找到一个价格低廉、时效性强、过程可追溯的跨境电商物流供应商，跨境电商物流领域进一步发展和提升的空间十分巨大。

## 二、跨境电商物流与配送的特征

跨境电商物流是为跨境电商服务的，是跨境电商的一部分。跨境电商物流自然具有了与跨境电商相对应的某些特征。具体来讲，包括以下几个方面：

1. 国际性

跨境电商是国际贸易和互联网技术融合发展的结果，是国际贸易的表现形式之一，跨境电商物流自然也就是国际物流的一种表现形式。

　　跨境电商物流的国际性表现在两方面。首先，每一笔跨境电商物流流程均需要经过两次通关，即一次出口通关和一次进口通关。各国（或地区）不同通关政策要求不同的通关手续，成为跨境电商物流企业的核心业务环节之一。其次，跨境电商物流的运营通常是由不同的业务主体在不同的国境之内开展业务的，即便是这些不同的业务主体属于同一家跨国公司，也有可能会因为处于不同国家而产生业务流程操作规范的差异。

　　2. 分散化

　　虽然跨境电商包括了批发模式（B2B）和零售模式（B2C/C2C）两种主要的交易模式，但是不可否认，零售模式才是当前跨境电商发展的热点，而且也是未来跨境电商发展的重点，所以一般的跨境电商概念指向零售模式。

　　零售模式下的跨境电商使得跨境电商订单呈现扁平化、碎片化的特征，即来自不同地区、不同国家的买家直接向跨境电商商家下订单，越过了传统的批发渠道，而且订单也更具有不同的个性特征。扁平化、碎片化的订单使得跨境电商物流呈现分散化的特征。由于订单量小而且需要运输至不同的买家手中，跨境电商物流中大部分是用快递形式实现的，这与传统国际贸易的集装箱运输模式产生了明显差异。

　　跨境电商领域目前已经提出了海外仓的概念。使用海外仓的跨境电商物流业务中，虽然前程运输可能会采用传统的大批量运输方式，但是后程运输通常也要采用快递形式来完成。

　　3. 信息化

　　跨境电商本身就是信息技术革命产生的结果，跨境电商物流自然充斥着信息化的特征。在跨境电商物流的仓储环节，订单分拣会消耗大量人力，先进的跨境电商仓库正在实现自动化分拣；在出运环节，运单信息的填制较为烦琐，ERP 软件已经较好地解决了这个问题，使得网络订单地址与快递运单可实现自动匹配；在运输环节，客户希望随时能够看到自己购买的商品的运输进程，所以跨境电商物流供应商正在为实现运输过程的可追溯化而努力。

## 三、跨境电商物流与配送的发展现状

　　随着跨境电商的迅速发展，跨境电商物流的发展也日新月异。当前跨境电商物流的发展可以总结为以下几点：

　　1. 以国际快递为代表的跨境电商物流发展迅速

　　国际快递是当前跨境电商物流的主要运输形式。电商零售模式下零散、扁平的跨境电商订单带动了快递业务的发展。近几年，快递业务呈现井喷式发展。例如，2015 上半年，全国快递服务企业业务量累计完成 84.6 亿件，同比增长 43.3%；业务收入累计完成 1195.7 亿元，同比增长 33.2%。其中，同城业务收入累计完成 170.3 亿元，同比增长 52.1%；异地业务收入累计完成 656 亿元，同比增长 31.8%；国际及港澳台业务收入累计完成 171.7 亿元，同比增长 18.4%。⊖

2. 新的跨境电商物流模式不断涌现

跨境电商是随着世界经济全球化、扁平化、信息化而产生的新的贸易形态。昂贵的快递费用和漫长的运输时间一直是阻碍跨境电商业务以更高速度发展的瓶颈，这也促使跨境电商企业和跨境电商物流企业更加积极地探索更经济、更高效、更透明的新的跨境电商物流方案和模式。

海外仓是目前跨境电商出口领域普遍比较认可的一种模式。所谓海外仓，即由跨境电商企业或者跨境电商物流企业在海外建设转运仓库，利用大数据分析市场需求从而做出需求预测，将跨境电商物流的前程运输转为运输时效差但成本低廉的海运模式，而后程运输则转为消费者所在国家的国内快递模式，从而降低成本、提高时效。

在跨境电商进口领域，则形成了保税和集运两种新型模式。保税模式与出口的海外仓模式类似，即跨境电商进口业务经营者在国内的保税区建设仓库，依据大数据预测消费者需求，安排先将交易货物用海运运至保税区仓库存储，待消费者下单后再以国内快递形式发出。集运模式则是在消费者下单后由物流供应商在海外的仓库集中，然后通过海运运至国内，在国内再转为普通快递运输。

3. 更加经济、高效、透明的跨境电商物流体系正在形成

为了进一步降低跨境电商物流成本、提高跨境电商物流时效、增强跨境电商物流的透明度，目前部分跨境电商企业正在配建自己的物流仓储系统，专业跨境电商物流企业也在完善自己的转运体系，专业的海外仓公司也纷纷涌现，专门的跨境电商交易平台也纷纷建设自己的物流仓库。在新系统和新体系的建设过程中可以预见，未来，一个更加经济、高效、透明的跨境电商物流体系将会形成。

## 四、跨境电商物流与配送未来的发展方向

跨境电商诞生于世界经济全球化、扁平化、信息化加速发展的进程中，国际化、分散化、

---

⊖ 数据来源于国家邮政局网站。

信息化的跨境电商物流既体现了跨境电商交易的需求，也是未来跨境电商物流持续与健康发展需要关注的问题。在促进跨境电商物流顺应时代潮流发展的过程中，可以预见，跨境电商物流将会呈现以下发展趋势：

1. 跨境电商物流便利化将持续推进

为了促进跨境电商的持续发展，各主要贸易国将采取措施对跨境电商物流通关提供多方位的支持，促进跨境电商通关便利化。例如，中国就适时建立了与跨境电商相适应的通关制度，对跨境电商进出口货物落实"清单核放、汇总申报"制度，大大便利了跨境电商货物通关；再如国际领域，1998 年 WTO《全球电子商务宣言》中有对电子传输不予征收关税的宣言，大大促进了跨境电商和跨境电商物流的发展。可以预见，未来，跨境电商物流便利化措施将会持续推进，通关便利化将助推跨境物流提效、增速。

2. 跨境电商物流的标准化将会逐步形成

目前的跨境电商物流发展还处于起步阶段，尚未形成特别明确的跨境电商物流模式的国际标准化制度。随着跨境电商的发展，跨境物流供应商将通过优化仓储布局来提升跨境电商物流的时效性、降低跨境电商物流成本，在各国的共同努力下和跨境物流逐步规范化的过程中，跨境电商物流的服务标准将会逐步形成，这不仅将大大提升物流的速度、降低物流成本，还有利于跨境电商从业者根据自己的产品特征选择不同的物流服务模式。

3. 跨境电商物流网络将会触及全球的每一个角落

跨境电商是将不同国家或地区的市场运用互联网手段实现相互连接，跨境电商物流则是通过整合不同国家或地区的物流供应商实现货物在全球范围内递送。随着跨境电商的高速发展，将会有越来越多的物流供应商涉足跨境电商物流业务，形成兼顾时效和成本的跨境电商全球物流网络，并将触及全球的每一个角落。

## 第二节　跨境电商物流与配送模式

当前跨境电商模式的划分主要是根据物流流动的方向来划分的，因此跨境电商物流模式可以分为出口跨境电商物流模式和进口跨境电商物流模式两大类。出口跨境电商物流模式又可以分为邮政与快递物流模式、海外仓物流模式两种主要形式；进口跨境电商物流模式又可以分为一般进口物流模式、集运进口物流模式和保税进口物流模式三个主要形式。

## 一、出口跨境电商物流模式

在跨境电商出口业务中，有些卖家是通过邮政、快递等物流渠道直接将商品寄送给买家，这种模式可以称作邮政、快递物流模式；有些卖家是先将货物以 B2B 模式通过海运或者空运运送至海外仓库，然后等买家下单后直接将货物从海外仓库发送至买家手中，这种模式叫作海外仓物流模式。

### （一）邮政与快递物流模式

当前中小企业开展的跨境电商 B2C 出口业务中，绝大多数都是通过亚马逊、速卖通、易贝等跨境电商平台或者自建平台向境外的消费者开展销售活动的。消费者下订单之后，卖家则是通过邮政或者快递等物流方式将商品寄送给境外的消费者。

传统上，通过邮政、快递等物流模式寄送跨境电商商品出境，在海关监管方面是按照个人物品出境的，货物出境后无法通过正常渠道退税和结汇。为了促进跨境电商的发展和规范，海关总署于 2014 年 2 月增列了"跨境贸易电子商务（9610）"的监管代码，规范了邮政、快递跨境电商出口物流模式，对通过邮政、快递物流形式出口的跨境电商商品实施"清单核放、汇总申报"模式，报关后可以退税和正常结汇。

1. 邮政物流模式

邮政物流模式主要通过"国际小包"实现。重量在 2kg 以内，外包装长宽高之和小于 90cm，且最长边小于 60cm，通过邮政空邮服务寄往国外的小邮包，可以称为国际小包。国际小包分为普通空邮（Normal Air Mail，非挂号）和挂号（Registered AirMail）两种。前者费率较低，邮政不提供跟踪查询服务；后者费率稍高，邮政可提供网上跟踪查询服务。一般跨境电商 B2C 卖家所销售的电子产品、饰品、配件、服装、工艺品都可以采用此种方式来发货。目前常见的国际小包服务渠道有：中国（内地）邮政小包、新加坡邮政小包、中国香港邮政小包、荷兰小包、瑞士小包、俄罗斯小包等。其中以中国香港邮政小包最受欢迎，时效最为稳定，售后查询规范，但价格偏高。中国（内地）邮政小包价格较低，但运往大部分国家（地区）的时效不稳定，售后查询周期偏长，对丢件的处理一般是赔偿三倍运费。

整体来看，采用邮政渠道寄送商品，借用了"万国邮政联盟"的庞大网络，具有寄送费用低、寄送方式简便、寄送范围广等特征。相对于其他运输方式（如快递）来说，国际小包服务有绝对的价格优势。采用此种发货方式可最大限度地降低成本，提升价格竞争力。国际小包交寄方便，且计费方式全球统一，不计首重和续重，大大简化了运费核算与成本控制。国际小包还可以将产品送达全球几乎任何一个国家和地区的客户手中，只要有邮局的地方都可以送达，大大扩展了跨境电商卖家的市场空间。

国际小包物流服务价格包括邮费、处理费、挂号费及保险费（如适用）。邮费是按照包裹的重量进行计费的，不计首重续重。

## 【小资料1】

### 中国（内地）邮政国际小包

1. 什么是国际小包

重量在2kg以内（阿富汗除外）通过邮政服务寄往国外的小邮包称为国际小包。各类小件物品，除禁止寄递和超过规定限量寄递的以外，都可以作为国际小包寄递。

限重和尺寸规格要求（包括但不限于各种小件物品）：

重量：≤2kg（阿富汗除外）。

尺寸：最大为长、宽、厚合计900mm，最长一边不得超过600mm，公差2mm；圆卷状的，直径的两倍和长度合计1040mm，长度不得超过900mm，公差2mm。最小为至少有一面的长度不小于140mm，宽度不小于90mm，公差2mm；圆卷状的，直径的两倍和长度合计170mm，长度不得小于100mm。

资费情况（中国（内地）邮政国际小包分为10个区）见表4-1。

表4-1　中国（内地）邮政国际小包资费情况

| 区域 | 国家/地区 | 资费标准（元/kg） |
|---|---|---|
| 1 | 日本 | 62 |
| 2 | 新加坡、印度、韩国、泰国、马来西亚、印度尼西亚 | 71.5 |
| 3 | 奥地利、克罗地亚、保加利亚、斯洛伐克、匈牙利、瑞典、挪威、德国、荷兰、捷克、希腊、芬兰、比利时、爱尔兰、意大利、瑞士、波兰、葡萄牙、丹麦、澳大利亚、以色列 | 81 |
| 4 | 新西兰、土耳其 | 85 |
| 5 | 美国、加拿大、英国、西班牙、法国、俄罗斯、乌克兰、卢森堡、爱沙尼亚、立陶宛、罗马尼亚、白俄罗斯、斯洛文尼亚、马耳他、拉脱维亚、波黑、越南、菲律宾、巴基斯坦、哈萨克斯坦、塞浦路斯、朝鲜、蒙古、塔吉克斯坦、土库曼斯坦、乌兹别克斯坦、吉尔吉斯斯坦、斯里兰卡、巴勒斯坦、叙利亚、阿塞拜疆、亚美尼亚、阿曼、沙特、卡塔尔 | 90.5 |
| 6 | 南非 | 105 |
| 7 | 阿根廷、巴西、墨西哥 | 110 |
| 8 | 老挝、孟加拉国、柬埔寨、缅甸、尼泊尔、文莱、不丹、马尔代夫、东帝汶、阿联酋、约旦、巴林、阿富汗、伊朗、科威特、也门、伊拉克、黎巴嫩、秘鲁、智利 | 120 |
| 9 | 塞尔维亚、阿尔巴尼亚、冰岛、安道尔、法罗群岛、直布罗陀、列支敦士登、摩纳哥、黑山、马其顿、圣马力诺、梵蒂冈、摩尔多瓦、格鲁吉亚 | 147.5 |

（续）

| 区域 | 国家/地区 | 资费标准（元/kg） |
|------|-----------|------------------|
| 10 | 斐济、美属萨摩亚、科科斯（基林）群岛、库克群岛、卡奔达、圣诞岛、新喀里多尼亚、密克罗尼西亚、南乔治亚岛和南桑德韦奇岛、赫德岛和麦克唐那岛、英属印度洋领土、基里巴斯、圣基茨和尼维斯联邦、马绍尔群岛、北马里亚纳、诺福克岛、瑙鲁、纽埃、法属波利尼西亚、巴布亚新几内亚、皮特凯恩群岛、所罗门群岛、斯瓦尔巴岛和扬马延岛、特里斯达库尼亚群岛、法属南部领土、托克劳、汤加、图瓦卢、美属太平洋各群岛、瓦努阿图、西萨摩亚、阿森松岛、加纳利群岛、亚速尔群岛和马德拉群岛、约翰斯敦岛、关岛、帕劳、瓦利斯和富图纳、埃及、苏丹、摩洛哥、吉布提、埃塞俄比亚、肯尼亚、突尼斯、布隆迪、乌干达、卢旺达、乍得、尼日利亚、布基纳法索、贝宁、喀麦隆、阿尔及利亚、加蓬、几内亚、马达加斯加、毛里塔尼亚、津巴布韦、安哥拉、中非、佛得角、西撒哈拉、厄立特里亚、冈比亚、赤道几内亚、几内亚比绍、科摩罗、利比里亚、莱索托、马拉维、莫桑比克、纳米比亚、尼日尔、留尼汪、塞舌尔、圣赫勒拿、圣多美和普林西比、斯威士兰、马约特、伊夫尼、赞比亚、利比亚、毛里求斯、马里、索马里、加纳、博茨瓦纳、刚果(金)、刚果(布)、坦桑尼亚、多哥、科特迪瓦、塞拉利昂、塞内加尔、委内瑞拉、古巴、厄瓜多尔、巴拿马、苏里南、哥伦比亚、安提瓜和巴布达、安圭拉、荷属安的列斯、阿鲁巴、巴巴多斯、百慕大、玻利维亚、巴哈马、伯利兹、哥斯达黎加、多米尼加、福克兰群岛（马尔维纳斯群岛）、格林纳达、法属圭亚那、瓜德罗普、危地马拉、圭亚那、洪都拉斯、海地、牙买加、开曼群岛、圣卢西亚、马提尼克、蒙特塞拉特、尼加拉瓜、圣皮埃尔和密克隆、波多黎各、巴拉圭、萨尔瓦多、特克斯和凯科斯群岛、特立尼达和多巴哥、乌拉圭、圣文森特和格林纳丁斯、英属维尔京群岛、美属维尔京群岛、复活岛、扎伊尔、格陵兰岛 | 176 |

**2. 服务特色**

（1）覆盖全球的庞大网络，帮助客户拓展更广阔的市场空间。凭借"万国邮政联盟"的庞大网络，邮政国际小包通达全球 200 多个国家和地区。

（2）顺畅的通关能力，有效提高发货时限。中国（内地）邮政与海关有长期良好的合作关系，使货物通关更加便利。

（3）更合理的资费，降低货运成本。与其他运输方式 500g 起计价比较，国际小包 100g 起计算运费更加合理，最大限度地降低成本，提升价格竞争力。

（4）安全可靠的运输服务，免除后续烦恼。国际小包可以选择挂号服务，不但方便查询，还可避免丢失小包的烦恼。

**3. 跨境电商一体化服务平台**

（1）提供仓储、理货、拣货、寄递一条龙服务。

（2）为国际电子商务市场提供整合的全球化运递服务，见图 4-1。跨境电商速卖通平台有超过 90% 的卖家都在使用中国（内地）邮政国际小包。

（3）快捷多样的运输方式。每周共计 551 架次签约航班、351 班签约货轮。

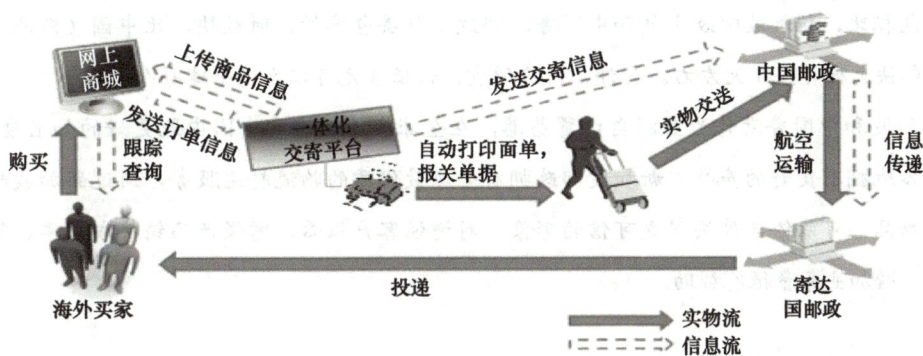

图 4-1　中国邮政小包服务

【小资料 2】

### 中国香港邮政小包

　　中国香港邮政的空邮服务和挂号空邮服务（易网邮）具有丢包率低、运输效率高、价格低廉的特点，欧美主要国家一般 5 ～ 9 个工作日即可送达，是 eBay 外贸卖家的最佳合作伙伴。中国香港邮政实践"传心意．递商机"的企业精神，现已成为灵活多变、以客为本、市场主导的服务机构，不但网络庞大、覆盖全面，而且信誉较好。除传统业务外，中国香港邮政积极开拓新的产品市场，提供多元化的物流服务。

　　相对于中国（内地）邮政国际小包，中国香港邮政国际小包具有如下优势：一是高效。中国香港邮政国际小包离岸处理时间一般只需要 1 天，最长不超过 3 天，远远优于中国（内地）邮政国际小包 3 ～ 7 天的处理速度，到达多数国家（地区）的正常运输时间仅需 5 ～ 9 个工作日，且丢包率低，既快速又安全。二是可信。中国香港作为亚洲最大自由港，在全球各地具有比内地更好的知名度优势。另外，中国香港是全球超级金融中心，拥有健全的法律体系，在全球各地拥有良好的声誉。将产品所在地（Item Location）设置为香港（HongKong）能给予买家一个可信的形象，增强客户购买的信心，这无疑对提升产品销售成功率、降低交易成本、增加业务量很有帮助。良好的可信度是 eBay 外贸卖家的必备条件之一。

【小资料 3】

### 新加坡邮政小包

　　新加坡邮政是新加坡政府监管的公共邮政执照拥有者，也是一家上市公司，完全市场化的运作可以提供高效率和高品质的国内和国际邮政服务。同时，新加坡机场是世界上最大的转运中心之一，拥有高效率、完善的转运机制，能使货物快速、经济地转口到其他地方。中国 eBay 卖家依托新加坡邮政小包服务，到欧美主要国家一般 2 ～ 3 天后即可上网查询。与中国（内地）

邮政小包相比，新加坡邮政小包和中国香港邮政小包丢包率低，时效快，比中国（内地）邮政国际小包快大概 4～7 天左右。另外，价格便宜，最低 3 元可以发遍全球每个角落。

新加坡和中国香港作为亚洲自由贸易港，在全球各地具有比中国内地更好的知名度优势，在全球各地拥有良好的声誉。新加坡邮政拥有全球最优质的物流转运服务，通过新加坡邮政小包运输物品，可以给国外买家更可信的形象，对增强客户信心、增强产品销售成功率、降低交易成本、增加业务量很有帮助。

【小资料 4】

### 比利时邮政小包

比利时邮政（Bpost）创建于 1830 年，从 2011 年 1 月开始，比利时邮政从国企变成私企，并改名为 Bpost。

在很多欧洲国家，从亚洲进口的物品（包裹或邮件）都要接受相当严格的海关检查，开包查验的概率很高，常常造成运输延迟等问题，这对跨境电商的物流配送带来了一定的困扰。比利时邮政推出的 MiniPak EU（欧 e 达）物流解决方案正是基于欧盟海关的高查验率以及约 90% 的 B2C 网上销售产品价值较低这一特性而研发的（货物重量在 2kg 以内，体积限制在长宽高小于 90cm 以下，且单件货物价值不超过 22 欧元），专门针对亚洲尤其是中国的跨境电商，它是在速度（包裹从中国到达欧洲主要国家大约需要 5～9 个工作日）和价格上介于普通邮政小包和快递之间的物流产品，享受欧盟海关为其提供的专属"低值小包海关绿色通道"，通关效率、服务水平都高于普通的邮政小包。商家使用 MiniPak EU 物流方案，可随时进行货物追踪查询，无须支付任何其他附加费用，如欧盟进口关税、增值税等。目前，通过 MiniPak EU 运输的货物可进入欧盟所有国家。

2. 快递物流模式

快递物流模式主要是指通过 EMS、DHL、UPS、FedEx、TNT、顺丰等快递公司的国际快递业务将跨境电商售卖的商品递送至客户手中的出口跨境电商物流模式。快递递送跨境电商商品的特征是速度快、运输过程可查询，缺点是物流费用普遍偏高。因此，采用快递递送的跨境电商商品主要是一些货值高、重量轻的商品，如假发、饰品等。

中国邮政速递物流公司推出的国际 e 邮宝业务价格较为低廉，颇受跨境电商商家的青睐。国际 e 邮宝和中国香港邮政小包服务一样，是针对轻小件物品的空邮产品，目前，该业务限于为中国电商卖家寄件人提供发向美国、加拿大、英国、法国和澳大利亚的包裹寄递服务。正常情况下国际 e 邮宝 7～10 个工作日即可完成妥投，在国内段使用 EMS 网络进行发运，出口至美国等国家后，该国邮政将通过其国内一类函件网（First Class）投递邮件。通关采用国际领先的 EMI 电子报关系统，保障投递的包裹迅速、准确地运抵目的地。

DHL、UPS、FedEx、TNT 等国际快递巨头在保障跨境电商商品递送时间方面具有绝对优势，但是高昂的运输费用使其仅仅适用于部分高附加值的商品运输。在国内跨境电商 B2C 领域比较成功的假发产品，多数都是采用这些国际快递递送的。当跨境电商企业的发货量较大时，其也可以从这些国际快递公司那里拿到较大的费用折扣。

国内快递巨头顺丰速运于 2014 年进军跨境电商国际快递领域。顺丰国际（SFb2c）是顺丰速运集团最新打造的国际电商物流服务平台，致力于为全球消费者和电商提供专业化的全球物流解决方案。"顺丰国际"利用顺丰在全球丰富的物流网络资源，为跨境电商企业开展保税仓储、海外仓储、集运和进出口电商包裹配送等服务。

专线快递是随着跨境电商的发展而兴起的一类快递物流服务方式。这类快递公司专注于一个或者几个目的国，自身主要承担将在国内集约后的货物从国内向目的国运输的职责，然后将自身的运输与目的国的国内快递实现有效对接，从而达到降低费用、保障时效的目的。国内较为有名的专线快递公司包括递四方、三态速递等。

递四方速递公司（4PX EXPRESS）始建于 2004 年 6 月，是递四方科技集团中以国际物流和全球仓储服务为核心的物流供应链服务商，是专业的国际速递公共平台运营商，为客户和合作伙伴提供国际速递渠道及系统平台服务。它在全球拥有 1300 名专业物流服务人员，有 40 个国内服务网点、5 个境内自营仓库（北京、上海、广州、深圳、义乌）、5 个境外分公司及仓库（美国、德国、英国、澳大利亚及中国香港地区），是 3 万家 B2C 商户的首选物流仓储服务商，是 eBay、PayPal、谷歌、亚马逊、阿里巴巴速卖通、敦煌网的官方合作伙伴及推荐物流商。公司依托多年丰富的行业经验和技术创新能力，打造出 3 大类、20 余种物流服务，可以满足跨境电商所有的物流需求，包括商业快递（DHL、FedEx、UPS、TNT、Aramex）、邮政服务（新加坡邮政、中国邮政和我国香港邮政的空邮、挂号、EMS 等）、自有品牌服务（海外仓库订单宝服务、联邮通服务、专线服务等）。递四方通过业务合作和资本收购的方式，不断整合世界各地的优秀速递相关资源，铸就多渠道辐射全球的国际速递网络平台。

三态速递是深圳一家经营国际速递业务的第三方物流服务公司，拥有 2000m² 的包裹处理中心，主要提供超低价格的国际速递和邮寄服务，所有国际速递均通过全球知名公司派送。公司还利用自主创新的中美、中欧等专线快递提供门到门的国际快递业务。公司网站日处理国际包裹数万件，送至全球 200 多个国家和地区，是 eBay、PayPal、贝通网、慧聪网等国际知名电子商务网站推荐的国际速递公司。三态速递还提供国际快递在线查询和交易服务，集成了多家国际知名速递公司的业务和每日价格，是客户的"国际速递比价网"和"国际快递超市"。

### （二）海外仓物流模式

无论是邮政还是快递，都存在要么价格高要么速度慢等缺陷，这些都成为跨境电商物流的最大缺陷，也成为制约跨境电商发展的关键因素。为了解决这些问题，提升跨境电商的用户体验，跨境电商经营者和跨境电商物流企业都在积极研究解决方案。经过一段时间的摸索，目前业内普遍认为，海外仓物流模式是一个比较好的解决方案。

所谓海外仓物流模式，即在跨境电商买家所在国内建设存储仓库，利用跨境电商销售平台的大数据，分析未来一段时间可能的销售量，然后用传统国际贸易所用的海运或空运物流形式将所售货物运至存储仓库，待客户下单后直接将所售货物从本国存储仓库寄送至买家手中的模式。这种模式一方面大大减少了从买家下单到货物递送至买家手中的时间，提升了客户体验；同时，还利用传统国际贸易的海运或空运物流通道，大大降低了跨境电商物流的成本和费用。

当前的海外仓物流模式，包括跨境电商平台自建的海外仓、专业物流公司建设的海外仓、跨境电商卖家探索建立的海外仓三种类型。跨境电商平台自建的海外仓中，最著名的当属亚马逊的 FBA 仓，另外 eBay 和速卖通也已经开始在海外建设自己的或合作的海外仓。专业物流公司建设的海外仓中，当前比较有名的有飞鸟国际、出口易（CK1）、递四方等。专业物流公司的海外仓通常会与跨境电商平台合作，为平台商家提供物流仓储服务。部分跨境电商卖家也在尝试自行在目的市场建立海外仓。这些企业在目的国市场租赁或者购买一个仓库甚至只是一栋房屋，然后注册一个公司，将货物由国内发往这家境外公司，接到客户订单后，从上述仓库或者房屋分拣、包装、快递货物给客户。

下面将分别分析三种代表性企业，来说明不同的海外仓模式。

FBA，全称 Fulfillment by Amazon，即亚马逊提供的代发货服务。亚马逊在美国、加拿大、欧盟诸国、日本都建有自己的配送仓库，为商家提供包括仓储、拣货打包、派送、收款、客服与退货处理等一条龙式物流服务。亚马逊卖家使用 FBA 的优势包括：一是提高卖家排名，FBA可以帮助卖家成为特色卖家，提高客户的信任度，提高销售额；二是提升配送时效，亚马逊具有多年丰富的物流经验，仓库遍布全世界（多靠近机场），采用智能化管理，大大提高了配送时效；三是提供专业客服，处理因物流引起的差评纠纷，提升卖家形象；四是亚马逊对单价超过300 美元的产品免除所有 FBA 物流费用。但是 FBA 的劣势也很明显：一是费用比国内发货稍微偏高，但是也要看产品重量；二是灵活性差，FBA 只能用英文邮件和客户沟通，沟通难度大，而且用邮件沟通，回复一般没有第三方海外仓客服回复那么及时；三是如果前期工作没做好，标签扫描出现问题，会影响货物入库，甚至入不了库；四是目前亚马逊的 FBA 仓库暂时不提供退换货服务，一般发生争议会给予买家退款处理，但是如果卖家账号出现问题或者产品有质量问题，亚马逊会有两种处理方式，将货物退到由卖家提供的国外当地地址并由买家支付产生的处理费及运费，或是直接销毁货物同时收取销毁费用。

飞鸟国际是一家在英国注册的国际物流公司。公司针对广大中国电子商务卖家的需求，为其提供仓储、分拣、包装、派送等项目的一站式服务。卖家将货物存储到飞鸟系统英国仓库，当买家下订单时，卖家可以第一时间做出响应，及时进行货物的分拣、包装，并且从英国运送到其他欧洲国家，不需要进行二次报关，减少了清关时间。同时，借助曼彻斯特航空网络强大、英国到其他欧洲国家运距短等特点，可以确保货物安全、准确、及时、低成本地到达终端买家手中。

建设海外仓的专业物流公司的国内操作中心多数集中在深圳，这些公司借助深圳和香港的便捷物流通道，将货物以较快的速度运至海外仓库。

跨境电商卖家自建海外仓中，比较著名的有兰亭集势。2015 年 2 月，该公司位于美国内华达州雷诺市的第一个北美海外仓正式投入运营。目前，全国各地的一些有一定规模的跨境电商卖家纷纷以各种形式在海外建立自己的发货基地。

## 二、进口跨境电商物流模式

进口跨境电商物流模式通常分为三种：一是一般进口物流模式，即最传统的邮运、快递，甚至随身携带进口等模式，也称为海淘、代购模式；二是专业物流公司组织的集运进口物流模式，即买家在进口跨境电商网站下订单后，由专业物流公司将货物在海外集运，然后再以国际贸易所用的海运或者空运物流形式进口至境内；三是保税进口物流模式，即进口跨境电商先将货物以国际贸易所用的海运或者空运方式运至国内的保税区仓库，然后按照买家订单从保税区向买家寄送发货。保税进口物流模式突破了原有保税区的管理模式，为此海关总署于2014 年 7 月出台了单独的监管模式"保税跨境贸易电子商务（1210）"。该模式俗称备货模式，目前只能在国内 15 个跨境电商试点城市（上海、杭州、宁波、郑州、重庆、广州、深圳、福州、平潭、天津、合肥、成都、苏州、大连、青岛）和 22 个跨境电商综合实验区的城市的保税物流中心执行。这 22 个城市分别是北京、呼和浩特、沈阳、长春、哈尔滨、南京、南昌、武汉、长沙、南宁、海口、贵阳、昆明、西安、兰州、厦门、唐山、无锡、威海、珠海、东莞、义乌。

### 1. 一般进口物流模式

一般进口物流模式即传统的邮运、快递物流进口模式，与邮运、快递出口模式是对应的。

在跨境电商受到普遍重视之前，多数跨境电商领域售卖的商品都是通过此种途径进境的，然后再由国内快递递送至消费者手中。

2016 年以前，跨境电商进口商品是以个人物品形式完成进口通关的，因此也是以个人物品形式缴纳进口行邮税的。按照中国《海关法》有关规定，行邮税是行李和邮递物品进口税的简称，是海关对入境旅客行李物品和个人邮递物品征收的进口税。由于其中包含了进口环节的增值税和消费税，故也为对个人非贸易性入境物品征收的进口关税和进口工商税收的总称。课税对象包括入境旅客、运输工具，服务人员携带的应税行李物品、个人邮递物品、馈赠物品以及以其他方式入境的个人物品等。按照《中华人民共和国进出口关税条例》（2017 年修订），关税税额在 50 元人民币以下的一票货物可以免征，因此多数跨境电商进口货物的单票纳税额都被拆分到了 50 元人民币以下。

为了保证一般贸易进口方式与跨境电商进口方式的公平，2016 年 3 月 24 日，财政部、海关总署、国家税务总局共同发布了《关于跨境电子商务零售进口税收政策的通知》，其中包含跨境电子商务零售进口税收的新政策。《通知》规定，自 2016 年 4 月 8 日起，跨境电子商务零售进口商品将不再按邮递物品征收行邮税，而是按货物征收关税和进口环节增值税、消费税，以推动跨境电商健康发展。然而，为了体现对跨境电商的支持，在一定限额以内的跨境电商进口商品可以享受零关税，以及增值税和消费税按 70% 核收的优惠条件。经过两次上调，目前的单次交易限值为 5000 元，年度交易限值为 26000 元，超过部分按照一般贸易征税。

2. 集运进口物流模式

由于传统的邮运和快递等物流方式成本较高，为了降低物流成本，专业物流公司在海外货源地建立仓库，将分散采购的跨境电商商品集中采用集装箱运输至国内，这种模式叫作集运进口物流模式，又被称作海淘转运模式。为了适应跨境电商的快速发展，海关总署于 2014 年 2 月增列了"跨境贸易电子商务（9610）"的监管代码，规范了邮政、快递物流的跨境电商出口的同时，也允许跨境电商进口商采用"清单核放、集中申报"模式进口，即将集运进口货物通关时集中逐项扫描，仍然看作私人邮购、快件方式进境。

在物流企业方面，继顺丰、申通推出海淘转运服务后，韵达也于 2014 年 9 月初切入中美海淘转运；韵达还上线了海淘代购网站"易购达"（www.ebuyda.com）。部分跨境电商专线物流供应商也利用自己的海外仓开通了海淘转运业务。例如，递四方就开通了"转运四方"平台（www.transrush.com）。目前，各大物流企业的境外集运仓主要集中在中国香港、韩国、日本、美国、欧盟等进口商品来源地。

3. 保税进口物流模式

集运进口物流模式虽然降低了运输成本，但是运输时间依然较长。转运通常需要10 ~ 15天，较长的运输时间大大降低了客户的购物体验。因此，部分跨境电商进口商将商品预先运至保税区仓库，待到客户下单后再从保税区发货，这样就与国内运输时间一致，大大提高了客户的购物体验，这种模式就是保税进口物流模式。

但是由保税区内向保税区外个人发货突破了保税区原有管理规定，为此，海关总署于2014年7月发布公告，增列"保税跨境贸易电子商务（1210）"监管模式。目前该模式仅仅适用于37个跨境电商试点城市。

宁波2013年11月就开始了此类试点，是最早实施保税备货进口试点的城市，也是目前试点最成功的口岸之一。国内各大电商纷纷涉足跨境电商进口业务，阿里巴巴建设了天猫国际、京东商城建设了京东全球购、苏宁易购建设了苏宁海外购，各大独立进口跨境电商企业也纷纷崛起，如洋码头、蜜芽宝贝等，这些企业均纷纷在上述城市的保税场所设立了保税进口仓库。

整体来看，保税进口物流模式运费低、用时短，消费者购物体验最好，但是受制于地域，只能局限于这些城市的保税场所，而且需要跨境电商进口商运用大数据预测产品的销量，有可能会产生库存积压。而一般进口物流模式和集运进口物流模式虽不会产生库存积压，但是高昂的运费和较长的运输周期又大大影响了跨境电商消费者的购物体验。所以未来跨境电商进口物流将会持续整合、调整。

## 本章小结 《

跨境电商物流与配送是跨境电商的组成部分，是跨境电商的核心环节之一，但跨境物流成本高、配送时间长、可追溯性差等问题的存在，使得其还有很大的提升空间。总体而言，跨境物流具有国际性、分散化、信息化的特征。目前，我国以国际快递为代表的跨境电商物流发展迅速，新的跨境电商物流模式不断涌现，更加经济、高效、透明的跨境电商物流体系正在形成。在未来，跨境电商物流便利化将持续推进，物流的标准化将会逐步形成，跨境物流网络将会触及全球的每一个角落。根据商品流向不同，跨境电商物流可以分为出口跨境电商物流模式和进口跨境电商物流模式，其中出口跨境电商物流模式包括邮政物流模式、快递物流模式、海外仓物流模式，进口跨境电商物流模式包括一般进口物流模式、集运进口物流模式、保税进口物流模式。

## 名词解释 ◀◀

1. 邮政物流模式：邮政物流模式主要是通过"国际小包"实现。重量在 2kg 以内，外包装长宽高之和小于 90cm，且最长边小于 60cm，通过邮政空邮服务寄往国外的小邮包，可以称为国际小包。国际小包分为普通空邮（Normal Air Mail，非挂号）和挂号（Registered AirMail）两种。前者费率较低，邮政不提供跟踪查询服务；后者费率稍高，邮政可提供网上跟踪查询服务。

2. 快递物流模式：快递物流模式主要是指通过 EMS、DHL、UPS、FedEx、TNT、顺丰等快递公司的国际快递业务将跨境电商售卖的商品递送至客户手中的出口跨境电商物流模式。

3. 海外仓物流模式：所谓海外仓物流模式，即在跨境电商买家所在国内建设存储仓库，利用跨境电商销售平台的大数据，分析未来一段时间可能的销售量，然后先用传统国际贸易所用的海运或空运物流形式将所售货物运至存储仓库，待客户下单后将所售货物直接从本国存储仓库寄送至买家手中的模式。

4. 一般进口物流模式：一般进口物流模式即传统的邮运、快递物流进口模式，与邮运、快递出口模式是对应的。

5. 集运进口物流模式：由于传统的邮运和快递等物流方式成本较高，为了降低物流成本，专业物流公司在海外货源地建立仓库，将分散采购的跨境电商商品集中采用集装箱运输至国内，这种模式叫作集运进口物流模式，又被称作海淘转运模式。

6. 保税进口物流模式：部分跨境电商进口商将商品预先运至保税区仓库，待到客户下单后再从保税区发货，这样就与国内运输时间一致，大大提高国内客户的购物体验，这种模式就是保税进口物流模式。

## 课后思考题 ◀◀

1. 请简要阐述物流与配送在跨境电商业务中的地位。
2. 试分析跨境电商物流与配送的特征。
3. 分析跨境电商物流与配送的发展现状与未来的发展方向。
4. 试分析邮政物流模式、快递物流模式、海外仓物流模式、一般进口物流模式、集运进口物流模式、保税进口物流模式的联系与区别。

# 第 五 章
# 跨境电商支付

## 本章概要 《《

　　本章的主题是跨境电商支付，共分为三小节内容。第一节主要介绍跨境电商支付在我国的发展历程、跨境电商支付与传统国际贸易支付的区别；第二节主要介绍跨境电商支付的种类，分为跨境电商出口支付和跨境电商进口支付，以及跨境电商支付的原理与主要流程；第三节主要分析跨境电商支付存在的风险，以及对跨境电商支付的行政管理。

## 学习目标 《《

　　了解跨境电商支付在我国的发展历程；理解跨境电商支付与传统国际贸易支付的主要区别；掌握跨境电商出口支付和跨境电商进口支付的种类；掌握跨境电商支付中付汇与收汇的流程；掌握跨境电商支付存在的风险；了解国家对跨境电商支付的管理制度。

## 第一节　跨境电商支付概述

### 一、跨境电商支付在我国的发展历程

　　2013 年以前，我国第三方支付机构除银联以外都不能直接进行跨境支付业务，只能由银行完成结售汇和购汇业务，第三方支付公司虽然已得到国内电商消费者的广泛认可，却只能通过在境外离岸公司间接地完成跨境支付业务。但随着跨境电商的蓬勃发展，传统的银行业务已不能够满足日益增长的支付要求，开展支持跨境第三方支付的业务逐步被提上日程。

　　为了促进跨境电商的发展，国家外汇管理局于 2013 年在上海、北京、重庆、浙江、深圳开展支付机构跨境电子商务外汇支付业务试点，准许一批第三方支付公司提供跨境电商支付服务，交易范围包括货物贸易交易和部分服务贸易（如留学教育、酒店住宿和航空机票）跨境支付业务。2015 年 1 月，国家外汇管理局发布《国家外汇管理局关于开展支付机构跨境外汇支付业务试点的通知》，在全国范围内开展部分支付机构跨境外汇支付业务试点，允许支付机构为跨境电子商务交易双方提供外汇资金收付及结售汇服务，这标志着与跨境电子商务相关的外汇管理制

度初步建立。截至 2017 年春季,国家累计批准全国 30 家第三方支付机构开展试点业务。通过试点支付机构,跨境电子商务支付基本可以在 1 个工作日内完成,大大快于原来通过境外支付机构所需的平均 7 个工作日。

获得跨境支付牌照的第三方支付机构主动适应各种跨境电商交易平台的支付需求,不断创新跨境支付产品,承接了各种频繁的小额跨境支付业务,有力地支持了我国跨境电商的发展。

## 二、跨境电商支付与传统国际贸易支付的区别

传统国际贸易的支付方式主要有三种:汇付、托收和信用证。这三种支付方式均需通过银行操作,适合金额比较大的交易。跨境电商是通过网络平台进行交易的一种新型国际贸易业态,根据交易对象的不同,可以分为 B2B 和 B2C 两种。其中,B2B 是企业对企业之间的跨境批发业务,金额大小介于大宗贸易和网络零售之间,可以选择传统的国际贸易支付方式,也可以选择网银、信用卡及第三方支付工具。B2C 是企业对个人消费者的跨境网络零售业务,具有单笔金额小、下单频次高、对支付的便捷性要求高的特点,因此不适合传统的国际贸易支付方式;同时,银行支付程序较复杂,时效性较差,也不愿意为零散的跨境 B2C 交易提供支付服务。在这种跨境支付需求与供给不匹配的情况下,新型的跨境电商支付手段应运而生。

跨境电商支付是与跨境电商交易平台紧密联系的、消费者可以在购物时通过平台链接的网银、信用卡、第三方支付工具直接进行支付的方式。跨境电商支付可以满足货物贸易及服务贸易的支付需求,前者比如跨境网络零售业务,后者比如境外住宿、餐饮、留学缴费等服务。

与传统的跨境支付方式相比较,跨境电商支付具有以下几个特点:

1. 小额化、多频化

随着跨境网络零售的高速发展,国际贸易走向微型化,随时随地可能产生订单,但是订单金额很小。在跨境电子商务尤其是跨境网络零售的背景下,再让买方通过银行托收或是向开证行申请开立信用证就显得不太合适了,不仅速度很慢,而且成本很高。汇付对跨境小额 B2B 继续适用,但是对于跨境 B2C 来说,消费者更喜欢使用国际信用卡、第三方支付等足不出户就可以付款的网络支付工具,所以跨境电商支付的一大特点是支付金额较小、支付频次较高。

2. 支付方式信息化、电子化

跨境电商的支付方式与传统贸易的支付方式和国内电子商务的支付方式都有相关性,然而与后者的相关性似乎更大一些。跨境电商的支付方式与国内电商一样,都要借助网络支付手段,国内电商常用的网银、信用卡、支付宝在跨境电商支付中都可以找到网络支付的身影。跨境电商的支付方式与国内电商相比,实际上就多了一个外汇的问题,需要一些中间机构完成两种货

币的转换；另外还需要解决外汇管制问题，因为国家通常对外汇兑换数额有限制。总体上看，跨境电商支付区别于传统国际贸易支付的另一特点是支付方式的信息化与电子化。

3. 担保方由银行向第三方支付机构转变

与传统国际贸易一样，跨境电商也涉及买卖双方的信任问题，即先发货还是先交钱的问题。在传统国际贸易中，银行通过信用证方式起到了支付担保的作用，而在跨境电商中，第三方支付公司比如 PayPal 和支付宝承担了类似的支付担保作用。以 PayPal 为例，买方下单后使用 PayPal 进行付款，PayPal 会即时把货款打入卖方账户。但是如果买方在 45 天之内对商品不满意，向 PayPal 提出争议，PayPal 会做退款处理，严重时会冻结卖方的账户。第三方支付机构的出现，较好地解决了跨境电商买卖双方的支付信任问题。

## 第二节　跨境电商支付的种类与主要流程

### 一、跨境电商支付的种类

若按跨境支付机构所属的地域及承担的业务不同，目前我国跨境支付市场可以分为三大类（见表 5-1）：第一类，主要是涉足跨境网购（进口电商）、出口电商市场的境内第三方支付机构，如支付宝；第二类，即凭借强大的银行网络，不仅支持跨境网购（进口电商）、出口电商，还覆盖了境外 ATM 取款和刷卡消费等国际卡业务市场的境内传统金融机构，如银联（银联在线支付本身也可看作是第三方支付机构）；第三类，以 PayPal 为代表的提供全球在线收付款业务的成熟境外支付企业。跨境电商也正是通过这三类企业的支付业务完成其支付环节。⊖

表 5-1　跨境支付企业经营模式

| 企业类型 | 企业名称 | 服务/产品 | 服务类别 | 服务对象 | 支付卡/币种 | 结算币种 | 覆盖地区 |
|---|---|---|---|---|---|---|---|
| 境内第三方支付企业 | 支付宝 | 海外购 | 进口 B2C | 支付宝会员 | 人民币 | 外币 | 中国港澳台地区及日韩、英美、意大利、澳大利亚等 |
| | | 外卡支付 | 出口电商 | 境外持卡人 | MasterCard、Visa 国际信用卡（人民币通道） | 人民币 | 全球主要国家和地区 |
| | 快钱 | 国际收汇 | 出口电商 | 需拓展国际业务的外商企业 | Visa、MasterCard、美国运通（American Express）、JCB 等主流国际信用卡、PayPal 账户 | 人民币 | 全球主要国家和地区 |

---

⊖ http://www.askci.com/news/chanye/2015/08/07/172216jw2h_2.shtml。

（续）

| 企业类型 | 企业名称 | 服务/产品 | 服务类别 | 服务对象 | 支付卡/币种 | 结算币种 | 覆盖地区 |
|---|---|---|---|---|---|---|---|
| 境内传统金融机构 | 银联 | 互联网认证支付服务（银联在线支付） | 进口B2C、出口电商 | 银联卡持卡人 | 人民币/银联卡 | 外币 | 中国香港及日本、美国等 |
| | | 境外ATM取款和刷卡消费 | 国际卡业务 | 银联卡持有人 | 外币/银联卡（开通境外受理业务） | 人民币 | 亚太、欧美、非洲、澳大利亚等 |
| 境外支付企业 | PayPal | 外贸一站通 | 出口电商、国际卡业务 | 需拓展国际业务的外商企业、PayPal合作银行卡用户 | 全球超过15000家银行卡、信用卡、PayPal账户 | 商家所在地货币 | 全球主要国家和地区 |

资料来源：艾瑞咨询，华泰证券研究所。

若按进出口方向不同划分，跨境电商支付可分为跨境电商出口支付和跨境电商进口支付。下面将按第二种划分方式对跨境电商支付及其代表性企业进行相关解析。

## （一）跨境电商出口支付

### 1. 信用卡方式

由于大部分外国消费者都有使用信用卡支付的习惯，而且大多银行都是Visa和MasterCard组织成员，因此中国的跨境电商网站都提供Visa和MasterCard的信用卡支付通道。目前国际上有五大信用卡品牌：Visa，MasterCard，美国运通（American Express），JCB，Diners Club，其中前两个使用较广泛。跨境电商网站要开通信用卡支付网关⊖，一般需要到第三方支付公司开通办理。把网关接口链接到外贸商家购物车的后台，外国消费者点击购物车下订单后点击付款，就可以进入支付网关界面。外国消费者在线填写信用卡的相关信息，就可以支付成功。此支付方式方便快捷，符合境外消费者的消费习惯，是外贸商家的一个有力助手。

然而，对于卖家来说，信用卡支付方式也有缺点：一是接入国际信用卡收款的程序比较复杂，而且需要预存保证金；二是信用卡收款费用较高，而且黑卡很多，存在拒付风险。信用卡拒付（chargeback），指的是持卡人在支付后一定期限内（一般为180天，某些支付机构可能规定更长的期限），可以向银行申请拒付账单上的某笔交易。由于网络交易和面对面交易的差异，无论卖家使用何种电子商务平台，此类风险都无法完全避免。当买家通过信用卡支付速卖通平台上的网上交易，就有可能通过信用卡公司提出拒付。

国际信用卡在线支付方式与传统的收款方式不同，通常需通过第三方支付公司办理，因此

---

⊖ 支付网关（Payment Gateway），是银行金融网络系统和因特网之间的接口，是由银行操作的将因特网上传输的数据转换为金融机构内部数据的一组服务器设备，或由指派的第三方处理商家支付信息和顾客的支付指令。支付网关可确保交易在因特网用户和交易处理商之间安全、无缝的传递，并且无须对原有主机系统进行修改。

款项不能即时到达商家账户。第三方支付公司起到中间担保的作用，消费者下订单付款，商家根据订单发货，第三方支付公司再将款项结算给外贸商家。每家第三方支付公司结算的时间和相关政策都是不相同的。○

2. 汇款方式

汇款是小额 B2B 的常用支付方式，买家收款的银行会收取手续费，有的时候卖家付款的银行也会收取手续费。汇款方式的优点是：收款迅速，几分钟之内就可到账；先付款后发货，保证商家利益不受损失。其缺点是：先付款后发货，买方的利益得不到保障；客户群体较小会限制商家的交易量。

常见的汇款工具有：

（1）西联汇款。西联汇款是西联国际汇款公司的简称，是世界上领先的特快汇款公司，可以在全球大多数国家和地区的西联代理所在地汇款和提款。此方式中，手续费由买家承担，对买家来说风险极高，对于卖家来说最划算，可先提款再发货。在卖家未领取钱款时，买家可以将支付的资金撤销。其优点是安全性好，到账速度快；其缺点是手续费较高，需要买卖双方到当地银行柜台实地操作，同时对卖家有利对买家不利。其适用范围是 1 万美元以下的小额支付。

（2）速汇金汇款。速汇金汇款是 MoneyGram 公司推出的一种快捷、简单、可靠的国际汇款方式，该公司在全球 197 个国家和地区拥有总数超过 300000 个代理网点。收款人凭汇款人提供的编号即可收款。单笔速汇金最高汇款金额不得超过 10000 美元（不含），每人每年凭本人有效身份证件可结汇等值 50000 美元（含）。其优点是速汇金汇款在汇出后 10 分钟即可到达收款人手中；在一定的汇款金额内，汇款的费用相对较低，无中间行费，无电报费；手续简单，汇款人无须选择复杂的汇款路径，收款人无须预先开立银行账户，即可实现资金划转。其缺点是汇款人及收款人均必须为个人；必须为境外汇款，必须符合国家外汇管理局对于个人外汇汇款的相关规定；客户如持现钞账户汇款，还需交纳一定的钞变汇的手续费。国内目前有工行、交行、中信银行共三家银行代理了速汇金收付款服务。2017 年 1 月 26 日，速汇金以约 8.8 亿美元被蚂蚁金服并购。2018 年 1 月 2 日，美国外资投资委员会（CFIUS）以国家安全为由否决了二者的合并计划。

（3）PayPal。PayPal 是美国 eBay 旗下的第三方支付工具，国际知名度较高，也提供汇款服务，费率为 2.9% ~ 3.9%。使用 PayPal 汇款无开户费及使用费；每笔收取 0.3 美元银行系统占用费；提现每笔收取 35 美元；如果跨境，每笔收取 0.5% 的跨境费。其优点是国际付款通道符合

_____

○ http://blog.sina.com.cn/s/blog_8858e0c10102v1z3.html。

部分地区客户的付款习惯；国际知名度较高，尤其受美国用户信赖。其缺点是 PayPal 更保护消费者利益而不是卖家利益，双方权利不平衡；每笔交易除手续费外还需要支付交易处理费；商家账户容易被冻结，利益容易受损。它更适用于跨境电商零售行业，特别是几百美元之内的小额交易。

（4）CashPay。CashPay 是一种多渠道集成的支付网关，费率为 2.5%，无开户费及使用费，无提现手续费及附加费。其优点是加快偿付速度（2～3 天），结算快；支持商城购物车通道集成；提供更多支付网关的选择，支持多币种提现；通过了支付卡行业数据安全标准（PCI DSS，Payment Card Industry Data Security Standard），有专门的风险控制防欺诈系统 CashShield，并且一旦出现欺诈即 100% 赔付，降低退款率，专注客户盈利、资料数据更安全。其缺点是刚进入中国市场，在国内知名度不高。

（5）Moneybookers。它是世界上第一家被政府官方认可的电子银行，其相关费用为：从银行上载资金，免费；从信用卡上载资金，3%；取钱到银行，固定费用 1.80 美元；通过支票取钱，固定费用 3.50 美元。其优点是较安全，因为是以 E-mail 为支付标识，付款人不需要暴露信用卡等个人信息；客户必须激活认证才可以进行交易；登录时以变形的数字作为登录手续，以防止自动化登录程序对个人账户的攻击；只需要收款人的电子邮箱地址就可以汇款；可以通过网络实时进行收付费。其缺点是不允许客户多账户，一个客户只能注册一个账户；不支持未成年人注册。

（6）Payoneer。Payoneer 是一家总部位于纽约的在线支付公司，主要业务是帮助其合作伙伴将资金下发到全球，同时也为全球客户提供美国银行/欧洲银行收款账户用于接收欧美电商平台和企业的贸易款项。其优点一是便捷，中国身份证即可完成 Payoneer 账户在线注册并自动绑定美国银行账户和欧洲银行账户；二是合规，像欧美企业一样接收欧美公司的汇款，并通过 Payoneer 和中国支付公司的合作完成线上的外汇申报和结汇；三是便宜，电汇设置单笔封顶价，人民币结汇最多不超过 2%。这种方式较适用于单笔资金额度小但是客户群分布广的跨境电商网站或卖家。⊖

3. 第三方支付方式

第三方支付是指具备实力和信誉保障的第三方企业和国内外各大银行签约，为买方和卖方提供信用担保的支付方式。通过第三方支付平台交易时，买方选购商品后将款项不直接打给卖方而是付给第三方支付平台，第三方支付平台通知卖家发货；买方收到商品后通知付款，第三方支付平台将款项转至卖家账户。在跨境电商支付方式中活跃着很多第三方支付公司，如

---

⊖ http://bbs.paidai.com/topic/399127.

PayPal、支付宝、WebMoney、Qiwi wallet、CashU 等，其中 PayPal 的国际市场占有率最高，但是在某些地区，其他第三方支付平台更为流行。

（1）PayPal。PayPal 是目前全球最大的在线支付提供商，成立于 1998 年 12 月，总部在美国加利福尼亚州圣荷西市，全球有超过 1 亿个注册账户，是跨国交易中最有效的付款方式之一。任何人只要有一个电子邮件地址，都可以方便而安全地使用 PayPal 在线发送和接收付款，避免了传统的邮寄支票或者汇款的麻烦。PayPal 支持 197 个国家和地区的交易，支持 20 多种币种，快速、安全而又方便。对消费者的好处，一是安全，PayPal 保证信息的安全，消费者不用将银行卡或银行账户的详细信息透露给他人；二是快速，可以立即向有电子邮件地址的任何人进行付款；三是方便，注册快捷，一旦成为用户，就可以与全球范围内 56 个市场（包括美国、英国和亚洲及其他欧洲市场）的卖家进行交易。对商家的好处，一是安全，PayPal 使用最先进的商用加密技术保护数据，财务信息不会透露给其他任何人；二是快速，买家付款后即时到账；三是方便，卖家可以使用 PayPal 的各种工具管理交易并提高效率。

（2）ClickandBuy。ClickandBuy 是独立的第三方支付公司，于 1999 年在德国科隆成立，于 2010 年被德国电信收购，拥有超过 13 万客户。商家在收到 ClickandBuy 的汇款确认后，在 3 ～ 4 个工作日内会收到货款。每次交易金额最低 100 美元，每天最高交易金额 10000 美元。

（3）Paysafecard。Paysafecard 购买手续简单而安全。除线上支付外，它还是欧洲游戏玩家的网游支付手段。用户可以用 16 位账户数字完成付款。要开通 Paysafecard 支付，还需要有企业营业执照。

（4）WebMoney。WebMoney 是俄罗斯最主流的电子支付方式，俄罗斯各大银行均可自主充值取款。

（5）CashU。它隶属于阿拉伯门户网站 Maktoob（雅虎于 2009 年完成对 Maktoob 的收购），主要用于支付在线游戏、电信和 IT 服务，以及实现外汇交易。CashU 允许用任何货币进行支付，但账面上始终以美元显示资金。CashU 现已为中东和独联体广大网民所使用，是中东和北非地区运用最广泛的电子支付方式之一。

（6）LiqPAY。LiqPAY 是一个小额支付系统，一次性付款不超过 2500 美元，且立即到账，无交易次数限制。LiqPAY 用客户的移动电话号码为标识。账户存款为美元，如果存入另一种货币，将根据 LiqPAY 内部汇率折算。

（7）Qiwi wallet。Qiwi wallet 是俄罗斯最大的第三方支付工具之一，其服务类似于支付宝。该系统使客户能够快速、方便地在线支付水电费、手机话费，以及网购费用，还能用来偿付银行贷款。

（8）NETeller。NETeller 可免费开通，全世界数以百万计的会员选择 NETeller 的网上转账服务。可以把它理解成一种电子钱包，或者一种支付工具。

（9）国际支付宝 Escrow。阿里旗下的支付宝在国内市场占有率极高，但是要作为出口收汇的工具还需要进一步在海外推广。现在国际支付宝已经接入了俄罗斯本土的 WebMoney 和 Qiwi wallet 两大支付工具、巴西的 Boleto 和 TEF 支付工具，以及全球化的信用卡支付体系组织 Visa 和 MasterCard。这样从结构上，国际支付宝的支付模块可以被清楚地分割为四块：第一块专门用于信用卡支付；第二块专门用于俄罗斯用户支付；第三块是专门用于巴西用户支付；第四块是全球化支付的线下汇款等方式。

（10）易宝支付 YeePay.com。易宝支付成立于 2003 年，总部在北京，是第一批获得跨境支付牌照的第三方支付公司之一。易宝支付聚焦行业，主要为各种跨境电商平台提供后台的支付服务，如去哪儿网、港中旅、敦煌网、豌豆公主等，也是亚马逊网站的第三方支付合作公司之一。易宝支付的支付领域涵盖货物贸易、留学教育、航空机票、酒店住宿、国际运输、旅游服务、国际展览等，由于其主要为平台提供支付服务，所以不为个人消费者所熟知。

4. 香港离岸公司银行账户

卖家可以通过在香港开设离岸银行账户，接收海外买家的汇款，再从香港账户汇到内地账户。其优点是接收电汇无额度限制，不需要像内地银行一样，受到 5 万美元的年汇额度限制；不同的货币也可直接自由兑换。其缺点是香港银行账户的钱还需要转到内地账户，较为麻烦；部分客户选择地下钱庄的方式不合法，且有资金风险和法律风险。这种方式对于传统外贸及跨境电商都适用，但一般适合已有一定交易规模的卖家。

## （二）跨境电商进口支付

### 1. 境外网站购物支付

跨境电商进口支付主要用于本国人在境外电商网站购物并通过境外网站提供的支付工具进行支付。一般说来，境外电商网站提供信用卡、PayPal 以及其他具有地方特色的支付方式。国内银行发行的双币种 Visa 或 MasterCard 信用卡都可以直接用于进口支付，还款时银行会自动转换成人民币金额。PayPal 有中国公司，国内买家也可以方便地注册账号，完成本币与外币的兑换，使用人民币付款。如果要使用其他第三方支付工具，就要看它是否与本国银行或第三方支付公司有合作并方便结汇。如果收款账户是个人的，就要受国家外汇政策的约束，即每人每年不超过 5 万美元。

国内第三方支付公司也积极与国外银行、商户以及第三方支付公司合作，为国内消费者跨境支付提供便利。支付宝直接与境外商户合作，目前已覆盖 30 多个国家和地区的上千家网站的购物付款，支持 15 种海外货币结算。用户可以通过支付宝使用人民币支付，再由境外电商网站或者支付宝合作的转运公司将商品运送至国内。财付通与美国运通（American Express）合作的"财付通美国运通国际账号"于 2012 年 11 月 19 日正式上线。用户可以直接在境外接受美国运通 American Express 卡的商户购物，支付时按照当天的汇率直接换算为人民币进行支付，商品由商户或者转运公司送至国内。中移电商于 2014 年 9 月 10 日宣布和美国运通（American Express）合作，推出"和包"产品（原名手机钱包）。"和包"用户将账号与美国运通（American Express）的电子旅行支票绑定充值，就可适用电子旅行支票进行海外购物，用"和包"查询电子旅行支票余额。

2. 境内进口电商网站支付

为了方便国人购买进口商品，政府和境内电商网站也在积极搭建进口商品平台，吸引外国品牌入驻商城。在这种情况下，国内消费者都可以使用境内常用的支付工具支付，由支付机构负责换汇，把货款打给境外商家。

天猫国际于 2014 年 2 月 19 日上线，沿用了天猫目前的模式，由各个境外商户在天猫国际开户，入驻的海外商户需要注册支付宝海外版。中国消费者可以使用支付宝进行付款，支付宝公司将人民币货款转换成外币支付给海外商户。

"跨境通"电商平台由东方电子支付公司（上海自贸区唯一一家支付机构）投资设立，采取了商户入驻的方式，由"跨境通"面向国内用户搭建跨境进口导购平台，由东方电子支付公司提供支付服务。平台网站上的商品都用人民币标价，商户可以按照 T+1 的实时汇率转换成商户期望的相应外币，根据商户的结算要求，直接付汇到商户的境外账户。全部手续可在线上完成。与东方电子支付公司进行支付结算合作的银行有中国银行、上海银行、民生银行、中信银行这几家银行的在沪分行。平台也可以提供个人信用卡的支付通道，未来还会与其他第三方支付机构合作。⊖

## 二、跨境电商支付的主要流程

我国跨境电商支付主要有两方面的需求：一是中国消费者在跨境电商平台上购买国外的商品或服务，需要把人民币转换成外币，打入外国卖家的账户，也就是跨境电商进口的付汇业务；二是中国卖家在跨境电商平台上出售货物或服务，需要把外国消费者通过信用卡或第三方支付工具支付的外币转换成人民币，再打入中国卖家账户，即跨境电商出口的收汇业务。以下以第三方支付机构易宝支付的业务流程（见图 5-1）为例，主要介绍这两种跨境支付业务流程。

---

⊖ http://www.nbd.com.cn/articles/2013-12-31/799117.html。

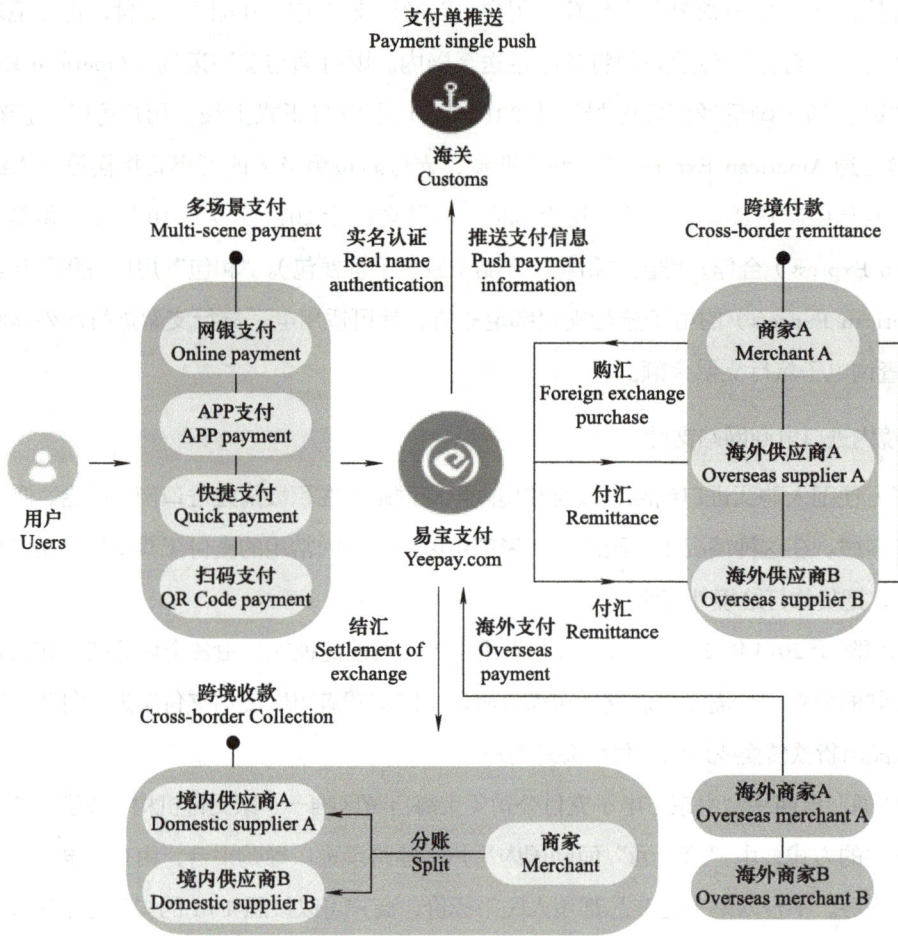

图 5-1　易宝支付的进口付汇与出口收汇业务

## （一）跨境电商进口的付汇业务

### 1. 中国消费者付款

中国消费者在跨境电商交易平台上购买货物或者服务的时候，需要进入平台链接的支付页面进行支付。交易平台通常会提供丰富的支付方式，如网银支付、APP 支付、快捷支付和扫码支付等。各种支付方式都连接着消费者在某家银行的账户，银行会根据消费者的支付指令把相应的款项打给交易平台，而第三方支付机构如易宝支付就在交易平台的后台接收这些款项。

### 2. 支付单推送

由于这些款项需要出境支付给国外的卖家，因此需要接受我国海关及外汇管理局的监管。中国消费者在支付后，交易平台会形成支付单，并且向海关推送。

3. 购汇

海关批准支付单后，第三方支付机构通过在银行开立的外汇备付金账户<sup>⊖</sup>进行购汇操作。根据《支付机构跨境外汇支付业务试点指导意见》（以下简称《指导意见》）的规定，支付机构为客户办理结售汇及跨境收付业务均应通过外汇备付金账户进行。外汇备付金账户管理同时应符合中国人民银行外汇备付金账户管理的规定。

第三方支付机构根据当天外汇牌价向银行进行购汇。根据《指导意见》，支付机构可集中为客户办理收付汇和结售汇业务，并按照要求实现交易信息的逐笔还原，且单笔交易金额不得超过等值 5 万美元。

4. 付款

第三方支付机构将每笔交易支付购得的外汇通过 SWIFT<sup>⊖</sup> 通道转入境外卖家在境外银行的外币账户，完成付汇。

### （二）跨境电商出口的收汇业务

1. 境外买家付款

中国卖家可以选择在国内或者国际的跨境电商平台上开店铺，前者如阿里巴巴国际站、速卖通、敦煌网、中国制造网，后者如亚马逊、eBay。外国消费者在平台上下单支付，中国卖家需要方便、安全地收汇。外国消费者通常习惯用信用卡或者第三方支付工具如 PayPal 进行网络支付，国内第三方支付机构需要做的业务就是外卡收单。

2. 汇款

第三方支付机构与跨境电商交易平台对接，把外国消费者支付的款项划入第三方支付机构在境外的外币账户，再从境外账户汇入其在国内的外汇备付金账户。

3. 售汇

第三方支付机构按照当日外汇牌价出售外汇货款，换成相应数量的人民币。结售汇也要符合外汇管理局和《指导意见》的规定。

4. 收款

第三方支付机构将兑换后的人民币打入中国卖家的人民币账户，完成收款。

---

⊖ 外汇备付金账户的收入范围为接受境内付款方外汇划转或购汇转入、境外付款方汇入，以及因交易失败由原路、原币种退回的外汇资金；支出范围为外汇划转、结汇转入人民币备付金账户或境内收款方人民币账户汇出至境外收款方，以及因客户错汇、多汇或交易失败产生的原路、原币种退出的外汇资金。

⊖ SWIFT又称环球同业银行金融电讯协会，是国际银行同业间的国际合作组织，成立于1973年，目前全球大多数国家大多数银行已使用SWIFT系统。SWIFT的使用，使银行的结算提供了安全、可靠、快捷、标准化、自动化的通信业务，从而大大提高了银行的结算速度。

# 第三节　跨境电商支付的风险及管理

## 一、跨境电商支付存在的问题

### （一）中国跨境电商网站缺乏国际性的支付工具

支付方式对于提高跨境电商的交易量起着非常重要的作用，如果支付工具不够方便，很多国际消费者很可能放弃这家电商网站，而去另一家支付方式方便的网站购物。中国的跨境电商网站品类齐全，但是支付手段还显得比较单一。据调查，欧美消费者最喜欢的支付方式是信用卡和PayPal。阿里巴巴速卖通和敦煌网都曾支持过信用卡和PayPal的支付方式，但是现在都终止了与PayPal的合作关系，只剩下信用卡作为主要的支付方式。阿里巴巴速卖通结束使用PayPal的原因是网站存在很多仿冒品牌，一旦被投诉，PayPal就会冻结卖家支付账号，这是速卖通无法承受的。中国跨境电商网站缺乏国际性的支付工具会对其交易量产生较大影响。虽然阿里巴巴也在努力地推进支付宝在国际市场的认可度，并且已与30多个国家和地区的网站建立了合作关系，但是使用者主要还是中国人，难以撼动PayPal的国际性第三方支付工具的地位。

### （二）对第三方支付机构监管存在漏洞

虽然国家对第三方支付机构颁发牌照，制定了监管政策，但是不可能对公司运营做到完全监控。一方面，由于外汇监管部门不能完全掌握交易双方的各项信息和资金流向，第三方支付平台存在资金安全问题以及用户存在多样性和分散性，导致外汇监管部门不能进行有效监管也不能统计真实的收支状况，同时由于第三方支付机构不需要立即还原每笔用款，而是经过一段时间再统一申报，因此难免出现误差和统计错误。另一方面，第三方支付机构作为连接付款国家／地区和收款国家／地区的媒介，可以采取丰富的手段完成货币的转换，使得中国收款方为避开5万美元的年用汇额度，用开设香港离岸账户等手段少报税或者逃税，给我国外汇监管带来一定的挑战。总之，虽然第三方支付机构的运营比银行要灵活得多，是跨境电商发展的需要，但是监管起来还是存在漏洞。

### （三）地下钱庄问题屡禁不止

由于国家对外汇使用的限制，使得很多中国个人卖家无法按正常渠道结汇，于是采取多种变通渠道：使用多个账号结汇，让亲戚帮忙结汇，采用离岸公司接收款项并转账。在这种需求的支配下，出现了专门从事外汇兑换业务的地下钱庄，可以以较低的费率帮助中国卖家从国外收汇，并通过各种渠道转到卖家账户。地下钱庄问题屡禁不止。

### （四）可能存在资金沉淀的风险

一般而言，在第三方支付平台的账户中都有一定的资金储备，一部分来源于买家，在完成交易支付后货款被划入第三方支付平台的账户中，而这些钱款一般是买家在系统中确认收货以后才从第三方支付平台账户划入卖家账户，这中间因时间差而导致的资金停留是一种资金沉淀；此外，如果卖方从这种虚拟账户中提取现金，则需要缴纳一笔按提取比例或提取次数计算的额外手续费，一般卖方为了降低提现成本，也会将钱滞留在账户里一次性支取，这也增加了资金沉淀量；要求卖家在支付平台预留备付金（应对交易纠纷产生的退款）的规定也增加了资金沉淀量。但是，在第三方支付平台的资金量越大，则资金沉淀的风险相应也会越大，因为可能引发洗钱、套现等非法行为，从而给各方造成损失；或是由于资金调度不及时等原因而引致管理失误并继而产生流动性风险。

### （五）存在交易双方的信用风险问题

在现实生活中，存在着诸如买家已经完成付款，但卖家却迟迟不发货，或者卖家由于各种原因已事先发出货物，但买家却不付款的行为。银行或第三方支付平台一般并不能完全掌握交易双方的信用状况以及实际的支付纠纷，跨境的支付信用体系尚未建立起来。特别是在拥有不同信用等级的国别之间，第三方支付平台由于归属国的不同，并不能对所有国家/地区的主体采取一视同仁的态度。例如，PayPal在处理支付纠纷时往往比较倾向于站在买家的立场，这对于我国跨境出口电商来说非常不利。

## 二、跨境电商支付的行政管理

### （一）对个人购汇的限制

目前，我国对个人购汇的限制是1人1年5万美元。不管持卡人使用哪家银行的卡购买境外网站的商品，都会在外汇管理局留下记录，发卡机构都可以查到持卡人已使用外汇的额度。同时，个人结汇的限制也是1人1年5万美元，如果是C2C的卖家，个人收汇也会受额度限制。

### （二）对第三方支付机构的监管

目前我国在跨境支付领域的监管办法有：《跨境贸易人民币结算试点管理办法实施细则》在试点区域践行对跨境支付的监管并主要关注支付安全问题；《电子支付指引》（第一号）对电子支付的法律界定、服务申请程序、规范等内容做了规定，重点对支付损失责任进行了划定；《支付机构客户备付金存管办法》主要对客户备付金存管银行做出了具体规定；《支付机构互联网支付业务风险防范指引》对支付机构的支付安全保障和资金安全方面提出了规范化操作的要求；《非金融机构支付服务管理办法》主要对非金融机构支付服务的各项内容与准入门槛、终止业务机制、支付各方的权利与义务等进行规范;《支付机构跨境电子商务外汇支付业务试点指导意见》（2015 年）针对小额跨境电商支付交易，对机构的准入与业务管理方面提出要求。

其中,《支付机构跨境电子商务外汇支付业务试点指导意见》（2015 年）规定，支付机构仅对具有真实交易背景的跨境电子商务交易提供跨境外汇支付服务，范围包括货物贸易交易和经国家外汇管理局审核同意的服务贸易交易背景的跨境，不得开展无外汇支付业务。

支付机构应按照现行经常项目外汇账户管理有关规定，在银行开立外汇备付金账户，账户名称结尾标注 "PIA"（Payment Institute Account），并通过外汇备付金账户办理跨境代收、代付业务。支付机构应选择其境内人民币备付金存管银行，开立一个存管银行外汇备付金账户。同时可根据业务需要选择不超过三家境内商业银行作为外汇备付金合作银行，每家合作银行可开立一个外汇备付金账户。以上两个账户均可办理集中外汇收付。支付机构外汇备付金账户纳入外汇账户管理，银行应将数据填报在 "支付机构外汇备付金账户" 项下。客户外汇备付金账户资金与支付机构自有外汇资金应严格区分管理，不得混用。自有外汇收支运用应遵循现行机构外汇管理规定。

支付机构可集中为客户办理收付汇和结售汇业务，但应实现交易信息的逐笔还原轧差收付汇和结售支付。机构应在当日内办理结售汇业务，及时向客户支付，不得故意延迟支付。支付机构为客户集中办理结售汇业务时应按照银行提供的汇率标价，不得自行变动汇率。支付机构应就手续费、交易退款涉及汇兑损益分担等与客户事先达成协议。交易发生退款的支付机构应按原路、原币种退回的原则在银行办理，并进行跨境收支申报。

## 本章小结 《《

随着跨境电商的蓬勃发展，传统的银行已不能够满足日益增长的支付要求，支持跨境第三方支付业务的开展逐步被提上日程。跨境电商支付具有以下特征：①支付金额小额化、支付多频化；②支付方式信息化、电子化；③担保方由银行向第三方支付机构转变。跨境电商出口支付主要分为信用卡方式支付、西联汇款与速汇金汇款等汇款方式支付、PayPal 等第三方平台支付和香港离岸公司银行账户支付四种形式；跨境电商进口支付主要分为境外网站购物支付与境内进口电商网站支付两种形式。跨境电商进口的付汇业务包括中国消费者付款、支付单推送、购汇、付款四个流程；跨境电商出口的收汇业务包括境外买家付款、汇款、售汇、收款四个步骤。此外，跨境电商支付还存在着支付安全、信用风险、地下钱庄屡禁不止、资金沉淀风险、外汇监管存在漏洞等问题，虽然政府部门已出台相关政策支持与规范跨境支付行为，但完全规范这些行为还需要继续摸索、根据实际情况大胆创新，以适应跨境电商支付的发展。

## 课后思考题 《

1. 简要说明跨境电子商务支付在我国的发展历程。
2. 分析跨境电商支付与传统国际贸易支付的主要区别。
3. 分别列举几种主要的跨境电商出口支付和跨境电商进口支付方式，并说明其优缺点。
4. 试分析跨境电商支付付汇与收汇的流程。
5. 跨境电商支付目前存在着哪些风险?

# 第六章
# 外贸综合服务

## 本章概要 《《

本章的主题是外贸综合服务，共分为六部分内容。分别是：外贸综合服务的产生背景；外贸综合服务的定义；外贸综合服务的运行机制；外贸综合服务企业的本质及价值创造；并以深圳一达通为例，详细介绍外贸综合服务的流程；最后对外贸综合服务企业的作用与战略意义做相关分析。

## 学习目标 《《

了解外贸综合服务的产生背景；掌握外贸综合服务的定义；掌握外贸综合服务的运行机制；理解外贸综合服务的本质及价值创造；掌握一达通的服务流程；理解外贸综合服务企业的作用与战略意义。

## 第一节　外贸综合服务的产生背景

受近年来人民币的升值、原材料价格上涨、用工成本攀升，以及国际市场疲软、欧债危机、美债危机等因素的影响，我国中小微企业面临的外贸环境十分不景气。同时，严峻的资金短缺使中小微出口型企业的生存更加艰辛。过去中国外贸出口的最大优势在于价格便宜，但现在中国制造业低成本的时代一去不复返。随着中国外贸进入微利时代，服务对外贸的作用将会从初期的忽略不计向产生决定性影响转变。

当前影响外贸发展的最大障碍在于金融和物流服务的缺失，打通中小微企业和金融、物流机构之间的障碍，让中小微企业也能够得到优良的专业化的金融服务和物流服务，必须通过一大批以电子商务为先导的全球整合型供应链服务平台来整合资源、化零为整。基于当前处于经济转型和产业升级的关键时期，2013 年 7 月 24 日，国务院常务会议推出促外贸"国六条"。随后，国务院办公厅又出台 83 号文件——《国务院办公厅关于促进进出口稳增长、调结构的若干意见》，其中第九条中指出：支持民营外贸企业加快发展；完善对中小民营企业开展进出口业务的服务，支持民营企业结构调整、重组兼并、改善管理；充分发挥外贸综合服务企业的作用，为中小民营企业出口提供通关、融资、退税等服务，抓紧研究促进外贸综合服务企业发展的支持政策。在此背景下，一达通、世贸通等外贸综合服务企业进入迅速发展时期，其发展也有助于我国外贸企业的转型发展。但目前对于外贸综合服务企业的定义与模式等的系统介绍还比较欠缺，本章将从外贸综合服务的定义、运行机制、价值创造、服务流程等方面对外贸综合服务进行相关分析。

## 第二节　外贸综合服务的定义

外贸综合服务是指以中小企业为服务对象，以电子商务为工具，以进出口业务流程服务外包为内容，以供应链服务平台为依托，采用流程化、标准化服务，为中小外贸企业提供一站式通关、物流、退税、外汇、保险、融资等政府性服务或商业性服务。

其主要特征如下：

1. 主要服务对象为国内的中小微外贸企业

外贸综合服务企业的服务对象主要是国内的中小微出口型企业。由于该类企业外贸业务量不是很大，对外贸流程处理不是很多，但出口业务的外贸流程处理专业性很强，中小微外贸企业没有必要为此设岗，通常把外贸流程业务外包给外贸综合服务企业。

2. 提供一站式服务

外贸综合服务企业深入企业交易流程，根据流程环节建立服务模型，通过互联网为中小微企业提供通关、物流、退税、外汇、融资等标准化、规模化、集约化的一站式服务。

3. 创新盈利的方式

外贸综合服务企业打破了传统企业降低成本以赚取差价的盈利方式，立足于整个产业链，与各环节相关的企业组成一个个利益共同体，主要提供资金、信息、物流等增值服务，凭借信息、专业知识和人力资源来赚取增值利益，区别于以往赚取差价的模式，创造了新的盈利方式。

## 第三节　外贸综合服务企业的运行机制

外贸综合服务企业，就是利用信息化手段整合传统外贸供应链中各环节资源，在合规的前提下，进行标准化作业，缩短供应链，为广大中小微外贸企业提供信息、物流、通关、外汇、退税、金融等一体化全流程管控的外贸综合服务的企业。

其运行机制如图 6-1 所示。

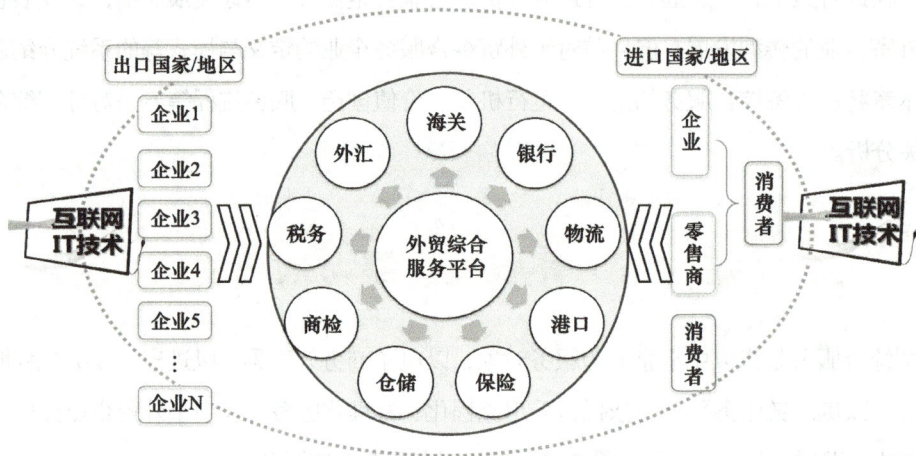

图 6-1　外贸综合服务平台运行机制

## 第四节　外贸综合服务企业的本质及价值创造

### 一、外贸综合服务企业的本质

传统的贸易商是贸易与服务的混合体（见图 6-2），商品的交易价值由商品价值和流通成本构成，其流通成本又包括物流、资金、商检、外汇、关务、其他中间贸易商的沟通成本，以及由于业务操作不规范或操作错误而导致的其他成本。传统外贸业务中，贸易流程复杂，贸易商需要和贸易涉及的海关、税务、商检、银行、物流等政府部门和企业多头对接，由于外贸企业良莠不齐，这种分散的、多窗口的对接给政府和企业带来了低效和高成本。

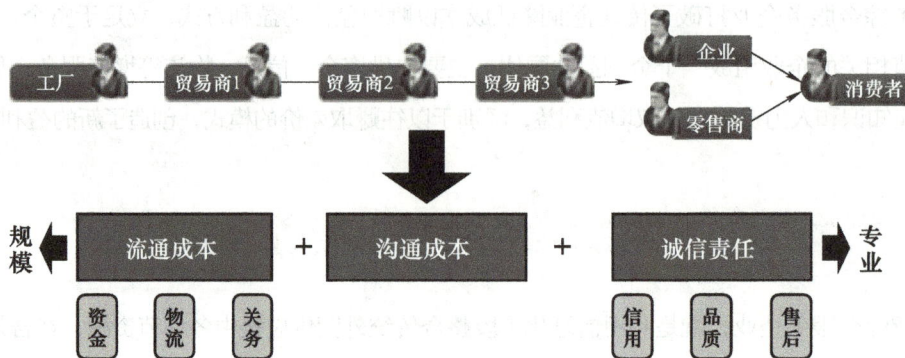

图 6-2　传统贸易商是贸易与服务的混合体

电子商务背景下，出现了新的贸易业态——基于单一窗口 / 外贸综合服务平台的外贸综合服务（见图 6-3），将贸易和服务分开，对接商检、税务、海关、法律、外汇等政府性服务和银行、保险、运输等商业性服务，重新组合与贸易相关的各个环节服务，运用互联网 IT 技术打通与各环节窗口、数据的对接，从而实现集约化、标准化、规模化、规范化的外贸综合服务，重构全球贸易价值链，并据此进行新的价值创造。标准化是指可以根据不同行业、品类的产品贸易流程，单独设置。

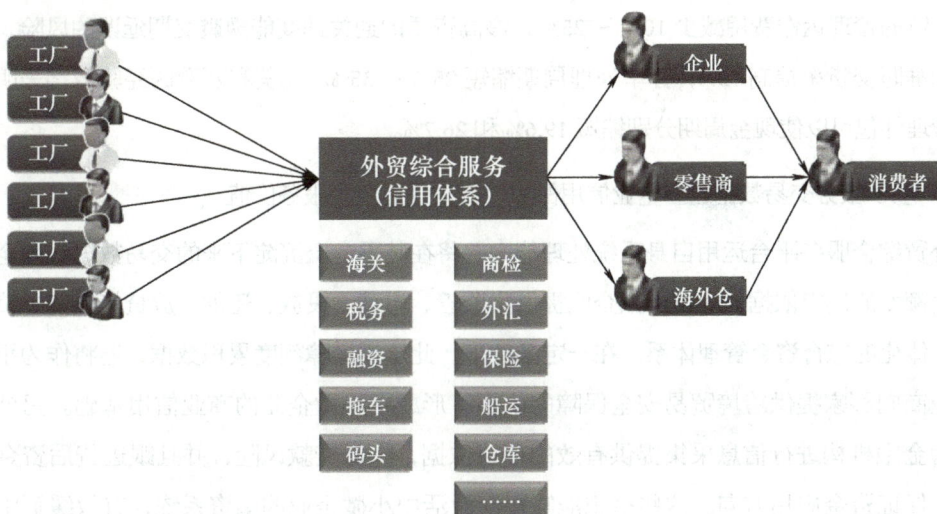

图 6-3　新贸易业态——基于单一窗口 / 外贸综合服务平台的外贸综合服务

从本质上看，外贸综合服务企业并没有改变传统的贸易流程，而只是运用互联网 IT 技术，将外贸和服务分开，使分工更加专业、有效，见图 6-4。

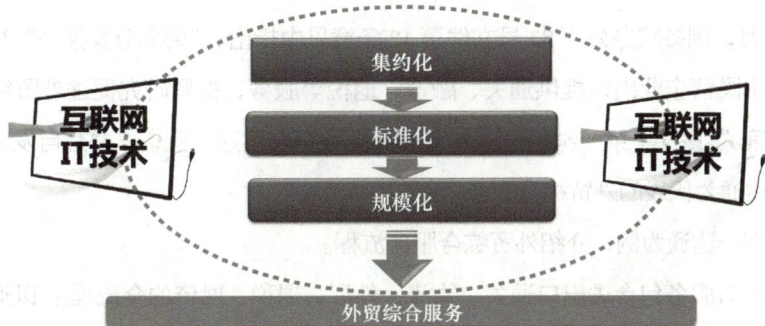

图 6-4　外贸综合服务的本质

## 二、外贸综合服务平台的价值创造

### 1. 为中小企业降低流通成本，提高竞争力

据统计，非制造成本占到我国企业经营成本的 45%，外贸出口中综合物流开支占比高达 30%，是国外的一倍以上，严重影响了我国企业的市场竞争力。集约化、标准化、规模化的外贸综合服务平台以电子商务平台为载体，为中小微企业提供进出口贸易过程中的通关、物流、金融等具有共性的交易流程外包服务。平台通过标准化、规模化、信息化的操作模式提升服务效率，降低企业运营成本。具体来看，实施供应链管理外包可以将运输成本下降 5%～15%，将整个供应链的管理运作费用减少 10%～25%；最高资质的通关速度能规避交期延误的风险，可使企业的准时交货率提高 15%，订单处理周期缩短 25%～35%。北美和西欧的经验数字表明，供应链管理外包可以使现金周期分别缩短 19.6% 和 26.7%。

### 2. 基于服务交易数据建立企业信用保障体系，创造金融服务价值

外贸综合服务平台运用自身系统处理能力，将在其平台上沉淀下来的交易数据作为企业信用保障额度的确定依据，为中小微企业提供集监管、申请、投放、还款、放贷等贷前、贷中和贷后一体化的综合资金管理体系。在一定条件下，此信用保障额度累积数据，还将作为平台帮助供应商向买家提供跨境贸易安全保障的依据，形成中小微企业的商业信用基础。另外，还可以为金融机构进行信息采集提供有效的存贷依据，降低贷款风险，并且跟进贷后资金运营监控，保证资金应用方向。这些措施能够全面激活中小微企业的融资系统，有效缓解中小微企业的生产运营资金压力，帮助银行改变传统以"存贷差"为主的盈利模式，扩大银行业务对象和范围。

# 第五节　外贸综合服务流程介绍——以深圳一达通为例

2013 年 8 月，国务院办公厅 83 号文件第 12 条意见中指出："要充分发挥外贸综合服务企业的作用，为中小民营企业出口提供通关、融资、退税等服务，抓紧研究促进外贸综合服务企业发展的支持政策。"该文中第一次提出"外贸综合服务企业"这一概念，并且自发文起至今，涌现出一批以一达通为代表的外贸综合服务企业。

下面以深圳一达通为例，介绍外贸综合服务流程。

一达通进出口服务包含进出口通关、物流、外汇、退税、融资的全流程：以通关、外汇等进出口监管环节为基础，保证贸易的真实性；以融资为核心，转变外贸交易方式，提升外贸竞争力；以物流为辐射，形成线下服务网络。相关情况见图 6-5。

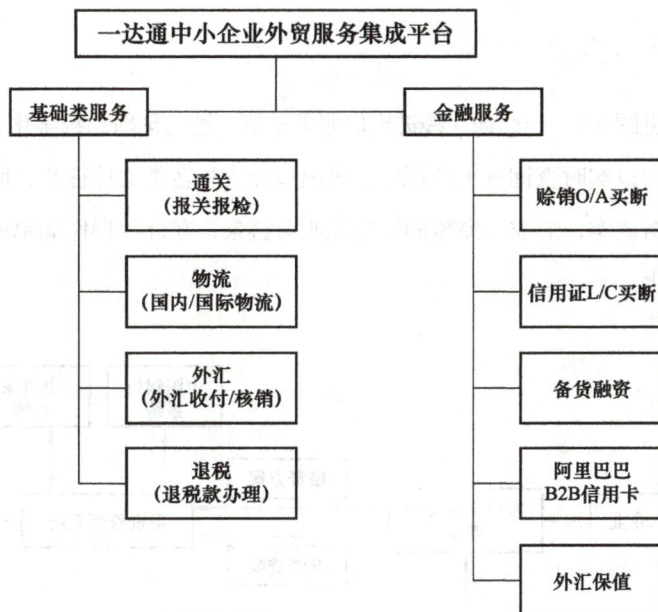

图 6-5 一达通平台提供的基础类服务与金融服务

## 一、外部服务流程

一达通外部服务流程见图 6-6。针对中小微企业，坚持简便、快捷、安全、适用的原则，采用专人对接、团队服务的方式提供服务。

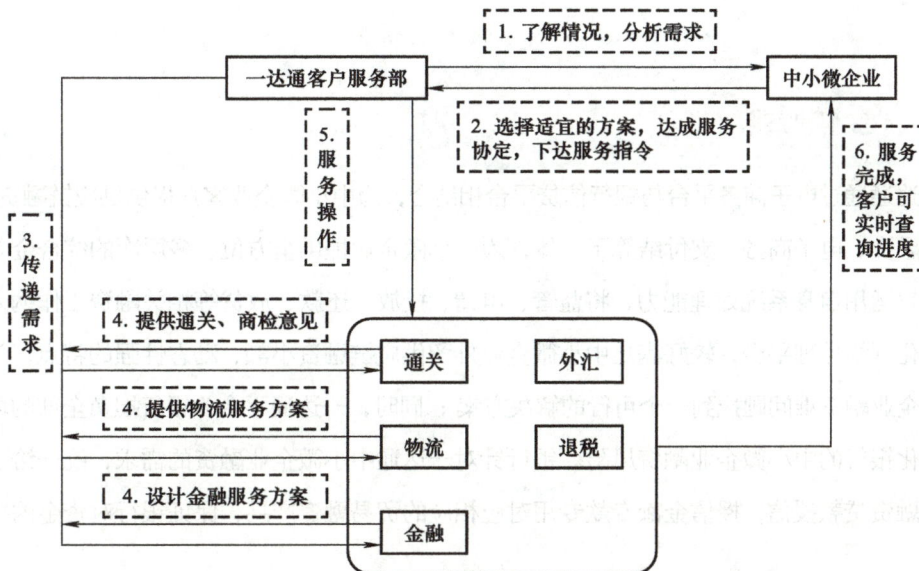

图 6-6 外部服务流程

## 二、内部服务流程

内部服务流程见图 6-7。一达通在线进出口服务系统，通过创新的数字化、标准化流程提供进出口服务，不仅可以实时查询进出口规模、进出口开支和各类文件往来，而且大大提升了服务品质、降低了服务成本，形成了完整的信息化服务链条，在外部操作简单的同时，确保内部操作系统化、流程化。

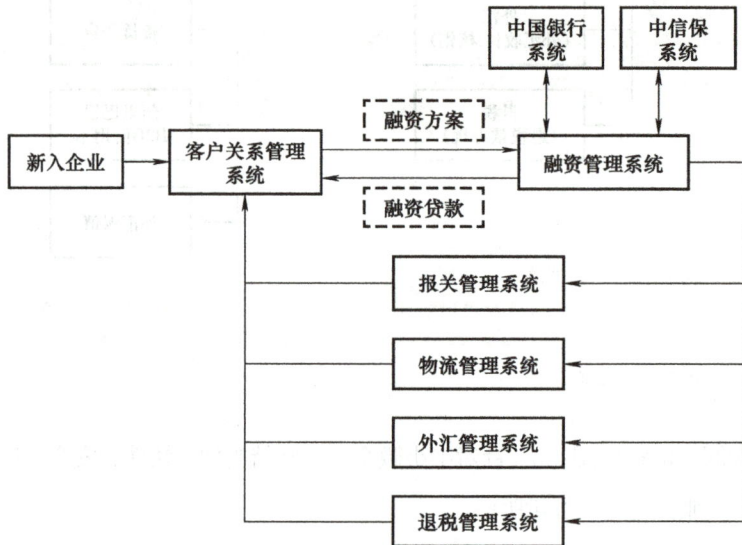

图 6-7　内部服务流程

## 三、金融服务

一达通通过电子商务平台与银行信贷平台相结合，为中小微企业客户提供供应链融资通道，集退税融资、电子商务、支付结算于一体，为中小微企业提供全方位、多层次的综合金融服务方案。它运用自身系统处理能力，将监管、申请、投放、还款、放贷等相关融资工作纳入统一的信息化网络处理平台，较好满足中小微企业外贸供应链融资小额、动态性强的特点，为解决中小微企业融资难问题找到一个可行的解决方案；同时，一达通平台为银行担负全部的坏账损失，转化银行的中小微企业融资风险。银行针对一达通中小微企业融资的需求，统一给予一达通贸易融资贷款授信，授信金额专款专用对应相应的贸易融资产品，保证银行对资金的控制和监管。

## 四、风险控制

根据服务中小微企业的实际情况，一达通实行横向点面相结合的风险管理与纵向时间序列链条式风险管理相结合的方式，将海关、国检、外管、国税等各监管部门的风险管理要求与企业经营合理性的监管有机地联系起来，在资源整合、信息互证的基础上，形成识别准确、反应敏捷、管理有效的企业风险管理体系，见图6-8。

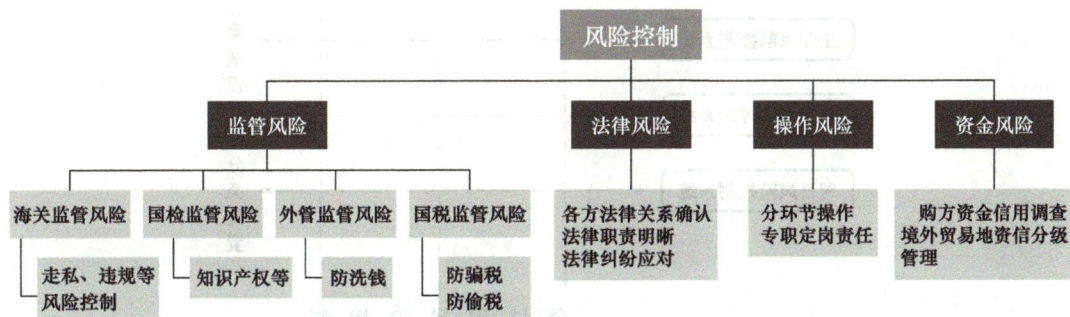

图6-8 风险控制体系示意图

1. 风险控制体系说明

（1）监管风险控制。在监管风险方面，一达通进行企业状况评估，对企业当前的生产经营、性质、地理位置、税务历史等内容，依据相应的评价指标体系进行静态评价。

1）对企业自身性质进行审核，采用实地考察与电话查验业务范围和生产经营情况相结合的方式，防止代开、虚开票证及其他不实贸易凭据，审核贸易的真实性。

2）对企业进出口活动在海关、国检、外管、国税各监管环节所表现出来的各类风险特征集成交叉评估指标体系。

3）对企业生产销售的产品，按海关监管税则审核要素进行产品预审。

4）对企业内部财务状况和外部财务环境对比调查，对照国税关注的税务非正常企业进行警示风控。

（2）法律风险控制。在法律风险方面，一达通对企业进行法律层面定位：与国内外买卖双方确立相应的购销和供销关系，明确各方法律关系。

（3）操作风险控制。主要措施有：

1）采用流水线操作，对全部进出口流程进行环节分割。

2）各环节设专岗操作，环节间设依据逻辑算法推进。

（4）资金风险控制。主要措施有：

1）通过对买方信用、卖方信用事前调查，降低贸易个体风险度。

2）根据不同国家或地区资信评级，掌握区域性资金风险控制权。

3）深度介入贸易过程，掌握贸易真实流向、货款收款权等，保证资金的回款率。

2. 风险控制网络

风险控制网络的结构见图6-9。

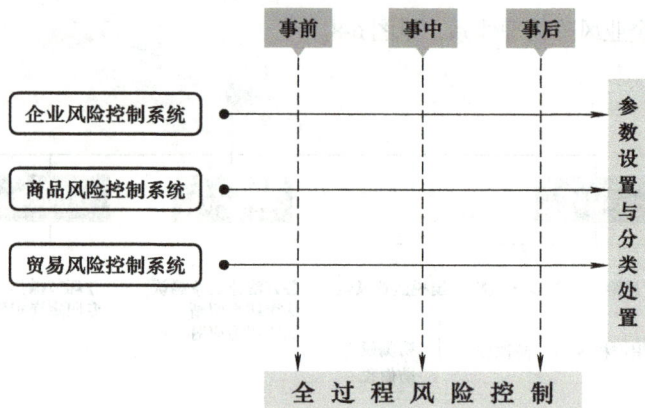

图 6-9 风险控制网络结构示意图

（1）事前风险评估控制。主要措施有：

1）对所有产品进行产品通关预审，依据海关审查标准进行通关管理评估、物流监控评估、技术性监管评估。

2）对产品提取评估数据，纵向与企业历史数据进行参照对比，横向与同类产品数据进行参照对比。

3）对数据不符合逻辑的情况进行剥离，采取加强的特别审核，转现场审核部门进行货物的实际审核。

（2）事中风险评估控制。主要措施有：

1）就贸易事项，直接与供货方和采购方沟通，根据贸易特征、下单情况、买卖方属性判断贸易的真实性。

2）根据单证细节进行海关、国税、国检、外管审核重点的交叉比对复核。

3）在实际报关出货前，对现场货物做申报前实际校对复核，保证单货相符，对异常情况立即进行修正，对不符情况进行货物返回、停止操作。

4）围绕退税，在实际退税前再进行一次贸易真实性的复核。

（3）事后风险评估控制。这主要是事后对历史数据进行综合分析，根据各类事故特征，增加风控指标。

## 第六节　外贸综合服务企业的作用及战略意义

### 一、外贸综合服务企业的作用

1. 支持外贸转型升级，扩大贸易参与群体

当前中国外贸的核心问题不是产品制造的问题，也不是西方市场需求的问题，而是配套外贸服务的问题，尤其是金融服务问题。中国外贸发展几十年，生产能力、产品配套都已经得到了长足发展，然而交易方式依然维持 30 年前现款现货的模式（现今国际上信用付款的比例越来越高，美国已达 75%，而中国只有 10%，中小微企业低于 3%），金融服务不足导致的落后的交易方式极大地阻碍了中国外贸的健康发展。像一达通这样的外贸综合服务平台通过介入交易流程，获取交易环节数据及信息，以第三方服务平台的角色验证企业贸易的真实性，从而解决中小微企业与银行等金融机构之间信息不对称的问题，打通了金融机构与中小微企业之间的障碍。将金融服务引入外贸交易的过程中，实现外贸交易方式与国际接轨，引导中国外贸转型升级。同时，基于电子商务平台的外贸流程服务，突破了外贸的地域性，扩大了外贸参与群体。

2. 有利于中小微企业商业信用的建立

企业商业信用，尤其是中小微企业商业信用缺失一直是中国社会经济的一个难题，也是中小微企业融资难的根源所在。像一达通这样的外贸综合服务平台深入到中小微企业对外贸易各个关键环节中，采集最为真实、全面的交易信息，并将这些宝贵的信息传递给银行等金融机构，用于融资分析和执行。随着企业交易的重复进行，这些信息得到不断累积和完善，从而有助于建立起一套动态可监控的企业商业信息系统，形成中小微企业商业信用基础，全面激活中小微企业的融资系统。

3. 帮助中小微企业降低成本，做精做细

外贸综合服务企业大多拥有专业的通关、物流、税务、金融、法务人员，为企业处理通关、物流、外汇结算等全套业务流程，极大地提高了中小微企业进出口业务处理能力，提升了外贸效果。依托平台整体规模优势，通过对物流、金融、保险等各方资源的整合，改变中小微企业因个体规模小、需求分散而在金融、物流、通关、渠道等服务环节严重缺少议价能力的现状，降低中小微企业外贸交易成本。外贸综合服务企业通过将服务引入企业经营中的方式，帮助企业返回核心业务，专注于本职，做精做细。

4. 协助优化政府监管服务资源，扩大进口

外贸综合服务平台对国内外中小微企业业务进行批量化处理，统一向海关、税务、商检等监管部门进行业务申请，对各中小微企业业务根据监管部门标准采取预审方式进行梳理，有利于扩大进出口。对出口：有助于减少政企矛盾，降低社会成本，起到协助优化外贸监管部门工作的作用；对进口：有助于海外中小微企业解决不熟悉中国进口手续问题，使海外供应商出口中国与出口其他国家一样方便，扩大进口范围和效率。

## 二、外贸综合服务的战略意义

我国已进入经济转型和产业升级的关键期，外贸综合服务企业有很大的发展空间，此类企业可以通过整合资源、创新交易模式、提供外贸服务外包，帮助制造业特别是中小微企业实现业务管理流程升级，重塑核心竞争力，带动第三方服务业，提升中国产业国际竞争力和定价话语权，发挥助推产业转型升级的引擎作用，从而拓展出巨大的市场发展空间。

1. 助推中国制造的转型升级

经过 30 多年的发展，中国的制造能力已非常强大，产品性价比无法比拟，信息化建设取得显著成效，海内外信息不对称的问题基本上得以解决。当前影响外贸发展的最大障碍是金融服务和物流服务的缺失，尤其是对中小微企业，突出表现为"不是没有订单，而是做不了"。打通中小微企业和金融、物流机构之间的障碍，让中小微企业也能够得到优良的专业化金融服务和物流服务，必须通过一大批以电子商务为先导的全球整合型供应链服务平台来整合资源、化零为整，才可能最终实现。类似一达通这样的外贸服务供应链，有利于降低企业进出口及管理成本从而增加企业的议价空间，全面的付款方式（TT\LC\OA）能增加企业的接单能力，最高资质的通关优势能帮助企业准时交货。同时海关、商检、国税等外贸监管部门也可以借助民间服务机构来服务中小微企业和控制监管风险。这些都在一定程度上助推了中国制造的转型升级。

2. 推进区域经济布局的优化

我国外贸企业主要集中在沿海发达地区，"珠三角 + 长三角"占比达 70%，土地及人工成本增长将必然使得生产企业向内地转移，而内地服务业落后是制约其外贸发展的重要因素，以外贸综合服务企业支持外贸发展，可大范围辐射内地市场，优化区域经济布局，缓解其服务业落后的瓶颈制约。对于进口，亦可通过类似一达通这样的外贸综合服务平台，解决海外企业对华出口不熟悉中国的法律、进出口规则等难题，使得海外商家开展对华出口与对西方其他国家出口一样方便。

3. 助推第三方服务业发展升级

外贸综合服务平台通过其搭建的类公共平台（进出口服务管理系统），将其服务流程环节通过互联网接驳到各监管部门，涉及银行、海关、商检、国税等；通过计算机与网络，可以完成进出口服务的电子化操作；整合外贸、金融、物流等服务资源，用信息化工具吸引信用认证、法律支持、外贸咨询、供应链管理等更多的贸易配套服务资源；通过服务接包和转包，助推我国第三方专业化服务业的发展壮大；通过打造"平台化国际贸易服务中心"，掌握物流、结算话语权，助推国际物流中心和金融中心建设。

4. 为宏观调控和政策制定提供参考

外贸综合服务平台不仅是商业性的平台，因掌握大量中小微企业进出口真实数据和信息的服务平台而兼具类公共平台的属性和价值。平台可以通过统计、分析和研究大量的、真实的动态数据，监控中小微企业在对外贸易活动中的状况，掌握中小企业的外贸景气状况和资金压力状况，为政府宏观调控和政策制定提供参考。

## 本章小结 《《

随着中国外贸进入微利时代，服务对外贸的作用将会从初期的忽略不计向产生决定性影响转变，跨境电商外贸综合服务企业应运而生。外贸综合服务企业利用信息化手段整合传统外贸供应链中各环节资源，在合规的前提下，进行标准化作业，缩短供应链，为广大中小微外贸企业提供信息、物流、通关、外汇、退税、金融等一体化全流程管控的外贸综合服务。从本质上看，外贸综合服务企业并没有改变传统的贸易流程，而只是运用互联网 IT 技术，将外贸和服务分开，使分工更加专业、有效。2013 年后涌现出一批以一达通为代表的外贸综合服务企业。一达通的运行分为外部服务、内部服务、金融服务与风险控制。它的战略意义是：助推中国制造的转型升级，有利于中小微企业商业核心竞争力的提升，推进区域经济布局的优化，助推第三方服务业发展升级，并为宏观调控和政策制定提供参考。

## 名词解释 《《

跨境电商外贸综合服务：外贸综合服务是指以中小企业为服务对象，以电子商务为工具，以进出口业务流程服务外包为内容，以供应链服务平台为依托，采用流程化、标准化服务，为中小外贸企业提供一站式通关、物流、退税、外汇、保险、融资等政府性服务或商业性服务。

## 课后思考题 《《

1. 简要分析我国外贸综合服务的产生背景。

2. 什么是外贸综合服务？

3. 试分析外贸综合服务企业的运行机制。

4. 我国外贸综合服务企业的本质与价值创造是什么？

5. 试分析一达通的服务流程。

6. 分析外贸综合服务企业的作用与战略意义。

# 第三篇

# 跨境电商市场运营

# 第 七 章
# 跨境网络零售

## 本章概要 **《《**

本章的主题是跨境网络零售，共分为四部分内容。第一部分介绍跨境网络零售的概念；第二部分分析跨境网络零售的发展条件；第三部分介绍跨境网络零售的模式；最后一部分分析跨境网络零售的业务流程及注意问题。

## 学习目标 **《《**

掌握跨境网络零售的概念；理解跨境网络零售的发展条件；掌握跨境网络零售的主要模式；掌握跨境网络零售的业务流程。

在经济危机的影响下，国际市场需求紧缩对各地外贸企业出口造成严重冲击的同时，国内外贸企业面临的跨境贸易形式也发生了不可逆转的显著变化：传统外贸"集装箱"式的大额交易正逐渐被小批量多批次、快速发货的外贸订单需求所取代。受到资金链紧张及市场需求乏力等因素的制约，传统贸易进口商，尤其是一些中小进口商改变以往过度负债消费模式，将大额采购分割为中小额采购，将长期采购变为短期采购，以期分散风险。经济危机虽然严重打击了传统的国际贸易，但消费者却更希望能以较低的价格购买到同样的商品，这种需求极大地推动了跨境网络零售业务的发展。

跨境网络零售作为跨境电子商务的一个重要组成部分，其产生和发展具有其特定的条件：一是 20 世纪 80 年代电子数据交换（EDI）技术提升了国际贸易的效率和便利化水平，改变了品类单一、数量庞大、周期较长的传统国际贸易运营方式。二是以互联网、物联网、移动通信、电子商务技术为支撑的跨境电子商务，使得国际贸易的商品不再局限于大额贸易，小额多频次贸易也可以实现，这就给普通个人和个体经营商户提供了参与国际贸易的可能性，消费者可以通过网上下单、小包行邮的方式，购买国外销售商的商品，售卖者也可以通过同样方式将商品卖到国外去。三是金融支付和物流等支撑体系日益完善，大大推动了跨境电子商务的发展。四是近些年来，伴随着电子商务的发展，催生了新一代的买家，他们数量众多、交易数额不大、交易周期短、频率高，分散在世界的各个国家和地区，随着这一群体规模的扩大，跨境零售市场形成，从而推动商业化、规模化企业行为并不断创新，逐渐形成新业态和新产业。

虽然从交易总额上来看，跨境网络零售占比较少，但因参与门槛低，主体多、范围广、普通个人和个体经营者都可以参与其中，影响深远，因此本书将跨境网络零售作为一章内容详细讲述。

## 第一节　跨境网络零售的概念

跨境网络零售也叫作"小额在线国际贸易"，是指分处不同关境的交易双方，通过互联网达成交易并进行线上支付、完成物流等跨境贸易流程的网络零售活动。其主要特点是：

1）交易双方分处不同的国家（或地区）。

2）在互联网上达成交易。

3）交易额相对较小。

4）购买者以境外个体消费者为主。

其中，第三条和第四条是跨境网络零售和跨境电子商务的最关键区别。从范围上来看，跨境电子商务包含跨境网络零售，跨境网络零售是跨境电子商务的一种模式，B2C、C2C 都是跨境网络零售。

## 第二节　跨境网络零售的发展条件

### 一、跨境网络零售的发展建立在电子商务发展的基础之上

互联网技术在国际贸易领域的应用最早可以追溯到 20 世纪。1990 年，互联网技术对全社会开放。1997 年之后，随着互联网在全球普及，在互联网基础上的商业应用获得了迅猛发展，带来了商业模式的创新，出现了一批新型的电子商务企业，如亚马逊、eBay、阿里巴巴等，不仅使交易主体发生了改变，还带来了市场结构的改变，对传统国际贸易也带来了前所未有的变革。全球涉足国际市场的生产、销售等企业，纷纷采用电子数据交换（EDI）、电子邮件（E-mail）、电子公告牌、电子转账、安全认证等多种技术方式积极开发和利用电子商务方式开展全球业务，大大提升了贸易的效率，带来了全球交易方式的变革，促进了跨境网络贸易的发展。

### 二、跨境平台的发展对国际贸易产生实质性影响

互联网平台在商业领域的探索始于 1995 年 9 月，第三方拍卖平台 eBay 成立，现已成为世界上最大的网上拍卖公司。eBay 从成立之初就将企业定位于全球市场，早在 1998 年便开始了

其开拓美国海外市场的步伐。但 eBay 的全球战略定位是提供一个既本土又全球，既地方又世界（global is local）的网上交易平台，基本上是将其在美国的成功模式复制到世界其他国家／地区，主要服务于地区市场，其并没有对国际贸易产生重大影响。而真正使得互联网平台对国际贸易领域产生实质性影响的，是第三方跨境服务平台的出现，它使得传统国际贸易中多层贸易环节得到精简，极大地提高了国际贸易的效率（见图 7-1）。

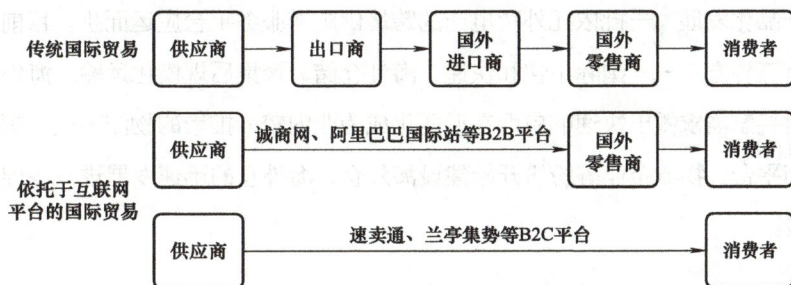

图 7-1 跨境贸易平台提升了国际贸易效率

平台已经给国际贸易带来了至关重要的影响，使得中小微企业甚至个人都可以参与到国际贸易中来，从而带来了跨境网络零售的发展，小订单、多频次订单日渐增多。根据万国邮联统计，全球跨境包裹数量从 2003 年以来，基本处于增长趋势，其占全球总包裹数量的比例也在不断增加（见图 7-2）。但企业在从事外贸的过程中，不仅要面临寻找贸易商的难题，拿到订单之后，还面临融资难、出口手续繁杂等问题，2001 年一达通平台成立，通过网络技术手段，把贸易流程标准化，开创了规模化服务中小企业的先河，提供如融资、清关、运输、保险等一站式服务，中小微企业可以在一达通的平台获得更优惠的运输、保险费率，更方便的融资渠道和手续办理。2010 年，阿里巴巴收购一达通，使得外贸综合服务平台发挥更大的作用。

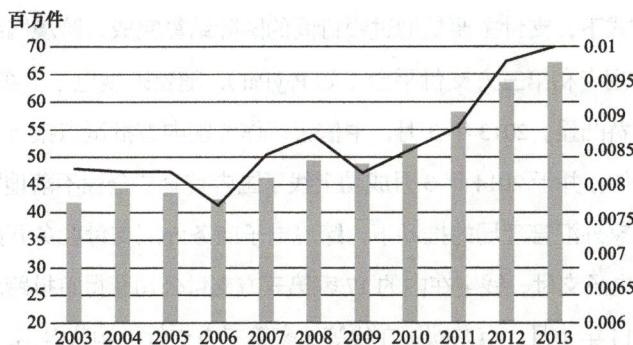

图 7-2 2003—2013 年全球跨境包裹数增长情况

■ 全球跨境包裹数量 ━ 占全球总包裹数量比例

数据来源：万国邮联。

## 三、跨境物流的发展是跨境网络零售发展的关键因素

跨境电子商务的发展对跨境物流提出更多要求，极大地促进了跨境物流的发展。但跨境物流一直是制约整个跨境电商行业发展的关键因素，其发展水平直接影响着跨境电子商务的效率和效益。近年来，跨境电商物流供应链体系逐步完善，从最初单一的国际快递、国际物流服务向跨境物流产品化发展，一批依托外贸电商的跨境供应链服务平台应运而生。目前，跨境网络零售的物流有三种方式——国际小包和快递、海外仓储、聚集后规模化运输。海外仓因为能够在第一时间对买家需求做出快速响应而在近两年成为业内较为推崇的物流方式，国家、地方政府、跨境电商平台、物流企业等纷纷开始建设海外仓，海外仓的迅速发展进一步促进了跨境网络零售的发展。

【前沿链接】

### 抢滩海外快递

在国内快递企业当中，顺丰是最早布局海外市场的企业之一，其推出的欧洲专递服务是顺丰针对跨境电商出口市场的第三款产品。据介绍，该专递从深圳始发，5～8个工作日即可通达欧盟26个主要国家。与此同时，圆通速递也携手菜鸟网络正式开通"上海浦东—韩国仁川—青岛—香港—上海浦东"国际航线包机业务。中通快递也将目光投向了跨境物流，"中通国际"专门从事国际物流、国际包裹业务、跨境电商出口或进口业务。"顺丰海淘"、圆通"一城一品"、韵达U-DA("优递爱")也已先后上线，国内各大快递公司抢占跨境物流市场的雄心一览无遗。

## 四、跨境网络支付的发展是跨境网络零售发展的重要条件

传统国际贸易方式下，支付主要是通过银行间的国际结算完成，跨境网络零售支付方式则主要选择国际性的信用卡和第三方支付平台（如PayPal），随着跨境电子商务进入高速发展期，跨境网络支付问题日益凸显。2013年3月，中信银行作为国内首批试点银行加入"跨境电子商务外汇支付业务"工作，并于2014年3月成功上线了国内首套"全程不落地"的跨境电子商务外汇支付系统。在国家外汇管理局的推动下，跨境电子商务外汇支付业务开始试点，包括支付宝、易宝支付、银联电子支付、钱宝在内的17家第三方支付公司获得首批跨境电子商务外汇支付业务试点资格。2014年4月，京东网银在线等5家第三方支付机构获得第二批跨境支付牌照。2015年2月份，中国人民银行上海总部在上海自贸区启动了支付机构跨境人民币业务试点，银联支付、快钱、通联等5家支付机构与合作银行对接签约。跨境网络支付的发展为跨境网络零售插上了迅速腾飞的翅膀。

【前沿链接】

PayPal 等国外第三方支付在中国早就可以使用，但因为其后台运行依靠人民币兑换成外汇再进行结算，汇率的波动可能会给消费者带来不小的损失。早在 2007 年，支付宝即开始与银行合作试水跨境支付业务，将货币兑换和付款流程由其托管银行完成，曲线实现跨境支付。随后，财付通、快钱等第三方支付机构纷纷跟进。2012 年，支付宝、财付通还分别与万事达卡旗下的 DataCash 集团和全球知名电子支付提供商 Cybersource、Asiapay 达成战略合作协议，发展跨境支付业务，为用户提供国际支付解决方案。2015 年 8 月国内知名跨境支付服务公司钱海网络正式发力俄罗斯市场，宣布已与俄罗斯三大电子钱包公司（WebMoney、QiWi wallet、Yandex Money）、两大银行（Sberbank、Alfa-Bank）建立了长期稳定的合作伙伴关系，为国内跨境电商企业提供支付网关、收单、风险管理等产品。盛付通也长期致力于完善中国的跨境支付服务，与洋码头、新蛋等多家境内大型跨境电商平台公司达成合作，积极协助地方开拓国际品牌资源，还联合国外企业，为中国消费者提供上万种品牌商品。

除了跨境业务发展快于相关政策制定，跨境电商、通关、退税等跨境业务的产业链复杂，都制约着跨境支付和结算的推进。同时，国外企业还需要开设人民币账户、得到监管机构的认可等，这些都需要时间。而不少行业人士也对跨境支付表示出了担忧，认为其有可能会违反外汇管理等政策，诱发洗钱、支付系统风险等金融风险，而业务操作不透明也会带来监管风险，这些都是需要监管部门和行业时刻防范和尽快解决的问题。

### 五、跨境网络零售的发展离不开国家政策的扶持

电子商务在"十二五"期间已经列入国家战略性新兴产业的重要组成部分，国家先后下发了《商务部关于利用电子商务平台开展对外贸易的若干意见》《关于实施支持跨境电子商务零售出口有关政策的意见（跨境网络零售"12 条"）》《关于跨境电子商务零售出口税收政策的通知》等若干政策从跨境电子商务的各个方面给予支持。上述政策的实施极大地促进了跨境网络零售的发展。

## 第三节  跨境网络零售的模式

跨境网络零售根据商品流向不同可以分为跨境网络零售出口模式和跨境网络零售进口模式。

### 一、跨境网络零售出口模式

跨境网络零售出口按照交易对象不同又可以分为 B2C（Business to Customer）和 C2C

（Customer to Customer）两种。

### 1. 跨境网络零售出口 B2C 模式

B2C 模式按经营方式的不同又分为第三方平台模式和自营模式。

**B2C 第三方平台模式**，是主要由全球较有影响力的大型电子商务平台建立的一种运作模式，平台作为一个媒介，联系买卖双方。目前最具代表性的国际平台有 eBay、亚马逊，国内平台有速卖通等。卖家尤其是刚开始进行跨境电子商务业务的卖家最稀缺的资源就是客户流量，第三方平台利用其广泛的影响力吸引了海量的客户资源，可以迅速让客户的产品、品牌具有一定的知名度。同时第三方平台有整套的信用管理体系，可以对买卖双方进行有效约束。

B2C 自营模式一般都是由第三方平台模式发展而来的，一些较有规模的卖家在品牌知名度、店铺流量和销售量均稳定在一定数量之后，开始自建网络平台，进行流量引导或者全新的网络推介。

### 2. 跨境网络零售出口 C2C 模式

目前，中国个人卖家可以通过 eBay 等 C2C 平台从事跨境电子商务小额出口贸易，国外的买家会通过这些平台浏览产品，直接和卖家沟通，达成交易意向，然后在线下订单，国内的卖家收到订单后会通过邮政小包或者国际快递的方式将产品寄送给卖家。 还有一种网上竞价拍卖的形式即消费者将自己的产品在 C2C 商务平台展示，在网上提供拍卖信息，而买方对商品进行竞价购买。

## 二、跨境网络零售进口模式

### 1. 传统海淘模式

传统海淘模式是一种典型的进口 B2C 模式。"海淘"一词的原意是指：中国国内消费者直接到外国 B2C 电商网站上购物，然后通过转运或直邮等方式把商品邮寄回国的购物方式。除直邮品类之外，中国消费者只能借助转运物流的方式完成收货。简单讲，就是在海外设有转运仓库的转运公司代消费者在位于国外的转运仓地址收货，之后再通过第三方 / 转运公司自营的跨国物流将商品发送至中国口岸。

### 2. 海外代购模式

海外代购模式分为：海外代购平台和微信朋友圈代购，见图 7-3。

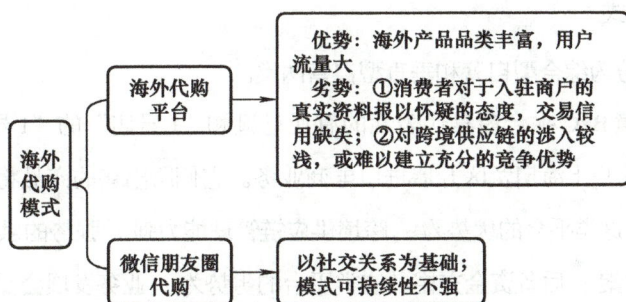

图 7-3　海外代购模式分类

海外代购平台的运营重点在于尽可能多地吸引符合要求的第三方卖家入驻，不会深度涉入采购、销售以及跨境物流环节。入驻平台的卖家一般都是有海外采购能力或者跨境贸易能力的小商家或个人，他们会定期或根据消费者需求集中采购特定商品，在收到消费者订单后再通过转运或直邮模式将商品发往中国。海外代购平台走的是典型的跨境 C2C 平台路线。代购平台通过向入驻卖家收取入场费、交易费、增值服务费等获取利润。淘宝全球购、京东全球购、eBay、美国购物网都属于这类平台。

微信朋友圈代购是依靠熟人/半熟人社交关系从移动社交平台自然生长出来的原始商业形态。虽然社交关系对交易的安全性和商品的真实性起到了一定的背书作用，但消费者受骗的例子并不在少数。

3. 直发/直运平台模式

直发/直运平台模式又被称为 Drop Shipping⊖ 模式。在这一模式下，电商平台将接收到的消费者订单信息发给批发商或厂商，后者则按照订单信息以零售的形式对消费者发送货物。由于供货商是品牌商、批发商或厂商，因此直发/直运是一种典型的 B2C 模式。我们可以将其理解为第三方 B2C 模式。这类平台的优势为：对跨境供应链的涉入较深，后续发展潜力较大。一方面，直发/直运模式在寻找供货商时是与可靠的海外供应商直接谈判、签订跨境零售供货协议的；另一方面，为了解决跨境物流环节的问题，这类电商会选择自建国际物流系统（如洋码头）或者和特定国家的邮政、物流系统达成战略合作关系。这类平台的劣势为：招商缓慢，前期流量相对不足，前期所需资金体量较大。

代表平台包括：天猫国际（综合）、洋码头（北美）、跨境通（上海自贸区）、苏宁全球购（意向中）、海豚村（欧洲）、一帆海购网（日本）、走秀网（全球时尚百货）。

---

⊖　外贸术语，是供应链管理中的一种方法。零售商不需要商品库存，而是将客户订单和装运细节给批发商，供货商将货物直接发送给最终客户。零售商赚取批发和零售价格之间的差价。

#### 4. 自营 B2C 模式

自营 B2C 模式分为综合型自营和垂直型自营两类。

综合型自营跨境 B2C 平台最具代表性的有亚马逊和"1 号店"的"1 号海淘"。亚马逊和"1 号店"先后宣布落户上海自贸区开展进口电商业务。它们所出售的商品将以保税进口或者海外直邮的方式入境。这类平台的优势为：跨境供应链管理能力强；强势的供应商管理；较为完善的跨境物流解决方案；后备资金充裕。这类平台的劣势为：业务发展会受到行业政策变动的显著影响。

垂直型自营平台是指平台在选择自营品类时会集中于某个特定的范畴，如食品、奢侈品、化妆品、服饰等。这类平台的优势为：供应商管理能力相对较强。这类平台的劣势为：前期需要较大资金支持。代表平台有：中粮我买网（食品）、蜜芽宝贝（母婴）、寺库网（奢侈品）、莎莎网（化妆品）、草莓网（化妆品）。

#### 5. 导购 / 返利平台模式

导购 / 返利平台模式可以分成两部分来理解：引流部分 + 商品交易部分。引流部分是指，通过导购资讯、商品比价、海购社区论坛、海购博客以及用户返利来吸引用户流量；商品交易部分是指，消费者通过站内链接向海外 B2C 电商或者海外代购者提交订单实现跨境购物。为了提升商品品类的丰富度和货源的充裕度，这类平台通常会搭配以海外 C2C 代购模式。因此，从交易关系来看，这种模式可以理解为"海淘 B2C 模式 + 代购 C2C 模式"的综合体。代表平台有 55 海淘、极客海淘网、海淘居、海猫季、美国便宜货等。

#### 6. 海外商品闪购模式

由于跨境闪购所面临的供应链环境比境内更为复杂，因此在很长一段时间里，涉足跨境闪购的玩家都处于小规模试水阶段。聚美优品的"聚美海外购"和唯品会的"全球特卖"频道纷纷高调亮相网站首页。两家公司都宣称对海外供应商把控力强、绝对正品、全球包邮、一价全包。海外商品闪购模式是一种第三方 B2C 模式。

这类平台的优势为：一旦确立行业地位，将会形成流量集中、货源集中的平台网络优势。这类平台的劣势为：闪购模式对货源、物流的把控能力要求高；对前端用户引流、转化的能力要求高。任何一个环节的能力有所欠缺都可能导致整个模式以失败告终。

代表平台有：蜜淘网（原 CN 海淘）、天猫国际的环球闪购、"1 号店"的进口食品闪购活动、聚美海外购、宝宝树旗下的杨桃派、唯品会的"全球特卖"。

部分跨境网络零售进口电商公司情况汇总表见表 7-1。

表 7-1　部分跨境网络零售进口电商公司情况汇总表

| 目前模式 | B2C/C2C 类别 | 代表性电商 |
|---|---|---|
| 海外代购平台 | 代购 C2C | 淘宝全球购 |
| | | 京东全球购 |
| | | eBay |
| 直发 / 直运平台 | 第三方 B2C | 天猫国际 |
| | | 洋码头 |
| | | 跨境通 |
| 自营 B2C 电商 | 自营 B2C | 寺库网 |
| | | 中粮我买网 |
| | | 蜜芽宝贝 |
| 导购 / 返利平台 | 海淘 B2C+ 代购 C2C | 55 海淘 |
| | | 极客海淘网 |
| | | 一淘网 |
| 跨境闪购平台 | 第三方 B2C | 蜜淘网 |
| | | 聚美海外购 |
| | | 唯品会"全球特卖" |

数据来源：根据网易科技公开的信息综合整理。

### 三、跨境网络零售O2O模式

跨境网络零售除出口和进口两种主流模式之外，还有一种跨境网络零售 O2O（Online To Offline）模式，是一种线下商务与互联网电子商务相结合的模式。卖家线上揽客，线下提供服务，消费者线上筛选服务，在线支付。通过这种方式，卖家可以查询到线上推广效果并且追踪到每笔销售。

## 第四节　跨境网络零售的业务流程及注意问题

无论是国际贸易还是国内贸易，无论应用传统贸易手段还是电子商务手段，企业都要首先明确自己的战略定位。跨境网络零售不同于传统的国际贸易，具有金额小、批次多、成交量小的特点。开展跨境网络零售的企业主体不同，在开展贸易时的目的也有所差异。一般来说，大企业通常都有自己的战略部署，具有知识产权或固定品牌的企业开展跨境网络零售的主要目的是为了宣传自己的产品，树立品牌，建立网上分销渠道。但参与跨境网络零售的企业以中小微企业居多，往往没有自己的品牌，开展跨境网络零售的目的更多的是为了获得盈利。下面就中小微企业开展跨境网络零售的步骤进行分析。

## 一、定位目标市场

目标客户群体直接关系到企业在选择产品和进行营销时的策略，跨境网络零售的客户群体范围一般是国外中小企业客户和个人客户，企业在确定目标客户群时，要注意从客户的国别、年龄、性别、收入、家庭等方面进行市场细分，确定适合自己的市场范围。

## 二、选择产品

确定了企业的目标客户群之后，应该针对客户群体选择适合自己的销售产品。在进行产品选择时，首先要保证产品有合适的盈利空间，简单来讲，单产品毛利＝销售单价－采购单价－单品运费成本－平台费用，但实际操作中，还有许多其他的费用，如引流成本、运营成本等。在确定有合适的盈利空间的条件下，对产品的选择还应从以下几个角度进行考虑：

1. 目标客户的消费特点

目标客户的消费特点包括其消费产品的质量、价格、款式、品牌等，综合考虑客户消费偏好，选择适合的产品。另外在考虑目标客户的消费特点的同时，还要对市场现有产品和竞争对手进行分析，尽量选择具有竞争优势、有特点的产品。

2. 根据物流条件选择

由于跨境网络零售的物流一般为小包行邮，商品的实际价格是由商品价格和物流费用的总值构成的，因此，卖方在选择产品时，应尽量选择重量轻、体积小而价值高的产品。例如，体育用品中的哑铃就不太适合，其运费可能比自身价格还要高出很多。

3. 符合法律法规

跨境网络零售中，各环节一定要符合法律法规。尤其要注意是否侵权，包括知识产权侵权和销售侵权。在选品过程中，要注意避免那些有侵权嫌疑的产品，销售此类产品会产生纠纷；销售有些品牌的产品需要获得该品牌公司的授权，如一般代理、独家代理等，没有获得销售代理权可能会构成销售侵权。

## 三、确定产品线

一般来说，产品种类越丰富，对于客户来说就越便利，但是，广铺产品线不仅会增加客服和编辑人员的压力，提高企业运营成本，而且很难跟踪市场变化，容易出现畅销品缺货、冷门产品滞销的情况。所以，企业要注意选择合适的产品线，既能跟上市场的变化，满足消费者的需求，又不会带来巨大的运营成本。当然，产品线的选择并不是一次就能到位的，而是根据销售情况不断调整、优化形成的。

## 四、选择货源

确定了目标客户群体和产品线的种类后，就需要选择合适的货源。货源渠道可以通过电子商务网站、实体批发市场和生产商寻找。目前，有小部分小微企业采取现采模式，即本身不保留库存，当客户下单后，迅速到货源供应地进行采购。一般这些小微企业都会选择设立在靠近货源供应地的区域。这种模式不能支持规模较大的企业，当产品种类和订单增加时，会大大增加采购成本。

## 五、开展网络营销

网络营销是企业获得海外订单的重要环节。企业这一阶段要注意两方面的问题：第一是营销渠道的选择，第二是营销方式的选择。企业在对营销渠道进行选择时，要充分考虑成本及收益，比较自建网站的成本和利用第三方平台的支出，比较两种方式的收益，选择适合自己的营销渠道。企业在选择平台时，应综合考虑平台收费、平台规则的公平性、平台流量，以及平台所提供的附加服务。选择平台作为营销渠道的企业要注意优化搜索关键词的设定以及产品展示的方式，为自己吸引更多的浏览量和交易额。

企业进行网络营销，可以通过自建网页、广告、平台服务和外包服务等方式进行，在进行营销时，要注意对各种营销方式进行比较，将宣传费用花在最有价值的营销方式上。

## 六、选择物流方式

企业在进行物流选择时，可以选择海外仓模式，也可以选择小包行邮模式。海外仓模式主要是通过租用仓储公司或大企业的海外仓进行，小包行邮模式主要是通过快递公司、邮政进行。企业在进行选择时，要从买家角度出发，为买家所购货物做全方位考虑，包括运费、安全度、运送速度、关税等，在保证物品安全度和速度的情况下尽量选择运费低廉的产品。另外，也可以将支持的运输方式在网页上标明，由买方根据自己的需要来进行选择。

## 七、选择融资与支付方式

关于中小企业融资问题，许多服务平台都与银行进行合作，为中小微出口企业提供贷款支持。一般来讲，平台会根据企业在平台上进行的历史交易数据对企业进行信用评价，相当于利用交易数据建立了一个信用体系，银行根据平台为企业建立的信用体系对优质企业发放贷款。

在支付方面，目前，跨境网络零售支持的支付方式有信用卡、支付平台（如 PayPal、支付宝）等，卖方在选择支付方式时要注意考虑提供支付服务的公司对买卖双方的保护政策，避免使自己处于不利地位，另外还要综合考虑支付的手续费，保证自己的盈利空间。

## 八、清关和退税

跨境网络零售有金额小、批次多的特点，而办理退税的过程较为烦琐，所以很多中小微企业不进行申报，也不办理退税，这对于企业来讲是一种损失。目前，提供退税服务的典型服务平台有一达通等，企业可以通过相关服务平台进行退税的办理。

## 本章小结 《《

跨境网络零售也叫作"小额在线国际贸易"，是指分处不同关境的交易双方，通过互联网达成交易并进行线上支付、完成物流等跨境贸易流程的网络零售活动。其发展条件有：①网络零售的发展建立在电子商务发展的基础之上的；②跨境平台的发展对国际贸易产生实质性影响；③跨境物流的发展是跨境网络零售发展的关键因素；④跨境网络支付的发展是跨境网络零售发展的重要条件；⑤跨境网络零售的发展离不开国家政策的扶持。

跨境网络零售根据商品流向不同可以分为跨境网络零售出口模式和跨境网络零售进口模式，还有一种跨境网络零售 O2O 模式。跨境网络零售出口模式按照交易对象不同又可以分为 B2C（Business to Customer）和 C2C（Customer to Customer）两种。跨境网络零售进口模式可分为传统海淘模式、海外代购模式、直发 / 直运平台模式、自营 B2C 模式（又分为综合型自营和垂直型自营）、导购 / 返利平台模式、海外商品闪购模式。此外，中小企业开展跨境网络零售的步骤包括定位目标市场、选择产品、确定产品线、选择货源、开展网络营销、选择物流与支付方式以及清关和退税。

## 名词解释 《《

1. 跨境网络零售：跨境网络零售也叫作"小额在线国际贸易"，是指分处不同关境的交易双方，通过互联网达成交易并进行线上支付、完成物流等跨境贸易流程的网络零售活动。

2. B2C 第三方平台模式：B2C 第三方平台模式主要由全球较有影响力的大型电子商务平台建立的一种运作模式，平台作为一个媒介，联系买卖双方，目前最具代表性的国际平台有 eBay、亚马逊，国内平台有速卖通等。

3. 跨境网络零售出口 C2C 模式：目前，中国个人卖家可以通过速卖通、易趣网等为主的 C2C 平台从事跨境电子商务小额出口贸易，国外的买家会通过这些平台浏览产品，直接和卖家沟通，达成交易意向，然后在线下订单，国内的卖家收到订单后会通过邮政小包或者国际快递的方式将产品寄送给卖家。

4. 传统海淘模式：传统海淘模式是一种典型的进口 B2C 模式。"海淘"一词的原意是指：中国国内消费者直接到外国 B2C 电商网站上购物，然后通过转运或直邮等方式把商品邮寄回国的购物方式。除直邮品类之外，中国消费者只能借助转运物流的方式完成收货。

5. 海外代购模式：海外代购模式是继"海淘"之后第二个被消费者熟知的跨国网购概念。简单地说，就是身在海外的人 / 商户为有需求的中国消费者在当地采购所需商品并通过跨国物流将商品送达消费者手中的模式。

6. 直发 / 直运平台模式：在这一模式下，电商平台将接收到的消费者订单信息发给批发商或厂商，后者则按照订单信息以零售的形式对消费者发送货物。由于供货商是品牌商、批发商或厂商，因此直发 / 直运是一种典型的 B2C 模式。

7. 导购 / 返利平台模式：可以分成两部分来理解：引流部分 + 商品交易部分。引流部分是指，通过导购资讯、商品比价、海购社区论坛、海购博客以及用户返利来吸引用户流量；商品交易部分是指，消费者通过站内链接向海外 B2C 电商或者海外代购者提交订单实现跨境购物。为了提升商品品类的丰富度和货源的充裕度，这类平台通常会搭配以海外 C2C 代购模式。因此，从交易关系来看，这种模式可以理解为"海淘 B2C 模式 + 代购 C2C 模式"的综合体。

8. 海外商品闪购模式：海外商品闪购模式是一种第三方 B2C 模式。

9. 跨境网络零售 O2O 模式：跨境网络零售 O2O 模式是一种线下商务与互联网电子商务相结合的模式。卖家线上揽客，线下提供服务，消费者线上筛选服务，在线支付。

## 课后思考题 **《**

1. 什么是跨境网络零售？
2. 跨境网络零售有哪些发展条件？
3. 跨境网络零售的模式主要有哪些？
4. 请分析跨境网络零售的业务流程。

# 第八章
# B2B跨境电商

## 本章概要 《《

　　本章第一部分解释什么是 B2B 跨境电商，给出 B2B 跨境电商的定义，并介绍 B2B 跨境电商的分类方法以及发展历程；第二部分分析 B2B 跨境电商的发展现状及具有代表性 B2B 跨境电商平台；第三部分分析 B2B 跨境电商现面临的困境；第四部分分析我国 B2B 跨境电商的发展前景。

## 学习目标 《《

　　掌握 B2B 跨境电商的含义，了解 B2B 跨境电商的分类方法、发展历程和发展现状，掌握代表性 B2B 跨境电商平台，理解目前我国 B2B 跨境电商存在的问题及其发展前景。

　　在过去的对外贸易中，中国制造企业由于营销推广能力不足、对海外环境不了解等原因，议价与获客能力很弱，很难将产品直销至海外，只能依托经销商、进口商等中间商，中间商从中赚取大部分利润，而制造商只能沦为赚取薄利的 OEM 代工厂商，无法形成自身品牌。随着数字贸易的发展，尤其是 B2B 跨境电商的发展，我国的外贸出口企业得以通过 B2B 跨境电商等平台直接与国外的商户进行产品信息对接与交易，大大减少了信息不对称性，提高了贸易效率。下面将对 B2B 跨境电商的定义、发展历程、发展现状、发展困境与前景等问题进行相关概述。

## 第一节　什么是B2B跨境电商

### （一）定义

　　B2B（Business-to-Business）跨境电商，从广义层面看，指的是"互联网＋国际贸易"，即运用互联网相关工具进行企业间沟通、对接和交易的跨境贸易活动。例如，企业使用网络搜索引擎、社交媒体网站、第三方贸易平台和自建平台、外贸综合服务平台等与互联网有关的工具进行客户的搜寻、达成交易、流转货物等与之有关的活动。该定义一般较少使用。

我们平时熟知的 B2B 跨境电商是狭义层面。具体来说，就是企业与企业之间通过线上跨境信息或交易平台进行相关商品与服务等数据信息的传递，而后达成交易意向，进而进行在线支付或线下结算，并通过跨境物流输送商品的跨境贸易模式。平台扮演了为贸易双方提供信息服务与交易撮合的角色。在这种贸易模式之下，企业卖家在线上传递的信息主要为产品广告与相关描述信息等内容，其面对的客户不属于终端客户，销售成本投入较少，能帮助企业快速扩大客户群。但这种模式的竞争也非常激烈，一般适合有一定商业基础的卖家。而且即使达成了线上订单，因结算金额较大，很难实现"先款后货"方式，仍需沿用传统国贸的线下结算方式，其本质仍算是传统的贸易模式，目前在海关也被纳入一般贸易进行统计。

## （二）B2B 跨境电商分类

B2B 跨境电子商务按照不同角度可以进行不同的分类，下面将按照不同的分类方法进行相关介绍。

若按照进出口类型分类，B2B 跨境电商主要分为出口型 B2B 跨境电商平台和进口 B2B 跨境电商平台。我国出口型 B2B 跨境电商平台包括阿里巴巴国际站、中国制造网、环球资源等；进口型 B2B 跨境电商平台包括阿里巴巴国际站（海外供应商）、1688 进口货源中心、通淘国际、跨境翼、海豚供应链、海外帮等。目前我国 B2B 跨境电商主要以出口型为主。

若按照企业交易依托的不同平台类型分类，B2B 跨境电商主要分为第三方 B2B 跨境电商平台和自建 B2B 跨境电商交易平台。第三方 B2B 跨境电商平台指的是审核符合平台门槛和规则的卖家，让其入驻平台，并以一定形式收取一定费用、撮合买卖双方达成交易的平台，如阿里巴巴国际站、中国制造网等；自建 B2B 跨境电商平台指的是一些拥有实力的大中型出口企业通过自建平台的形式吸引买家使用网站与之达成交易的平台。

若按照从事 B2B 跨境电商的企业种类分，一般地，我国国内从事 B2B 跨境电商业务的主要有四种企业，分别是传统国际贸易商、保税仓储企业、外资企业及国际物流公司。此外，一些跨境电商 B2C 企业利用自身的资源优势也开始拓展 B2B 业务，实现"B2C+B2B"双向发展，有实力的企业也开始自建仓深植于 B2B 业务。

若按照出口的商品分类，B2B 跨境电商经营的消费品主要集中于 3C 产品、服装与配饰、户外用品等品类，工业装备品主要为机电产品、中间品以及钢铁、煤炭以及塑料等急需去产能的行业产品。

## （三）B2B 跨境电商发展历程

我国 B2B 跨境电子商务的发展历程大致可以分为三个阶段：

第一阶段（20 世纪末—2003 年）：平台主要提供信息的展示与撮合服务。盈利模式主要依靠收取会员费，后来慢慢衍生了竞价排名、线下展会以及 SEO 推广等增值服务。这一阶段代表性的 B2B 平台有阿里巴巴国际站、中国制造网、环球资源等。

第二阶段（2004—2012 年）：从 2004 年开始，B2B 跨境电商开始逐步从纯信息展示过渡到线上交易阶段，物流、支付、客户管理等交易信息开始线上化。也是在这一阶段，B2B 跨境电商网站打破了原先的会员制度，盈利模式开始转向在买卖双方的交易中收取佣金。但是在这一阶段，B2B 跨境交易还是以中小额为主，而且也没有形成在线交易的闭环。

第三阶段（2013 年至今）：这一阶段，大宗 B2B 跨境业务上线，B2B 买家规模化，大额跨境在线交易开始实现，交易数据开始不断地在平台沉淀下来，中等额度和大额交易占比上升。与此同时，品牌制造商开始涌入，产业内垂直电商兴起，大型服务商开始进入，移动跨境电商也开始起步。

## 第二节　B2B跨境电商的发展现状以及代表性跨境电商平台

### （一）发展现状

从我国 B2B 跨境电商发展规模来看，据相关研究表明，2019 年我国跨境电商总交易规模为 9 万亿元，同比增长 11.6%，其中出口交易额占跨境电商总交易额的 78.9%，可见我国跨境电商交易目前仍以出口为主；B2B 模式在交易总额中的占比为 83.2%，可见 B2B 模式仍旧为跨境电子商务的主流模式；在我国出口总额中的比重也由 2016 年的 8.9% 增长为 2019 年的 30%。跨境大额贸易发展迅猛，成为拉动我国进出口贸易的重要力量。

从 B2B 跨境电商出口交易情况来看，"一带一路"沿线国家成为我国"走出去"战略的重点区域。据相关测算，2013—2014 年，我国 B2B 跨境电商出口至"一带一路"沿线国家交易额增速超 80%；2015—2016 年，我国 B2B 跨境电商出口至"一带一路"沿线国家的交易额占我国跨境电商出口总交易额将近 12.5%，后虽有放缓，但整体上呈现积极趋势。特别是与我国关系紧密的东盟地区（菲律宾、越南、印度尼西亚、柬埔寨、泰国等）。2016 年 B2B 出口增速明显，从出口品类来看，3C 产品占比 29%，健康美容、时尚配件、家居日用等产品增长迅猛。

从地域发展情况来看，我国跨境 B2B 出口总体上呈现出东强西弱的特征。东部沿海地区，广东、浙江、江苏、上海、福建等地由于电商基础较好，以及起步早等原因，其出口交易规模在全国省份中较为领先，且这些地区的优势产业突出，例如广东的 3C 产品、浙江的家居用品，以及福建与江苏的服装鞋帽等。但随着普惠贸易的不断发展及中西部地区各项基础设施的不断完善，未来中西部地区的数字贸易将有较大的发展空间，与东部地区的差距将会逐渐缩小。

从政策支持方面来看，2016 年 1 月，国务院在《关于同意在天津等 12 个城市设立跨境电子商务综合试验区的批复》以及 2018 年 7 月印发的《关于同意在北京等 22 个城市设立跨境电子商务综合试验区的批复》中均提到，要着力在跨境电商企业对企业（B2B）方式相关环节的技术标准、业务流程、监管模式和信息化建设方面先行先试。在地方层面，杭州 2016 年发布的《中国（杭州）跨境电子商务综合试验区第二批制度创新清单》中提出了专门针对 B2B 跨境电商的在通关、检验检疫、退税管理、外汇结算及产业发展方面具体的创新便利化举措。此外，杭州还列出了首批 300 家跨境电商 B2B 重点企业，为其在原有基础上增加 50 万美元信保额度，积极支持 B2B 跨境电商发展。

### （二）代表性 B2B 跨境电商平台

目前在国内运营得较好的代表性 B2B 跨境电商平台有阿里巴巴国际站、中国制造网、环球资源、环球市场、大龙网、易单网等，其他拥有 B2B 跨境电商业务的平台还包括网盛生意宝、聚贸、外贸公社、保宏信诺网、Amazon Business 等。下面将主要介绍以上代表性平台。

1. 阿里巴巴国际站——全球最大的 B2B 跨境电商平台

阿里巴巴国际站创立于 1999 年，连接国内出口商和其他国家公司的在线贸易平台，目前是全球最大、成立时间最久的 B2B 电商平台之一，是全球 B2B 模式的代表，拥有超过 3500 万用户。服务项目涉及金融、信息、物流等领域，旗下业务包括外贸直通车（P4P）、一达通、网商贷、顶级展位、信用保障、金品诚企等。2010 年，阿里巴巴收购了专注于外贸综合服务的深圳一达通。2015 年 3 月，阿里巴巴与一达通推出"信用保障"服务，试图打造全球首个 B2B 跨境电商交易闭环，阿里巴巴国际站开始从 B2B 跨境信息平台向 B2B 跨境在线交易平台转型。

2. 中国制造网——转型中的行业领导者

1998 年，中国制造网开始上线，是电子商务行业的领导者，全球最成功的 B2B 网站之一，线上所售的所有产品均来自中国大陆和台湾省。2003 年底，网站推出"中国供应商"会员服务，开始向会员收费，这种盈利模式使中国制造网摆脱亏损，并逐步开始盈利。但自 2011 年以来，中国制造网的收费会员数一直稳定在某一数值，而无明显增长，这导致平台的利润连年下滑。为改变这一局面，中国制造网采取了相关举措：一是设立焦点进出口服务有限公司，为客户提供报关报检、物流、退税结汇等一站式服务；二是在美国设立品牌孵化公司 InQbrands Inc.，旨在帮助出口至美国的客户提供行政、仓储、展示、客服等本土化的营销活动；三是收购了美国商品直发服务平台 Doba.com，旨在帮助出口商拓展海外的分销渠道。

3. 环球资源——独创"杂志 + 展会 + 电商"模式开展差异化竞争

环球资源是一家拥有"杂志 + 展会 + 电商"模式的 B2B 跨境电商公司，主打亚洲市场。创始人是美国人韩礼士（Merle A. Hinrichs），1970 年创立了《Asian Sources》贸易杂志，它就是环球资源的前身，杂志产品线丰富，同时在芝加哥与阿姆斯特丹设有推广部。1995 年，创始人推出了"Asian Sources Online"电子商务平台，1999 年，"Asian Sources"更名为"Global Sources"，即今天的环球资源网。除了电商功能，环球资源也推出展会功能，很快，展会成为了环球资源的支柱性业务，目前其有一半的收入是来自展会。下一步工作计划，环球资源将依靠电商和展会的双重优势，形成线上线下互动局面，更好地帮助客户建立良好关系。

4. 环球市场——GMC 标准准入机制助力中国卖家走向全球

环球市场成立于 1995 年，1997 年建立中国企业网，正式启动 B2B 跨境电商业务。与阿里巴巴国际站和中国制造网一样，环球市场也是一个匹配国内供应商与国外批发商需求的 B2B 跨境信息平台。环球市场的一大特色是，平台在 2005 年启动了 GMC 标准准入机制。在陷入运营困境后，为寻找一条差异化竞争的道路，也为保障平台健康经营以及维护各方客户利益，平台推出了由专业机构认证的评判与区分卖家优劣的八项量化标准（GMC），淘汰那些不符合标准的商家，专注服务那些优质的卖家。目前，平台认证的供应商有 3 万多家，注册的买家超过 150 万，活跃买家超过 87 万。

5. 大龙网——应用 O2O 模式的行业黑马

大龙网成立于 2010 年 3 月，是一家依托 O2O（线上线下相结合）模式实现差异化竞争的 B2B 跨境电商企业。它主要通过 18985.com 来对接国内的制造与贸易商，通过 osell.com 来对接国外的批发商和零售商。除了线上的对接交易平台之外，大龙网还通过移动 APP——全球商人在线沟通交易平台"约商"（OSELL），随时随地让全球买卖沟通无障碍。线下模式是开展海外线下体验馆，将在海外落地的外贸展会"网贸会"与海外仓有机结合，使网贸馆前面是展厅，后面是仓储，提供本土化服务。线上线下相结合的模式，提高了客户体验感与成交率。

6. 易单网——背靠大企业专注建材行业的细分平台

易单网成立于 2011 年，依托于中国建材集团，是一家专注于建材行业的 B2B 跨境电商平台，同时，它也提供出口代理、营销推广、信用保险、物流、金融等相关外贸综合服务，其使命是帮助中建集团探索一条信息化之路。当客户询盘时平台会首先考虑集团的供应能力，能力不足时再向供应商询价，这决定了入驻的供应商以工厂为主，易单网也非真正开放的第三方平台。平台的优势，一是背靠大企业，有充足的资金支持其运作；二是中建集团也能为其传递大量与建材有关的核心资源，比如国内数万家供应商资源、全球数十万家客户资源，让其能够快速获得外界信任。建材行业产品款式较为固定的特点决定了其非常适合海外仓的仓储模式，大大降低了供应商海外备货的风险。截至 2016 年年初，易单网运营的海外仓已达 24 个，在未来的几年，其海外仓建设将达 100 个，基本覆盖全球主要跨境贸易地区。

## 第三节　B2B跨境电商面临的困境

1. 所销产品附加值低，品牌化效应不明显

从企业和产品层面看，我国出口 B2B 跨境电商存在着很多问题。一是产品附加值低。B2B 跨境电商运营前期对货源的要求比较高，需要商品的 SKU 较为丰富，同时价格也具备一定的竞争力。由于 B2B 跨境电商行业竞争较为激烈，产品的同质化现象也较为严重，存在着大量的替代品，导致了同一行业中不自觉地存在着严重的价格竞争，大大压缩了某个品类或行业的利润。这就导致一些企业为获得利润而大量生产低档的、假冒伪劣的产品，另外一些商品也没有很高的质量和外观设计，无法与一些优质的国外商品相抗衡。这些都导致了产品附加值较低。二是产品品牌化率低。在过去，由于各种因素的影响，我国的制造商只能沦为赚取薄利的 OEM 代工厂商，无法形成自身品牌，随着数字贸易的发展，B2B 跨境电商给一些出口企业形成自身品牌提供了机会，但是由于历史与现实等各种因素，我国企业品牌化率并不高。2012 年，敦煌网由于在平台上充斥着各种假货，品牌化率低，PayPal 终止与其合作。所以中国外贸企业要想"走出去"，必须要有自己的品牌，而这需要企业和平台共同努力。

2. B2B 跨境电商支撑性服务不完善

虽然 B2B 跨境电商潜在的市场规模巨大，但其支付、物流、外贸综合服务、融资等支撑性条件并不完善。尤其是 B2B 交易涉及很多工业产品，而这些工业产品往往只是一些产业的中间产品，其中附带的服务非常重要，它是产品在整个生命周期的外延服务。但是目前的 B2B 跨境电商平台还很难去满足这种服务需求，因为现有的平台本身没有独立的第三方支付和外贸综合服务平台，基于此，供应商一般也倾向于选择用线下的方式达成交易。所以，目前的 B2B 跨境电商平台还不能很好地全面地实现交易闭环，因此很多数据也无法通过完整的交易实现沉淀。

3. 相关政策还有一定的完善空间

贸易政策的关键问题即高效。一方面，我国的全国通关一体化等举措还未完全实现，中国国际贸易单一窗口（www.singlewindow.cn）也还处于建设中；另一方面，目前政府实行的"清单核放、汇总申报"的通关模式等便利化措施主要是针对跨境 B2C 企业，而 B2B 模式既与这种贸易模式不同，也区别于一般贸易方式，在通关、商检、税务、外汇等方面依然存在着很多不

太便利的问题。可见我国在 B2B 跨境电商的外贸综合服务方面的政策有待改善，急需形成一套专门针对 B2B 跨境电商业务形态的支持政策。

## 第四节　我国B2B跨境电商的发展前景

1. 跨境电商将逐步从消费型渗透至产业端

虽然目前我国跨境出口的线上销售主要以面向终端消费者的小订单为主，但是随着数字贸易的不断深入发展、网络技术的不断进步以及各项政策的改革创新，可以预见，在不远的将来，大宗贸易也将进入数字贸易阶段，B2B 出口跨境电商或将迎来爆发式增长。从敦煌网十几年沉淀的数据来看，跨境电商无论是从主体还是从交易金额来看都在不断升级；全球的买家正在从"大 C"、"小 B"等次终端用户，逐渐地升级为"中 B"型用户；交易的金额也从相对小额向数万美元迈进，甚至有些超过 20 万美元；店铺的复购率也较高，一半以上的店铺每月的复购率已达到 4 次。这些都在潜移默化中使我国的企业与工厂等进行转型与变革，并从而使跨境电子商务业务逐步从消费型逐渐渗透至产业端，促进传统外贸业发生变革。

2. 未来中国 B2B 品牌升级效应明显

随着我国劳动力红利的逐渐消失以及资源成本的不断上升，"中国制造"需要不断向高端化转型升级。B2B 跨境电商顺应了时代发展的趋势，助力中国品牌提升内在技术、质量与产品服务，走向世界。从相关跨境交易品牌数据看，我国跨境 B2B 出口品牌商品自 2014 年开始增速明显。相关第三方平台也在提升中国商家向优质化转型和品牌效应提升方面做出了努力。例如环球市场推出的 GMC 标准，提高平台制造商的准入门槛；敦煌网专门为品牌产品设置的区域"Brand Zone"等，这些举措都在一定程度上助力中国品牌走向世界。

3. B2B 跨境平台将向数据化、移动化方向转型

未来，B2B 跨境平台将向数据化、移动化方向转型。目前大多的 B2B 跨境电商平台还不能成为一个真正的在线交易平台，而是处于撮合平台向交易平台转型的过程之中，因为 B2B 跨境电商由于涉及较多繁杂的关务流程，同时贸易数额也较大，平台难以承担较大的违约风险。而一旦转型成功，大部分交易数据都能在平台上沉淀下来，B2B 跨境电商将进入一个 DT（Data Technology）驱动的时代，形成交易闭环。出口商可以依托数据获得信用，获得金融支持，并更好地被买家评估获得用户黏性，评价数据也能更好地改进产品或提供个性化定制服务；服务商可以利用数据提供相对应的服务，如保费、银行利率与贷款金额等；平台也可以利用数据资源获利。此外，交易移动化也将成为一种趋势。例如，2016 年，"一带一路"沿线国家移动端订

单年增长率已超过 180%，大龙网移动 APP "约商"（OSELL），随时随地让全球买卖沟通无障碍。

4. "一带一路"沿线国家将成为我国 B2B 跨境电商发展的重点区域

"一带一路"沿线国家占有世界 43.4% 的人口，但由于经济发展水平不高，其贸易总额只占全球 21.7%，对全球 GDP 的贡献约为 16%。随着"一带一路"倡议的深入发展，其沿线经贸合作将不断深化。据麦肯锡全球研究院（Mickiney Global Institute，MGI）预测，到 2050 年，"一带一路"沿线国家将会贡献世界 GDP 增量的 80%，潜力巨大。随着我国"一带一路"倡议以及数字贸易的深化发展，"一带一路"沿线国家 B2B 跨境电商的不断应用将为中国外贸增长提供新动能。

## 本章小结 《《

B2B 跨境电商是一种企业与企业之间通过线上跨境信息或交易平台进行相关商品与服务等数据信息的传递，而后达成交易意向，进而进行在线支付或线下结算，并通过跨境物流输送商品的跨境贸易模式。B2B 跨境电商按照进出口类型可分为出口型 B2B 跨境电商平台和进口 B2B 跨境电商平台，按照企业交易依托的平台类型可分为第三方 B2B 跨境电商平台和自建 B2B 跨境电商交易平台。其发展主要经过了信息的展示与撮合、从纯信息展示过渡到线上交易、大额跨境在线交易开始实现等三大阶段。根据相关数据测算，B2B 出口模式仍旧为跨境电子商务的主流模式，"一带一路"沿线国家成为我国"走出去"战略的重点区域。从地域发展情况来看，我国跨境 B2B 出口总体上呈现出东强西弱的特征。此外，目前在国内运营得较好的代表性 B2B 跨境电商平台有阿里巴巴国际站、中国制造网、环球资源、环球市场、大龙网、易单网等。其存在的困境一是所销产品附加值低，品牌化效应不明显；二是 B2B 跨境电商支撑性服务不完善；三是相关政策还有一定的完善空间。发展前景包括跨境电商将逐步从消费型渗透至产业端，未来中国 B2B 品牌升级效应明显，B2B 跨境平台将向数据化、移动化方向转型，"一带一路"沿线国家将成为我国 B2B 跨境电商发展的重点区域。

## 名词解释 《《

B2B（Business-to-Business）跨境电商：从广义层面看，指的是"互联网＋国际贸易"，即运用互联网相关工具进行企业间沟通、对接或交易的跨境贸易活动。从狭义层面，就是企业与企业之间通过线上跨境信息或交易平台进行相关商品与服务等数据信息的传递，而后达成交易意向，进而进行在线支付或线下结算，并通过跨境物流输送商品的跨境贸易模式。

## 课后思考题 《《

1. 什么是 B2B 跨境电商？
2. 试述几种 B2B 跨境电商的分类方法。
3. 请简要描述我国 B2B 跨境电商的发展现状。
4. 列举几种代表性 B2B 跨境电商平台并简要描述其商业模式。
5. 你认为目前我国 B2B 跨境电商存在的问题有哪些？
6. 试分析我国 B2B 跨境电商的发展前景。

# 第 九 章

# 跨境电商网络营销

## 本章概要 《《

　　本章分为两节来介绍跨境电商网络营销。第一节是跨境电商营销概述，介绍其出现的背景、概念、呈现的特点以及涵盖的内容，帮助读者对跨境电商网络营销有一个基本的把握。第二节详细介绍跨境电商网络营销工具，将其按照一定的标准划分为内容型、广告性、社会化和生态型四大类，并对每一种类型的典型代表做了诠释。希望读者在学完本章之后，能对跨境电商网络营销形成全面、系统的认识。

## 学习目标 《《

　　了解跨境电商网络营销出现的背景，掌握跨境电商网络营销的概念、特点和内容；理解跨境电商网络营销工具的四种类型及其内涵，熟悉常见的如 SEO、EDM 以及社交媒体营销等手段。

　　网络社会是对现在社会所处社会阶段的一种形象准确的界定，网络社会的一个标志是互联网的出现和发展以及其所带来的对信息传播方式产生的革命性影响。商务中最重要的"流"可以被分为四类：物流、信息流、资金流和商流。营销理论学者认为，"营销就是信息传播"，同时，他们认为当前能为企业带来竞争优势的领域只有两个：一是信息流，二是物流。互联网由于其本身的高技术特性，具备新力量大，覆盖范围广、交互性强、费用低廉等特点，所以其作为一种媒体，出现之日，其影响力便直追报纸杂志、户外广告、广播和电视等四大传统媒体。互联网与生俱来的信息传播优势使得其作用不仅限于充当媒体，它还可以作为企业营销的一种新工具，从而有力地支持销售。尤其是针对跨境电商企业而言，网络可以使得信息传递突破时空的限制，甚至实现双向交流，方便企业开展全球营销。

## 第一节　跨境网络营销概述

### 一、跨境网络营销出现的背景

　　随着全球化程度的加深，直接竞争的市场主体数量在增加，消费者的主动性变强，消费需求日趋多样化，使得交易各方在市场中的地位发生变化，最终导致更加激烈的市场竞争。这也逼迫企业为了生存和发展，将其一直以来浅层次的营销手段和目标，变成对整个供应链环节的数字化改造，使得产品及其信息能够被低成本高效率地传递给消费者。企业的经营决策层的观念也在发生变化，最明显的一点是企业营销目标不再是只盯着竞争对手的市场份额，而更看重顾客份额（消费者购买的企业商品和服务占消费者总支出的比重）。两种观点背后的逻辑不同，后者的视角是消费者，可以避免企业的短期行为。

随着互联网技术的发展，对数据的处理能力在不断地进步，从数据库到数据仓库的演进，实现了从对数据的简单存储到提取客户信息并进行相关分析，可以帮助企业更好地了解消费者，进而改善产品服务，迎合市场需求。数据挖掘技术的出现是将网络营销推向深入，企业利用数据挖掘技术可以在对已有的客户信息分析挖掘之后获取消费者的潜在消费需求，实现了所谓的需求创造。

网络营销理论也在与时俱进，经历了网络直复营销理论、网络关系营销理论、网络软营销理论和网络整合营销理论，对营销实践的发展做出了贡献。

企业的营销决策和方式应该始终紧跟消费者的观念变化。现在消费者的观念具备几个特点：首先是个性化更强，技术进步带来的产品和服务种类的丰富，消费者完全可以寻找到符合自己个性的商品或者服务；其次是主动性更强，激烈的市场竞争使得绝大部分交易场景属于买方市场；最后是便利性和趣味性更强，高效率快节奏的工作生活方式使得消费者愿意花在消费过程中的时间缩短，同时高效率又使得一部分消费者工作时间缩短收入增加，从而消费变成了一种调剂生活的方式，因此更大的趣味性会带来心理上的满足感。

## 二、跨境网络营销的概念

跨境网络营销的内涵很丰富，是一种对传统营销的发展，同时又区别于境内的网络营销。要理解跨境网络营销的概念，首先需要熟悉相关概念，如营销和网络营销。营销即市场营销，是在创造、沟通、传播和交换产品中为顾客、合作伙伴以及整个社会带来经济价值的活动、过程和体系。出发点不同对与营销概念的解读也有差异，有人将其简单的解读为销售，也有人认为其具有管理的性质。其实，营销本质上是一种商品买卖关系的搭建，进而追求双赢或者多赢的一种过程。营销的本质就决定了跨境网络营销的本质，也是一种交易各方关系建立和维系的过程。网络营销是在互联网和计算机技术不断发展的大背景下对传统市场营销的继承和发展。网络对于市场营销发展的贡献在于其实现了营销过程的电子化和数字化，这种发展打破了时间和空间对营销过程的限制，同时其还带来了信息交互方式的革命性变化，即时交互，这是传统营销媒介所不具备的。网络的这种跨越时空、即时交互的特点解决了跨境市场营销由于地理距离远带来的困难。

简言之，跨境电商网络营销是市场营销和网络营销的一个子概念，是跨境电商企业利用各种互联网媒介在境外进行的一种营销活动，这种营销的活动一方面需要满足跨境电商企业的经营目标，另一方面要满足境外消费者的某种或多种需求，这种营销目标的实现效果会受不同国家和地区的政治、经济发展水平、文化、社会习俗、法律、政策等方面的影响。

## 三、跨境网络营销的特点

跨境网络营销是建立在互联网基础之上的，借助互联网的特性来实现一定的市场目标的一种新型营销理念和营销方式。与传统的营销相比，跨境网络营销具有以下特点：

### 1. 跨时空性

网络是开放的，其互联互通的特点打破了时空藩篱，决定了网络营销市场的全球性。网络营销可以帮助企业实现在世界范围内自由地寻找目标客户，由于市场的广阔性，客户群体的规模和差异性都会被放大，这样成交的可能性就会增大。例如，一家提供脱水蔬菜的公司，开通网上商店之后，一夜之间竟收到了多个来自不同国家的订单，这家企业摇身一变具有了"国际性"。

### 2. 交互性、个性化

通过互联网平台，顾客和企业之间可以随时随地地进行双向的、一对一的信息交流，其方式是多样的，诸如 E-mail、网上聊天工具（阿里旺旺）、评价留言、互联网电话等。企业在为用户提供丰富的产品信息的同时，也可搜集市场信息，改善产品服务；用户也可以主动在网络上搜索自己的喜欢的商品，之后通过即时通信工具将商品信息传达给企业，让企业帮助自己进行决策或者按照自己的要求进行定制化服务。

### 3. 高技术

网络营销的基础是计算机和互联网技术，所以企业要想开展相关的活动，必须要掌握一定的信息技术，具有一定的人才支持，与传统的营销相比，技术层次不同。随着虚拟现实技术、web3.0技术、三维展示技术等现代信息技术的普及，网络营销可以借助文字、声音、图像、视频等多种形式展示商品和服务，可以充分发挥网络营销人员的主动性和创造性。

### 4. 经济性

作为一种直接营销方式，跨境网络营销跨过中间商这一环节，直接和消费者见面，大大节约了营销成本；随着网络服务提供商的出现，企业开展网络营销的便利性更高，企业可以省去网站的搭建和维护的成本；随着第三方平台的出现（如速卖通等），跨境电商企业现在已经可以实现无网站营销，使用网络营销的门槛不断降低。

5. 成长性

第一是网络营销市场的成长性。目前的网络使用者涉及大部分是年轻、中产阶级、具有较高的受教育水平的人群，这部分的购买力强，市场影响力大，是极具潜力的社会群体。随着互联网基础设施的网上和民众受教育水平的提高，网络消费者的规模和覆盖程度会更大。

第二是互联网营销本身的成长性。互联网技术和手段处于不断的更新和进步中，互联网营销因此也在不断开发、应用新的营销手段，从传统的搜索引擎营销、电子邮件营销、社区营销发展到视频营销、游戏置入式营销、RSS 营销$^{\ominus}$、3D 虚拟社区营销等新的网络营销方式。可以预见，随着互联网技术的发展，还会产生更丰富的互联网营销方式。

6. 数据化

通过网站和客户数据库，企业可以获得大量客户的基本信息和消费行为特征，借助数据挖掘和分析技术，识别客户、细分客户、并根据客户的偏好来制定具有针对性的网络营销策略。

## 四、跨境网络营销的内容

跨境网络营销是依托于互联网的新型营销方式，借助网络来帮助企业实现营销目标。跨境网络营销的设计内容非常丰富，主要分为三个部分：首先是网络营销环境的调查分析；其次是营销方案的制定；最后是对于营销方案的执行和管控。

1. 网络营销环境的调查分析

网路营销环境调查范围包括整个虚拟市场环境，以及网络消费者的行为。企业借助互联网的交互式信息沟通方式来实施市场调查活动，主要方法可以为网络问卷，借助互联网工具来收集各种信息并进行筛选和整理。网络消费者是网络社会的一个特殊群体，他们借助互联网进行信息沟通，很多兴趣爱好或者消费行为相同或者相近的人聚集在一起，形成了网络虚拟社区。相比较于传统市场消费者而言，网络消费群体会具有不同的需求特征、购买动机以及购买行为模式，这也成了网络营销必须要事先调查、分析、了解的一个关键内容。

---

$\ominus$　RSS网络营销是指利用RSS这一互联网工具传递营销信息的网络营销模式，RSS营销的特点决定了其比其他邮件列表营销具有更多的优势，是对邮件列表的替代和补充。

2. 营销方案的制定

不同的企业在市场中所处的地位不同、目标不同，所以企业在采取网络营销实现营销目标前，必须要制定与企业相适应的营销策略。在网上开展产品和服务的营销，其产品和服务的设计、开发、包装等一系列环节都要以适合于互联网营销为出发点。由于网络信息的传播特性，决定了网络营销所服务的产品信息一定是充分公开的，这就使得价格变得透明，所以其定价策略也要与传统市场中的定价策略有所区别。网络对于企业营销影响最大的是渠道，互联网营销渠道策略比较典型的是戴尔公司根据互联网特点建立的网络直销模式。企业在进行渠道的选择或者改变时，一定要将互联网的特点和企业自身的实际情况相结合进行考虑，以便做出最恰当的决策。网络一方面具备双向的信息沟通特性，另一方面可以使沟通跨越时空的限制随时随地地开展。鉴于网络便捷、准确、及时、廉价的优势，网络媒介比传统的报纸杂志、无线广播、电视等传统营销媒介发展更迅速。

3. 营销方案的执行和管控

网络营销是一种新型的营销方式，其存在于网络虚拟空间，其在具有明显优势的同时也会碰到传统营销活动所无法碰到的许多新问题，例如产品质量的问题、消费者隐私保护等。企业在开展网络营销时必须重视上述问题，并采取相关的措施进行管理和控制，否则其效果可能会适得其反。

## 第二节　跨境电商网络营销工具

跨境网络营销是企业为了实现其整体的经营目标而依托互联网手段开展的跨国或者跨地区营销活动。网络营销可以突破时空的局限，营销成本低廉，因而在世界各地得到了广泛的应用。跨境电商企业的网络营销方式种类很丰富，根据不同的分类原则其划分的结果也不尽相同，但是不可否认的是，同一种营销方式的属性很可能是多样化的，不同作者的划分结果可能会有出入，但是这并不影响对营销方式的本质理解，分类的目的主要是帮助读者理清思路，以便更好地记忆和理解。本节根据跨境电商企业对跨境网络营销过程中关注的重点不同，将其划分为跨境电商内容型网络营销、跨境电商广告型网络营销、跨境电商生态型网络营销、跨境电商社会化网络营销共四大类别，本节将会对每一种类别展开分析。

### 一、跨境电商内容型网络营销

"内容至上"一直以来都是营销的竞争法则的核心，无论是传统的营销还是跨境网络营销，创作和传播有价值的信息和内容都是极其重要的营销手段。跨境电商网络营销，顾名思义，就是从事跨境电商的企业通过创造、发布和传播有价值的信息和内容，向其受众传播有价值的信息，进而实现其营销的目的。

目前，全球的网络内容表现形式多样，企业的产品和服务信息可以是发布在网上的文字、图片、音频或者视频。承载这些信息的载体或者获取的渠道可以是网页搜索、移动客户端，或者社交平台上的订阅账号等。尽管信息的形式或者载体是多种多样的，但是其共性是可以通过互联网工具获取，也就是说，跨境电商企业的网络营销信息不但要包含有价值的信息，同时还应该便于在网上传播。总之，跨境电商内容型网络营销的基础是跨境电商企业的网络营销信息源的创建和优化，但是也应该关注信息的传递和用户行为。其中比较常见的跨境电商内容型网络营销包括跨境电商企业外贸自建站或者网上商店的建设和优化、企业APP 等。

以企业的自建站为例。跨境企业的网站或者店铺（以下简称"企业网站"）是一个综合性的网络营销工具，在所有的网络营销工具中，企业网站是最基本也是最重要的一个，因为其大多数时候会以链接的形式出现在其他网络营销方法中，如果没有企业网站，其他的网络营销效果会大打折扣，所以企业网站是企业跨境电商网络营销的基础。

### （一）企业网站的类型

企业网站是方便外界了解企业本身、树立良好的企业形象并适当提供一些服务的网站。根据企业建站的目的、网站的功能及主要的目标群体不同，企业网站大致分为信息发布型网站和销售型网站两类。

#### 1. 信息发布型网站

信息发布型网站是企业网站的最初形式。网站作为一种企业基本信息的载体，不需要太复杂的技术，主要功能定位于企业信息的发布，其中包括企业新闻、产品信息、采购信息、招聘信息等用户、销售商和供应商所关心的内容，多用于产品和平台的推广以及与用户之间的沟通。信息发布型网站本身是不具备完善的网上订单追踪处理功能的。由于建设和维护成本低，企业在最初开展跨境网络营销时会较多选择建立自己的企业网站，解决基本的信息需求。

许多企业都利用互联网提供技术支持和售后服务，我们将这类售后服务网站也列入信息发布型网站。

#### 2. 网上销售型网站

网上销售型网站是以订单为中心、以实现交易为目的的。这类网站同样具备信息发布的基本功能，并在此基础之上发展了在线交易、支付、订单管理、用户管理、商品配送等功能。一般来说，网上销售型网站比信息发布型网站复杂。网络销售型网站的经营重点也有所不同，除了一般的营销目的之外，更期望获得的直接的销售收入。

### （二）企业网站的网络营销功能

企业网站的营销功能主要体现在五个方面：品牌形象、产品和服务展示；实现网上销售；增进顾客关系；实现网上调查；实现网上合作。

1. 品牌形象、产品和服务展示

随着网络和计算机技术的普及和发展，即使是远在大洋彼岸的产品和服务，顾客只要想了解，随时可以通过网络来实现。访问企业网站是主要的途径之一。所以企业网站的形象就是企业的网上品牌形象，顾客对企业网站的印象对企业建立品牌形象、获取用户信任有着至关重要的作用，因此具备实力的企业应该在企业网站上努力体现自身特色和价值。

访问者通过访问网站，可以对公司的产品和服务有一个更深入的了解。网站可以实现多种产品信息的展示，如文字、图片、音视频等，可以帮助顾客全方位了解产品和服务，这也正是互联网对于营销的一个主要价值所在。由于顾客一般是主动访问企业网站，所以其对网站所展示的信息关注度更高，最终的营销宣传效果会比传统媒体更好。

2. 实现网上销售

企业建立网站的最终目标就是增加销售额。一个完善的网站，其本身就是一个销售渠道，网站可以完成订单、支付、安排配送并追踪物流信息等各环节。企业实现网络销售的渠道有很多，利用企业网站增加销售额是一种非常有效的方式。

3. 增进顾客关系

企业通过企业网站可以为顾客提供各种在线服务和帮助信息，如常见问题解答、在线咨询、在线表单、即时问答等；也可以通过网络社区、有奖竞赛等方式吸引顾客参与。企业网站不仅可以实现宣传目的，同时可以增进顾客关系，提升顾客忠诚度。

4. 实现网上调查

通过企业网站上的在线调查表和电子邮件、论坛、实时信息等方式征求顾客意见，可以获得有价值的用户反馈信息。这种方式多用于产品调查、消费者行为调查、品牌形象调查等，是获得第一手市场资料的、方便而又廉价的调查工具。

5. 实现网上合作

与供应商、经销商、客户的网站以及其他内容互补或者相关的企业建立合作关系，实现资源共享，形成互惠链，从而获得更好的网上推广效果。

## 二、跨境电商广告型网络营销

国际工商行政管理总局 2016 年的《互联网广告管理暂行办法》对网络广告的定义是："网络广告即通过网站、网页、互联网应用程序等互联网媒介，以文字、图片、音频、视频或者其他形式，直接或者间接地推销商品或者服务的商业广告。"

跨境电商企业进行网络营销的价值主要体现以下几个方面：

1. 产品和品牌推广

在众多的网络营销形式中，跨境电商的网络广告营销是帮助企业推广产品服务和品牌的方式中最直接、效果最明显的一种，因为网络广告可以突破时空的限制，帮助企业在其他国家和地区更好地为消费者展示产品信息和企业形象。这种广告的宣传价值不仅仅在于吸引消费者消费，还可以提升品牌的认知度。

2. 网站和网店推广

跨境电商网络营销尤其是跨境电商网络广告营销的主要作用，就是帮助企业提高外贸网站和网上商店的访问量。这种网络营销广告中一般会包含企业外贸网站和网店产品的访问链接，外国用户在浏览广告之后可以很方便地通过点击其中的链接进入产品的详情页面进行深入了解或者购买。网络广告是最直接、有效的增加网站或者店铺点击率和访问量的一种营销形式。

3. 促进跨境销售

随着各国网络广告实践和技术的深入发展，网络广告的内容和形式之间的紧密程度越来越高，实践也证明，各国消费者的消费决策行为越来越多地受到了各式各样的网络广告的影响。随着国际物流基础设施的不断建设，商品的国际流动成本和时间不断降低，当国外消费者可以很容易地接触到跨境企业的网络广告并通过点击链接进行购买时，其交易便可以轻松实现。实质上，跨境电商企业的网络广告主要目的就是吸引国外消费者的注意力并成功向其传递产品和服务信息，在这个过程中，企业要时刻关注其广告信息传递的渠道和广度，因为这直接影响了广告营销的效果。

根据 IAB（美国互动广告局，The Interactive Advertising Bureau）的分类方式，目前常用的网络广告形式包括：搜索引擎广告、电子邮件广告、展示性广告、赞助式广告、分类广告、引导广告、富媒体广告、数字视频广告和手机（移动）广告等。

### （一）搜索引擎广告

搜索引擎是常用的互联网服务之一，其基本功能是为用户查询信息提供方便。随着互联网上的信息爆炸式增长，如何找到有价值的信息就变得日益重要，搜索引擎也正是由此应运而生。由于搜索引擎是网上用户常用的检索工具，自然这也就成了跨境电商网络营销的基本手段之一。

经常使用搜索引擎的人可能会发现，同一个关键词，不同的搜索引擎呈现的结果是不同的（信息数量、不同检索结果的位置排列），之所以出现这样的结果，是因为每一个搜索引擎其背后对信息的处理原理不同。

按照原理的不同，可以将搜索引擎分为两类：一类是纯技术的全文检索；另一类是分类目录检索。

#### 1. 全文检索

全文检索的原理是通过 spider 程序到各个网站收集和存储信息，并建立索引数据库供用户查询。其实这些信息不是搜索引擎在各大网站上即时搜索得到的，通常所说的搜索引擎其实是一个存储了大量网站和网页信息并按照一定的规则建立索引的在线数据库。

全文检索的典型代表就是谷歌。

#### 2. 分类目录检索

分类目录检索也是数据库检索，跟全文检索一样，不是即时检索。不同之处在于分类目录检索并不采集网站和网页的信息，其数据库的建立，是根据各网站向搜索引擎提交信息时填写的关键词和网站描述等资料，经人工审核编辑之后，如果符合网站登录的条件，则输入数据库以供查询。分类目录检索，用户可以根据目录有针对性地逐级查询自己所需要的信息；而全文搜索引擎是同时反馈大量信息，信息之间的关联性并不一定符合用户的期望。分类目录的典型代表是雅虎、搜狐、新浪。分类目录检索虽然有搜索功能，但严格意义上不能称为真正的搜索引擎，只是按目录分类的网站链接列表而已。用户完全可以按照分类目录找到所需要的信息，不依靠关键词（Keywords）进行查询。

实质上，利用搜索软件自动检索网页信息的搜索引擎才是真正意义上的搜索引擎。从用户角度来看，两种都可以实现信息的查询，没有必要进行严格的区分，可以统称为搜索引擎，但是出于网络营销的需要，对其原理进行了解释。

搜索引擎示例图见图 9-1。

Find keywords
Based on one or more of the following:

| Word or phrase | oil painting |
| Website | www.google.com/page.html |
| Category | Apparel |

☐ Only show ideas closely related to my search terms ⑦

⊟ Advanced Options and Filters

Locations and languages ⑦

| All Countries<br>United States<br>~~United Kingdom~~<br>Japan<br>Germany<br>Brazil | All Languages<br>English<br>~~Japanese~~<br>German<br>Portuguese |

Include specific content ⑦    ☐ Include adult ideas

Show Ideas and ⑦    Desktop and laptop devices ▾
Statistics for

Filter ideas ⑦    Local Monthly Searches ▾    >= ▾    _____    Remove

+ Add another

Search

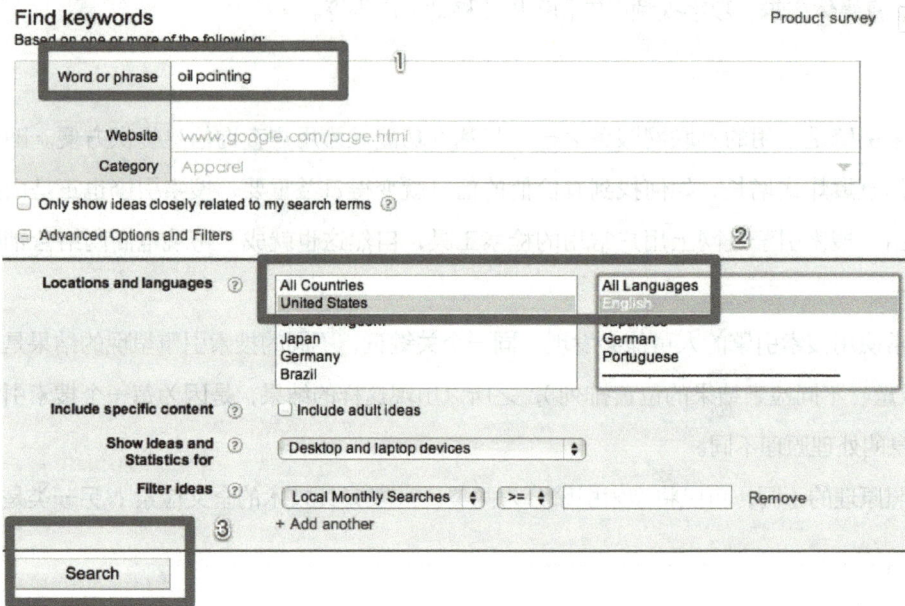

图 9-1    搜索引擎示例图

## （二）电子邮件广告（EDM）

### 1. EDM 的定义和类别

电子邮件广告（**EDM**，E-mail Direct Marketing）指的是在用户事先许可的前提下，通过电子邮件的方式向目标用户传递有价值的信息的一种网络营销手段。**EDM** 营销是网络营销手法中最古老的一种，但是其也在随着技术的进步不断地发展。

根据定义，规范的 **EDM** 是基于用户许可的，但是实际上还存在着大量的不规范现象，并不是所有的电子邮件都符合法规和基本的商业道德。真正意义上的 **E-mail** 营销也就是许可营销（Permission Marketing）理论是由营销专家赛斯戈丁（Seth Godin）在《许可营销》一书中最早进行系统研究的，这一概念一经提出就受到了普遍关注和广泛应用。

"垃圾邮件"（Spam）一直以来没有一个非常严格的定义。一般来说，凡是没有经过收件人允许就强行发送到用户邮箱中的任何电子邮件都可以视为垃圾邮件。垃圾邮件的主要危害在于占用用户宝贵的网络资源，浪费收件人的时间和精力，甚至一些垃圾邮件带有病毒等有害信息，会危害用户网络安全。基于用户许可的 **EDM** 营销与垃圾邮件不同，许可营销的优势在于可以减少对用户的骚扰、增加潜在客户定位的准确性、增强与客户的联系、提高品牌忠诚度等。

### 2. EDM 的类型

不同形式的 **EDM** 有着不同的方法和规律。按照不同的分类标准，**EDM** 划分的类型也不同。

1）按照发送信息是否事先经过用户许可，可以分为许可营销和垃圾邮件。

2）按照邮件的营销功能，可以划分为客户关系 EDM 营销、顾客服务 EDM 营销、在线调查、产品促销等。

3）按照对用户邮件地址的所有权，可以划分为内部列表和外部列表。其中内部列表中的邮件地址是根据网站的注册用户资料收集而来，内部列表的常见营销形式是新闻邮件、会员通讯、电子刊物等。外部列表所涵盖的用户地址是由专业服务商提供，企业只是付费使用，并不需要对其进行经营和日常管理，其形式就是以电子邮件广告的形式向服务商的用户发送信息。

3. EDM 的实施

（1）获取邮件列表，确定目标客户群。

获取用户邮件列地址是 EDM 营销中最为基础也是最为重要的工作内容。这个环节的主要工作就是引导尽可能多的用户加入，获得足够的邮箱地址。这个活动贯穿在整个 EDM 营销中，是一项长期的持续性的工作。网站的访问者是邮件列表用户最主要的来源，因此网站的推广效果与邮件列表中用户地址的数量有着密切联系。除此之外，积累用户邮件地址的途径还有很多，如向朋友和同行推荐、利用其他网站和邮件列表进行推荐、为邮件列表提供多种订阅渠道（第三方平台）、专业的邮件服务商等。

（2）邮件内容的编写。

在编写邮件时应该注意以下几点：①邮件尽量使用纯文本格式，使用标题和副标题，不要滥用多种字体，尽量使电子邮件简单明了，易于浏览和阅读。②首先传递最重要的信息。主要的信息和诉求重点应安排在第一屏可以看到的范围内。③把文件的标题作为邮件的标题。④主题是收件人首先可以看到的，如果主题富有吸引力、新颖，可以激发收件人的兴趣，促使他们打开电子邮件。这一点格外重要。

（3）制定发送方案。

应尽可能与专业人员一起确定目标市场，找出潜在用户，确定发送的频率。发送邮件联系的频率应该与顾客的预期和需要相结合，这种频率因时因地因产品而异，从每小时更新到季节性的促销诱导都有可能。频率越高越好的说法是不可取的，过于频繁的邮件轰炸会让人厌烦。有研究表明，同样的邮件内容，每月最合适的频率是 2～3 次。

（4）发送邮件并收集用户反馈，及时回复。

邮件可以选择群发也可针对某些顾客进行单独发送。开展营销活动应该获得特定计划的总体反应率（点击率、转化率等），并跟踪顾客反应，将顾客的反应行为作为将来的细分依据。在接到用户的询问时，应尽早做出回应。事实证明，回应速度越及时，用户的评价越好。

（5）其他。

除了以上吸引顾客的环节之外，在接到用户订单后要及时确认并明确发货时间，这是一项基本的商业礼仪。同时在整个 EDM 营销环节中，要确保用户信息的安全，对于忠诚的客户可以适当地提供更大的优惠以增加顾客黏性。

电子邮件广告（EDM）例图见图 9-2。

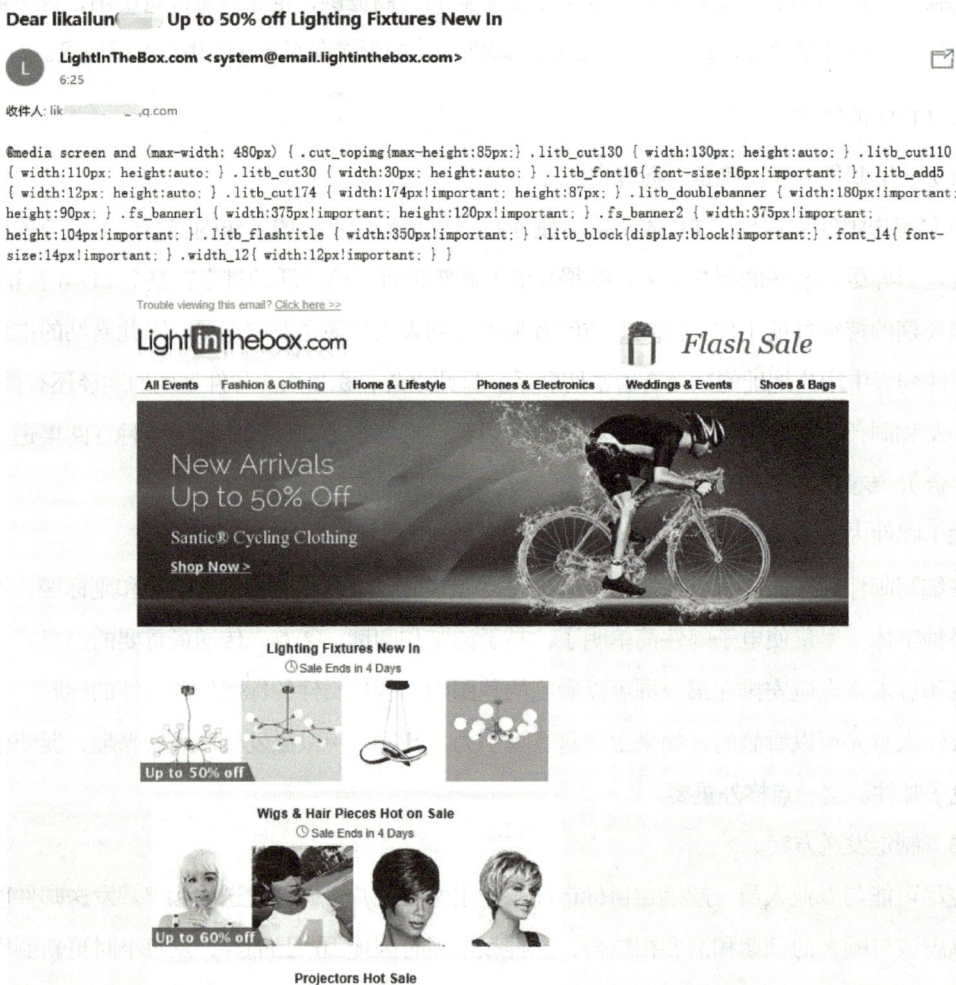

图 9-2　电子邮件广告（EDM）例图

## 三、跨境电商社会化网络营销

社会化网络或者社交网络（SNS）是通过网络建立起来的网络用户之间进行信息的沟通、传递、交互的虚拟社区。社区的建立一方面依靠关系（朋友、同事、地区等），另一方面也建立新的关系（兴趣、话题等），如此一来，网络社区中聚集了数以亿计的用户，用户之间的关系网络复杂且庞大。根据关系的密切程度还可以分为强关系和弱关系两种类型。其中强关系主要是关系中的各方相互之间比较熟悉，即熟人社交；弱关系则不要求关系中的各方相互认识和了解，即陌生人社交。

强关系社交平台的代表有国外的脸书（Facebook）、领英（LinkedIn）等，国内的微信、QQ等；弱关系社交平台的代表有国外的推特（Twitter）、Instagram，国内的微博等。

跨境电商社会化网络营销，就是跨境电商企业利用社会化的网络来传递营销信息并实现与信息受众的互动，进而实现其最终商业目的的一种网络营销方法。社会化网络营销实质上是口碑营销和传统网络信息发布方式的一种结合。跨境电商企业与消费者之间存在天然的心理距离和地理距离，信息的传递是有障碍的。社会化网络营销使得跨境电商信息的受众都参与其中，既是产品和服务信息的接收者，同时也是传播者，并且这种传播由于有现实的关系做背书，使得信息的可信度增加。

跨境电商内容型营销的重点是企业品牌或者产品、服务信息源的创建和优化。跨境电商广告型营销侧重于信息源创建之后的传播渠道和影响范围的建设和管理，本质上是一种信息扩散。区别于以上两种类型，跨境电商社会化网络营销的明显特征是信息的受众参与营销过程，接受信息的同时，利用其既有的网络社区中的社会关系传播信息。

目前跨境电商企业利用较多的 SNS 企业账户主要有脸书（Facebook）、推特（Twitter）、领英（LinkedIn）、Instagram 等。下面将以脸书（Facebook）为例进行详细说明。

作为全球最大的社交网站，Facebook 每月的活跃用户数量高达 13 亿。随着 Facebook 用户数量的不断增加，他的用途已经不阻碍局限于纯粹地提供社交服务，越来越多的企业已经开始通过 Facebook 来吸引客户。目前大约有 3000 万家小公司在使用 Facebook，150 万家企业在 Facebook 上发布付费广告。不少外贸企业开始利用 Facebook 做外贸营销，其中兰亭集势等都开通了 Facebook 主页。Facebook 营销越来越多地受到跨境电商从业者的关注。当然，在面对俄罗斯和东欧市场时，应该选择 VK（俄语最大的社交网站）。

## （一）使用 Facebook 营销的准备工作

在使用 Facebook 作为跨境企业营销途径之前，首先应该充分考虑一下产品和平台的关系：产品是否适合在 Facebook 推广？ Facebook 用户群是否和产品经营目标群吻合？企业是否具备经营 Facebook 渠道的专业人才，以及是否能接受其经营成本？再者，企业应该对自身有更加充分的认识，做好长期的经营计划。因为社交营销渠道的建设，本质上是一个区分用户群、聚集用户群并且通过运营建设客户关系、提高顾客忠诚度的过程，所以 Facebook 前期的经营可能收益很小，客户关系的培育周期较长，如果没有做好长期规划，因短期投入产出不理想就退出只能带来资源的浪费。最后，如果在考虑之后仍然决定开展 Facebook 渠道营销，企业则需要做好人才和计算机网络等多方面的准备。

### （二）Facebook 的运营步骤

#### 1. 创建企业页面

创建一个页面是 Facebook 营销的第一步，也是至关重要的一步。Facebook 一向是以良好的用户交互设计著称，不需要很强的技术背景。Facebook 的页面分为 local business、company、product、artist、brand、public figure、entertainment 等几大类，企业一般选择 brand 或者 product。选好页面之后，需要为页面命名，可以是企业的名字或者产品的名字，根据 SEO 的关键词选取规则，建议用产品命名，这样消费者在搜索关键词时，企业出现的可能性会更大。在填写产品信息时，应尽量详细和完整地填写，其中除产品之外必须包括的基本信息是品牌、企业官网、联系方式等。在创建企业页面时不要忘记设计一个别致的欢迎页，可以借助一些插件来完成。这些工作做完之后就可以在 Facebook 添加企业专页了。

#### 2. 吸引粉丝并与粉丝互动

成功建立页面之后，就需要通过各种方式来增加人气。丰富的页面内容是吸引消费者的基础，企业可以充分地利用论坛和 YouTube 等应用程序来增加页面的内容。提高页面的丰富程度只是一种被动式的宣传，在顾客没有浏览到这个页面时，其丰富的信息没有机会呈现，也就不能实现其最终的用户转化，所以在丰富页面的同时还需要与粉丝充分互动，让其参与到活动中来，要充分利用"病毒式"营销的特性，实现信息在好友圈中的不断扩散。除此之外，企业还可以直接向公众公开其电子邮件和博客，让消费者自愿订阅企业动态。

Facebook 作为平台，也为企业账号的营销提供了三种工具：粉丝专页、定向广告、链接的外挂（将企业产品信息外挂在购物网站）。

#### 3. 建立群组并宣传

群组也是 Facebook "病毒式"营销最便捷的途径之一。企业除了建立页面以外，也可以在建立一个或如干个群组。两者最大的区别在于群组中的成员之间具备相同或者相似的消费者行为（相同的兴趣或习惯），通过群组来做营销，其消费者群体的特征明显，最终的转化率高。同时群组还有两个明显的优势：一是群内成员还可以通过好友邀请的方式将自己身边的人邀请进群，实现了群组影响的高效率传播，使得具备相同或者相似消费者行为特征的人群不断地扩大；二是群组的管理员不是隐蔽的，可以随时随地发布产品和服务相关信息，以企业名义呈现。

## 四、跨境电商生态型网络营销

生态系统在生态学中的解释是，"在一定的范围和区域内，一群生活在一起的互相依存的生物物种（包括动物、植物和微生物等）和其所处的环境一起组成的一个生态系统。"与自然界相类似，跨境电商网络营销也处在一个复杂的生态系统中，这个系统是由跨境电商网络营销活动所涉及的相互依存的人员、组织、国外网站、跨境电商平台、第三方服务商（跨境网络支付、国际物流、国际广告媒体等），以及其所处的国际跨境电商环境（由不同国家或地区的政策、法律、文化和自然环境所构成）组成。

跨境电商营销系统的基本特点是系统中的各成员或者组织不但有业务的关联，而且还存在着共同且长期的价值理念。系统中的成员可以自由进出系统，同时成员可以通过提供自己的独特资源来获取一定的价值回报，换句话说，该系统中存在着一条很明确的价值链，即营销支持平台（Twitter）、营销资金的提供者（广告主）、参与者（推广者如 Twitter 的知名博主）、最终用户（消费者或者营销信息的接受者）。生态型营销的意义在于系统中的成员在共同参与信息的创建和传播，并且都能因此而获得价值和利益。

跨境电商平台如亚马逊、速卖通等的会员制是典型的生态型网络营销手段。

根据服务形式的不同，外贸第三方电商平台大致可以分为三种不同的类型。首先，是简单信息服务提供型。这类平台只提供外贸交易中各方的需求和供给信息而不提供交易服务，这类平台的信息量大，覆盖面广，针对会员企业有专门的信息提供，很适合产品品种多并且具有较强的外贸能力的企业使用。这类信息平台典型的有中国诚商网、环球资源网等。其次，是线上撮合线下交易类型。这类平台在提供交易双方需求信息的同时，通过技术和人工的手段帮助卖家和买家达成交易。此类平台提供一系列辅助交易工具，如信用服务、采购服务、销售服务等。其中典型的如阿里巴巴。最后是全方位服务提供型。此类平台一方面提供交易双方的买卖需求信息，另一方面为了促成交易提供从订单到结算再到物流的全方位配合服务，需要平台有很强的国际贸易专业知识和技能。典型的代表有敦煌网、速卖通等。

外贸第三方电商平台作为企业网络营销的手段，优势明显。一方面，外贸第三方电商平台基于互联网技术，可以实现众多交易信息的聚集和匹配，这对于没有外贸经验的企业来说，带来了极大的便利。这些企业可以在平台上便捷、高效地匹配到海量的交易方，同时节省了寻找客户和盲目营销的成本。另一方面，外贸第三方电商平台在买卖双方达成交易之后，可以提供全方位的交易配合服务，涵盖从国际市场行情、竞争者动态到订单处理、支付、物流再到售后服务沟通等一系列环节。

2011 年，在广交会上，商务部公布了其重点推荐的开展对外贸易的第三方电子商务平台名单，速卖通、敦煌网、中国制造网和中国诚商网榜上有名。

## 本章小结 《《

　　跨境电商网络营销是网络营销和市场营销的一个子概念，具备网络营销的基本特征，同时其所对应的场景是跨境贸易。对于跨境电商网络营销的理解，应该从网络营销的概念开始。网络营销是网络通信和计算机技术出现之后的产物，是信息化社会的特有营销形式。由于网络的诸多特点，例如跨时空性、交互性等，使得其对信息的传递具有天然的优势，相比传统营销所依据的媒介而言，网络对营销的影响是革命性的，极大地提高了营销的效率，所以虽然网络出现的时间不长，但是其一出现便很快受到了关注并发展迅速。

## 名词解释 《《

　　跨境电商网络营销：跨境电商网络营销是市场营销和网络营销的一个子概念，是跨境电商企业利用各种互联网媒介在境外进行的一种营销活动，这种营销的活动一方面需要满足跨境电商企业的经营目标，另一方面要满足境外消费者的某种或多种需求，这种营销目标的实现效果要受不同国家和地区的政治、经济发展水平、文化、社会习俗、法律、政策等方面的影响。

## 课后思考题 《《

1. 解释跨境网络营销的定义并描述其特点。
2. 列举几种典型的跨境电商网络营销工具并简要描述其特征。

## 第四篇

# 跨境电商管理决策

# 第十章
# 跨境电商企业选品策略

## 本章概要 《《

本章分三节来介绍跨境电商企业的选品策略。第一节介绍跨境电商产品结构，对国内外两个市场中的消费产品结构进行分析，帮助了解国内外市场中消费者的网络消费偏好的差异性。第二节介绍跨境电商企业选品需要注意的问题，如法律问题、市场因素、侵权问题和货源问题等，帮助了解跨境电商企业选品背后的逻辑。第三节介绍了一些常用的选品策略，如"跟风"策略、"长尾"效应选品策略和细分市场选品策略等。

## 学习目标 《《

了解国内外不同市场消费者之间产品选择偏好的差异性；熟悉选品过程中可能出现的法律问题、市场因素、侵权问题、货源问题等；掌握不同类型的选品策略及其特征。

跨境电商规模的不断扩大离不开跨境电商企业的运营。跨境电商运营成功的因素很多，包括人才、资金、平台选择、运营、仓储物流等，但是首先要有产品和目标市场，才能走出跨境电商的第一步。可供选择的产品类目如此纷繁复杂，什么样的产品才真正适合跨境电商企业？又如何挑选出这些在电商圈中可以带来丰厚回报的商品？本章旨在探讨在选品时应注意的一些问题以及一些不同的选品策略。

## 第一节　跨境电商产品结构

在选择出口市场和产品之前，应对现有国内市场已经存在的电商产品与消费结构、跨境电商市场产品结构，以及不同国家市场的特点有相应的了解，这对于自身产品的选择有很大帮助。

### 一、国内电商消费产品结构分析

《2015 中国网络购物市场研究报告》显示：①国内网购品类向服装鞋帽、日用百货、家用电器、书籍音像制品等全覆盖消费品类发展，单个用户网购品类显著增多；②6.8%的网购用户尝试在网上购买奢侈品，奢侈品品类以偏标准化的包袋和腕表及服装鞋靴居多；③男性网购用户年度网购金额是女性用户的1.2倍，这是因为男性用户倾向于购买计算机、通信数码产品及其配件等单价较高的产品，以及充值卡、游戏点卡等消费频次较高的产品；女性用户倾向于购买化妆品及美容产品这类单品价值中等的产品，食品、保健品等单品价格偏低的产品，以及适龄群体才会用到的母婴产品。当然，对于高价值消费品，为了获得女性用户的欢心，男性用户通常会主动买单。

从我国国民选择上来看，服装鞋帽、日用百货、通信数码、书籍影像是最受追捧的类别，企业在选品进行出口时也可以适当借鉴。与此同时，我国国民在网购奢侈品的时候偏好于标准化产品，如包袋、腕表、鞋靴等，我国企业进行跨境电商出口时也可以对此有所借鉴。并且不同于直观印象，其实男性网购额是高于女性的，商家在做出口的时候也可以适当考虑男性网购者的需求。

## 二、跨境电商消费产品结构分析

根据阿里巴巴国际站、速卖通的近年数据，中国跨境电商出口的主要地区对产品的需求有一些差异，见表10-1。

表 10-1　2015 年中国跨境电商出口的主要地区产品差异

| 地区 | 阿里巴巴国际站和速卖通交易活跃的领域和产品 | 阿里巴巴国际站询盘量增长最快的品类 |
| --- | --- | --- |
| 欧洲 | 电子产品 | 运动及娱乐产品 |
| 北美洲 | 电子产品、服装 | 运动及娱乐产品、家居用品、环保产品 |
| 中南美洲 | 机械、汽车、摩托车、电子产品 | — |
| 亚洲 | 电子产品、机械 | 箱包、运动及娱乐产品 |
| 中东 | 机械 | 家居用品、运动及娱乐产品 |
| 非洲 | 机械 | 箱包、运动及娱乐产品 |
| 大洋洲 | 电子产品 | 纺织及皮革产品、运动及娱乐产品 |

从表10-1可以看出，向欧洲、北美洲、大洋洲和亚洲出口量最大的均为电子产品，而中南美洲、中东和非洲均为机械。从询盘量上看，不论哪个地区，对于运动及娱乐产品的需求量都是非常大的。

根据阿里巴巴国际站和速卖通的数据，中国跨境电商出口产品品类主要包括：服装服饰、手机通信、计算机网络、美容保健、家居产品、珠宝手表、汽车摩托车配件等。我们根据这些主要跨境电商出口产品品类的要素密集度和产品特点，可做如下分析：

从产品要素密集度的分布图（见图10-1）可以看出，大多数跨境电商产品品类都属于或者劳动密集型，或者技术密集型，或者劳动和技术密集程度都高。这说明，适合跨境电商线上交易的产品还是比较丰富的，任何生产要素占优势的产品都可能在跨境电商中成为畅销产品。

从另外一个维度看，中国跨境出口商品品类的演变也有一定特点，如图10-2所示。在跨境电商初期阶段，在出口产品集中在标准化程度比较高而附加值也较高的电子产品，如计算机及其配件，或者手机及其配件产品，这是由于中国制造的技术和成本优势。而近年来，适合跨境电商网上交易的产品范围不断扩大，一些标准化程度不高但是附加值很高的产品在跨境电商市场大量出现，如定制服装、化妆品和保健品、手表和珠宝、手工艺品等在跨境电商市场交易活跃。随着跨境物流成本的降低和服务的提升，一些标准化强而附加值低的产品也开始出现在跨境电商领域，如汽车饰品等；一些家具家饰产品在跨境电商领域也开始出现增长趋势。这说明，跨境电商在线交易的产品范围越来越大，国际市场的需求差异化和产品价格优势让更多的产品能够满足全球消费者的需要，而且可以实现全球交付。

图 10-1　跨境电商在线交易产品要素密集度　　　　图 10-2　跨境电商在线交易产品结构演变

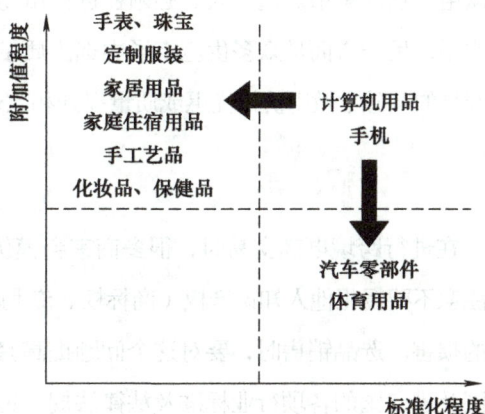

以上有关国内电子商务市场和跨境电商市场的现有产品品类的分析，对于想要从事跨境电商出口的企业来说有很高的借鉴价值，企业可以从中发现已有市场的规律，并从中找到商机。

## 第二节　跨境电商企业选品需注意的问题

在跨境电商企业进行选品之前，先了解相关问题，才能做到有备无患。

### 一、法律问题

在进行跨境电商选品时，一定不能忽略相关问题，首要的是法律问题。从国际贸易的角度来看，跨境电商不能绕过进出口相关的基本法律法规：第一是国际相关法律法规，第二个是出口国的法律法规，第三个则是进口国法律法规。需要知道在国际相关法律法规中，哪些货物可以进行跨境物流与交易，厘清我国关于出口限制的基础上，明确自己的产品销往哪些国家和地区，相关国家和地区在进口方面是否有限制。例如，皮毛在俄罗斯和一些北欧国家可以出售，但在一些欧洲国家则不能出售。

## 二、市场因素

在进行跨境电商交易之前，对目标市场进行分析是必不可少的环节。例如，新兴经济体发展迅速，网购群体日益增长，发展潜力巨大，但由于语言文化、物流通关、市场规范、法律法规等方面原因，卖家为单笔交易付出的时间和人力成本相对较高。美国、英国、澳大利亚等发达国家大不相同，这些成熟市场的消费者消费观念较为成熟，购物需求从满足基本生活提升到了提高生活品质，且物流运输相对发达，所以美国、英国和澳大利亚等发达国家依然是跨境电商网络零售的重镇。选品人员必须在进行市场调研的基础上，一方面把握目标用户需求以及消费水平，另一方面从众多供应市场中选出质量、价格和外观最符合目标市场需求的产品，在原有商品的基础上做出价格优惠或质量提升和改进。

## 三、侵权问题

在进行跨境电商交易时，很多商家会模仿现有"爆款"产品进行跟卖，但在模仿跟卖时，要注意不要侵犯他人知识产权（商标权、专利权、著作权等），否则也会对我国产品名誉造成较大的损害。选品销售时，要对这个问题提高警惕，确认其销售的商品质量稳定、可靠，并符合中国及进口国的各项行业标准及法律法规。另外选品销售时应拥有相关品牌的海外销售（包括网上销售）许可。

## 四、货源问题

选品时还需注意的一个问题是，要以货源为基础。不管是在哪个平台以怎样的模式进行销售，都需要卖方货源充足。什么热卖就跟卖，出了单再各处找货的经营方式是难以为继的。

首先，建议卖家从自身比较熟悉的产品和领域入手，充分结合自身产品优势和销售目的地市场的趋势和消费者喜好，依靠已有的货源渠道关系备好货品。其次，在选品品类上建议从单一方向入手。目前跨境电商平台上的产品非常多，卖家如果不能做到备货充足，发货时间无法保证，成本无法控制，就更谈不上客户服务。最后，目前跨境电商的价格竞争越来越激烈，多品类备货也会造成很大的资金压力。

## 第三节　跨境电商企业选品策略

选择合适的产品进行销售是跨境电商企业运营中的重要一步。企业在选品过程中，不仅要对选择的产品有一个清晰的认识，还要有全局观，对所从事的行业及平台也要熟悉。下面介绍几种不同的选品策略。

### 一、"跟风"选品策略

"跟风"选品策略也就是跟随巨人的脚步前进，以市场为导向选品，选择现今最热门的商品也就是"爆品"来销售。现今跨境电商交易中，总有一些商品带来较大的销售量，总有一些为商家带进无限流量的"爆款"商品。可以确定此种商品已经被市场广泛认可，甚至存在供小于需的情形，那么选择此类商品销售可以确保企业不压货、不滞销，甚至可能带来巨大销量。"跟风"选品策略是一种简单、方便的策略。

### 二、完全跟风选品策略

完全跟风选品策略是从现今应用最为广泛、流量较大的几个平台中分析销售排行榜，选择排名靠前的产品即目前最受热捧的产品作为自己的销售产品。不同的跨境电商销售平台有不同的特点，且各平台销售产品的类型有很大的区别，跨境电商卖家应根据企业自身特点并结合平台的特点来选择，分析不同平台畅销物的种类，有目标地进行跟卖。

1. 速卖通

速卖通网站上，以 B2C 模式为主，且销售商品多为体积小、重量轻、价格相对低廉的商品。速卖通上通常以"价格"为导向，低价优势是强大竞争力的保证，且其市场主要以发展中国家、欠发达国家为主，所以若是认为自己的商品符合这些特性及出口市场，则不妨在速卖通上销售。图 10-3 为速卖通一周热销产品榜，可以看出，家居类、日用类小商品居多。一些相关小商品厂家可以根据速卖通的热销榜单来进行选品。

2. eBay

eBay 平台上的产品种类繁多，上架物品数量超过 8 亿件，既有成本低廉的产品，也有高附加值的产品，消费者需要和喜爱的任何产品，在 eBay 上都可以找到。据有关资料，eBay 大中华区卖家最主要的销售目的地市场为美国、英国、澳大利亚和德国等为代表的成熟市场，这些市场具有人均购买力强、网购观念普及、消费习惯成熟、物流等相关配套设施完善的特点，消费者对于产品质量、买家体验都有比较高的要求，卖家除了要选择高性价比的产品之外，很重要的是要提供堪比"零售标准"的服务。可以在 eBay 上找到最热门的商品来为卖家提供思路，从中发现商机。相关情况见图 10-4。

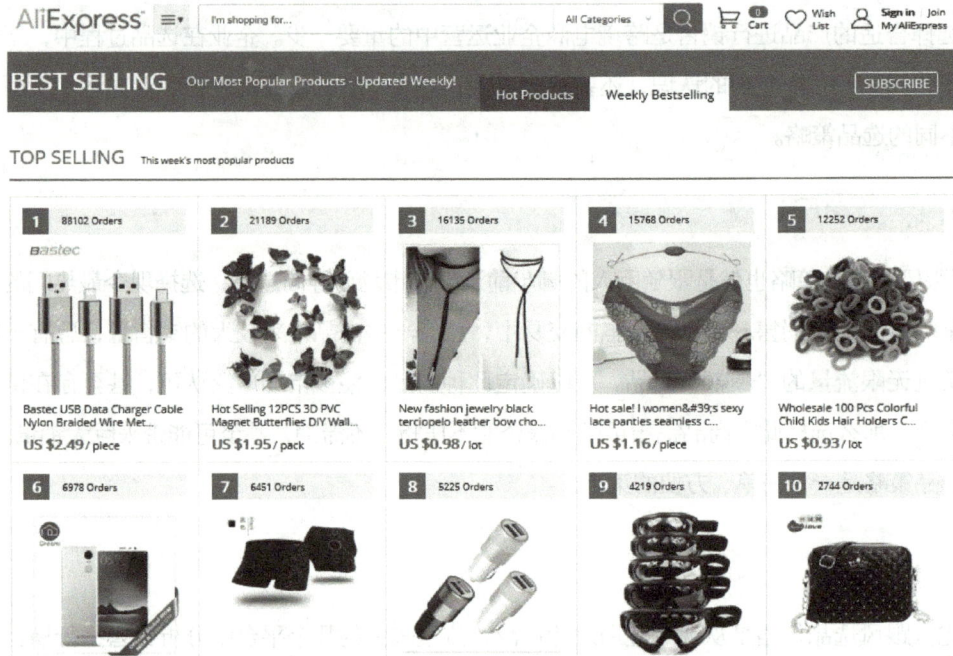

图 10-3　速卖通一周热销产品榜

图 10-4　eBay 热销榜

### 3. 亚马逊

亚马逊网站是以商品为导向的，特别注重品牌概念，其对产品质量和品牌都有很高的要求。卖家可以选择平台上已有的、销量好的产品进行跟卖。亚马逊上可跟卖的产品大多数为电子产品、汽车配件、家居产品和运动器材等标准化的产品。从 Amazon Best Sellers 能找到各类产品销售的前 100 名，卖家在自己心仪的或是货源充足且对商品质量有把握的类目下进行比较筛选，从中挑出热门商品进行跟卖，也是一种策略，见图 10-5。

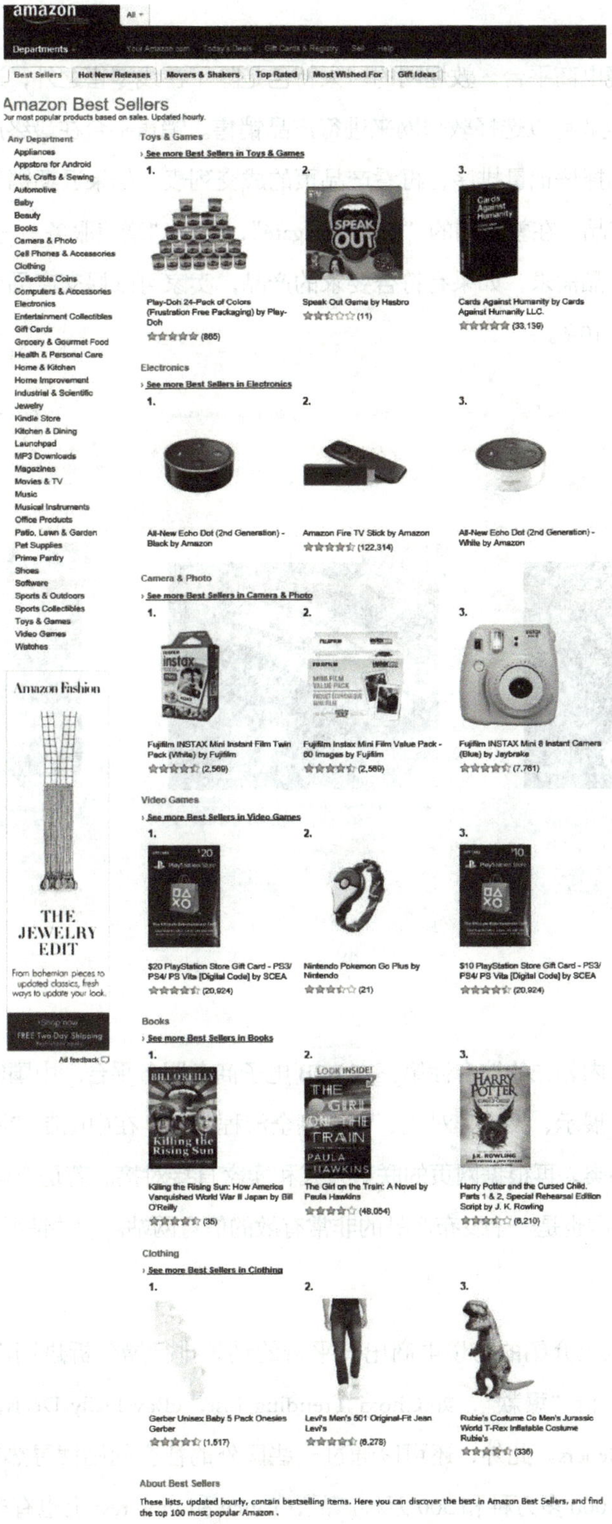


图 10-5　亚马逊的 Amazon Best Sellers

4. 敦煌网

相较于其他跨境电商平台，敦煌网的一大特色是除了在线零售之外，还有一定比例的小额批发。从事 B2B 的企业可以选择敦煌网来进行产品销售。销售平台在最终产品列表页都有按照销量排序的功能，选择按销量排序，再看产品页的成交列表，如果近期销售记录多，基本就能确定是当前热销的产品。在敦煌网的"我的 DHgate"，点击"增值服务——国外求购信息"，可以看到买家发布的产品需求，如果有符合要求的产品，卖家可以提交产品编号，增加订单的成交率。相关情况见图 10-6。

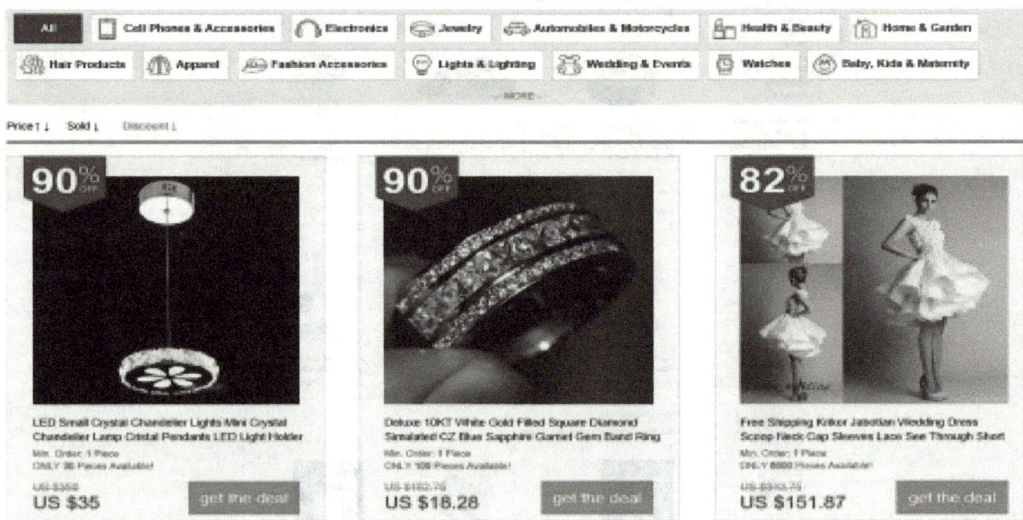

图 10-6  敦煌网

5. 中国制造网

中国制造网是国内领先的综合性第三方 B2B 电子商务服务平台。中国制造网内贸站为买卖双方提供信息管理、展示、搜索、对比、询价等全流程服务。在中国制造网，买家可以根据自己的需求找到相应品类，再根据网页的联系方式和卖家直接对接。若是企业想要做 B2B 类跨境电商产品，中国制造网也是一个发布产品的非常有效的信息网站。相关情况见图 10-7。

6. 其他网站

除了可以根据以上介绍的跨境电商出口平台的销售排行榜分析热销产品，还可以借助国外一些平台热销榜分析"爆款"，如 Choxi Trending List，eBay Daily Deals，Lazada Top Sellers，LightInTheBox Top Sellers。此外，还可以通过一些国外的社交网站搜寻热销产品，Polyvore 和 Wanelo 网站分别有 1000 多万种和 300 万种产品，Fancy 和 Pinterest 上也有丰富的信息供商家了解全球流行趋势与热销种类。

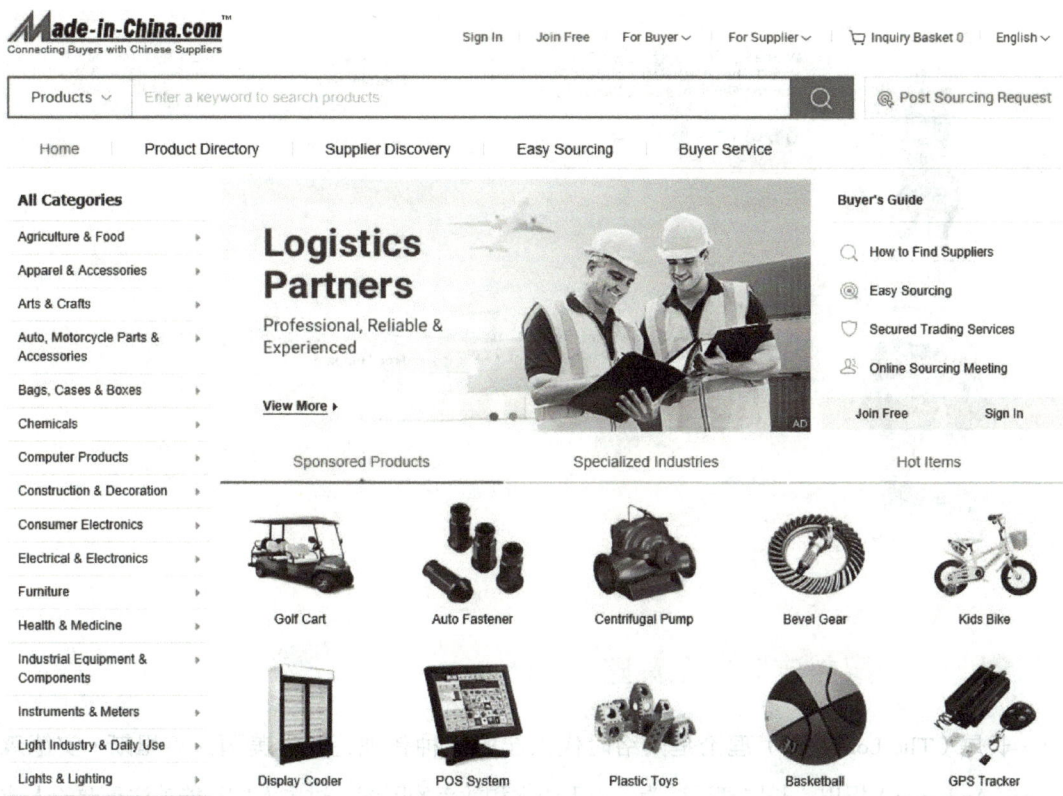

图 10-7　中国制造网

## 三、跟风爆款元素选品策略

在对一些平台热销榜进行分析后会发现，一些服装类或是饰品类的商品备受推崇，但在实际中完全按照热销商品进行设计销售时，可能先入市场的店铺已经获得了大量的客户流量了，那么这时就不能完全抄袭已有设计，可以在热销产品中发现这些爆款具有的一些共同元素，再加上自己的创新就可以生产出潜在爆款商品。比如速卖通"HOT NEW"一栏中，选取"women T-shirt"这个类目，按销量进行排序，我们可以看到很多爆款女性 T 恤衫，见图 10-8。

在这里我们需要注意一点，所有的产品都是由各种属性拼接起来的。以图 10-8 中的第一件产品举例来说，这件女士上衣可以分解为：春秋款＋字母印花＋长袖＋圆领＋休闲＋拼接＋撞色＋……有众多属性，我们随意改变其中的一个或几个属性，就可以使它变成另外一款商品，但是还可以保留这款产品的卖点。这样既避免了和大卖家的正面营销手段的冲突，又节省了分析产品的时间，巧妙借用大卖家的数据分析成果，还可以避免侵权风险。

| | Women O Neck Long Sleeve Tops Casual Letter Print T-Shirt Patchwork Contrast Color Spring Autumn Femininos Basic Blusas #80884 | US $5.59 / piece **Free Shipping** |
|---|---|---|

9 Colors Available

⊕⊕⊕ HitTime China-Wholesale Co. Ltd
View 68 products from this seller

○ Offline

★★★★★ Feedback(1148) | Orders (1042)

♥ Add to Wish

| | Women Loose Bat Sleeve Short T-shirt Casual Slim Tops Summer O-Neck Short T shirts S-XXL 7 Colors Tees new sale | US $5.59 / piece **Free Shipping** |
|---|---|---|

7 Colors Available

⊕⊕⊕ Shenzhen YKS Technology Co., Ltd.
View 110 products from this seller

○ Offline

★★★★★ Feedback(95) | Orders (741)

♥ Add to Wish

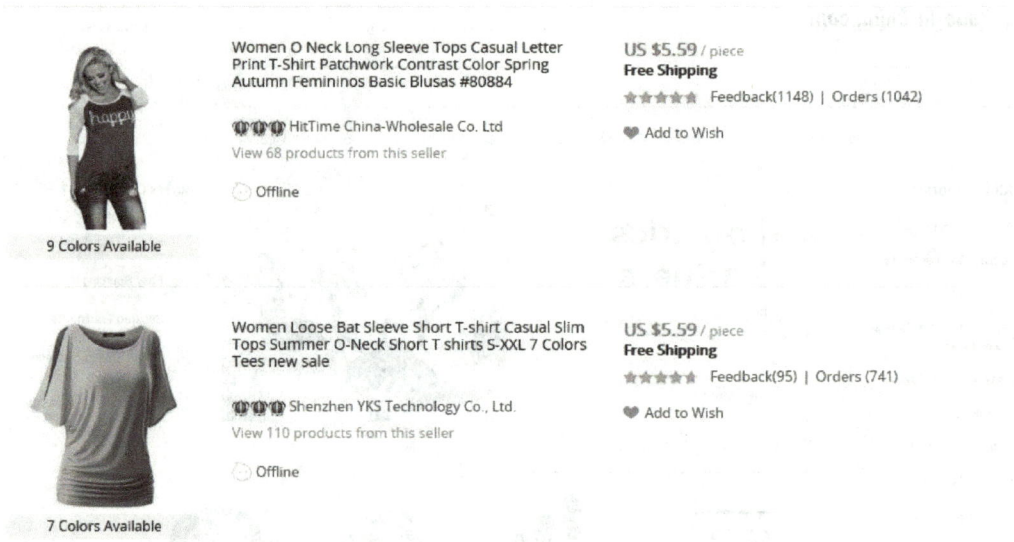

图 10-8　速卖通 "women T-shirt" 类目销量排序

## 四、"长尾效应"选品策略

长尾（The Long Tail）理论是网络时代兴起的一种新理论，由美国人克里斯·安德森（Chris Anderson）提出。长尾理论认为，由于成本和效率的因素，过去人们只能关注重要的人或重要的事，如果用正态分布曲线来描绘这些人或事，人们只能关注曲线的"头部"，而将处于曲线"尾部"、需要更多的精力和成本才能注意到的大多数人或事忽略掉。例如，在销售产品时，厂商关注的是少数几个所谓"VIP"大客户，"无暇"顾及即使在人数上居于大多数的普通消费者。而在网络时代，由于关注的成本大大降低，人们有可能以很低的成本来关注正态分布曲线的"尾部"，关注"尾部"产生的总体效益有时甚至会超过关注"头部"产生的，而不是完全符合"二八定律"。简单地说，所谓长尾理论就是指，只要产品的存储和流通的渠道足够大，需求不旺或销量不佳的产品所共同占据的市场份额可以和那些少数热销产品所占据的市场份额相匹敌甚至更大，即众多小市场汇聚成可产生与主流相匹敌的市场能量。也就是说，企业的销售量不在于传统需求曲线上那个代表畅销商品的"头部"，而是那条代表冷门商品从而经常为人遗忘的"尾部"。

举例来说，一家大型书店通常可摆放 10 万本书，但亚马逊网络书店的图书销售额中，有 1/4 来自排名 10 万以后的书籍。这些"冷门"书籍的销售比例正高速增长，预估未来可占整个书市的一半。这意味着消费者在面对无限的选择时，真正想要的东西和想要取得的渠道都出现了重大的变化，一套崭新的商业模式也随之产生。简而言之，长尾所涉及的冷门产品涵盖了几乎更多人的需求，当有了渠道后，会有更多的人意识到这种需求，从而使冷门不再冷门。

再看谷歌，它就是一个最典型的"长尾"公司，其成长历程就是把广告商和出版商的"长尾"商业化的过程。以占据了谷歌半壁江山的 AdSense 为例，它面向的客户是数以百万计的中小型网站和个人。对于普通的媒体和广告商而言，这个群体的价值微小到不值一提，但是谷歌通过为其提供个性化定制的广告服务，将这些数量众多的群体汇集起来，形成了非常可观的经济利润。据报道，谷歌的市值已超过 2100 亿美元，被认为是"最有价值的媒体公司"，远远超过了那些传统的老牌传媒公司。

长尾理论的要点有：①商品储存、展示的场地足够大，流通的渠道足够宽广；②商品生产成本极低，以至于个人都可以进行生产；③商品销售成本极低，以至于个人都可以进行销售。

只要满足以上三点，几乎任何以前看似需求极低的产品，只要有卖，就都会有人买。这些需求和销量不高的产品占据的市场份额加总起来甚至比主流产品的市场份额还要大。

长尾理论被认为是对传统的"二八定律"的彻底叛逆。尽管听上去有些学术的味道，但事实上这不难理解——人类一直在用"二八定律"来界定主流，计算投入和产出的效率。在传统的营销策略中，商家主要关注在 20% 的商品上创造 80% 收益的客户群，往往忽略了那些在 80% 的商品上创造 20% 收益的客户群。

"二八定律"中被忽略不计的 80% 就是"长尾"。克里斯·安德森说："我们一直在忍受这些最小公分母的专制统治……我们的思维被阻塞在由主流需求驱动的经济模式下。"但是人们看到，在互联网的促力下，被奉为传统商业圣经的"二八定律"开始有了被改变的可能。这一点在媒体和娱乐业尤为明显，经济驱动模式呈现从主流市场向非主流市场转变的趋势。

为此我们建议，商家在选品时，不能一味、盲目地跟卖热销商品，若是热销商品进入市场时间较长，那么很有可能已占据大量市场份额，这对于后入者来说极为不利，因为打破先入者的障碍壁垒难度较大。选择"长尾"商品进行销售，竞争力小，且可能获得由零散市场整合起来的巨大市场空间。并且"长尾"商品因为市场零散，实体线下市场并不多见且商品种类不齐全，故而线上销售这类商品也是极为有利的。

## 五、细分市场选品策略

之前我们提到，开始跨境电商销售之旅，第一步就是要做市场分析，要知道目标消费者需要什么。下面给出了不同的细分市场选品策略。

### （一）基于地域因素的选品策略

其实每个跨境出口平台都有自己的市场定位，例如，亚马逊的主要市场在美国、速卖通的主要市场则在俄罗斯和巴西等新兴经济体，所以要定期做好跨境店铺海外市场的调研分析工作。对于目标海外市场的需求分析调研，一般要结合第三方报告等数据信息。

根据《2015—2016 中国出口跨境电子商务发展报告》，在 2015 年，中国的出口地分布为美国 16.5%、欧盟 15.8%、东盟 11.4%、日本 6.6%、俄罗斯 4.2%、韩国 3.5%、巴西 2.2%、印度 1.4%、其他 38.4%。报告中同时提到跨境电商出口的用户环境，认为新兴经济体的崛起带来了更大的用户规模，同时欧美等发达国家用户的消费升级，由追求低价向追求品质延伸。不同的出口目标国家，人民有其独特的生活习惯、喜好和节假日消费习惯。确定主要目标市场后，根据市场选品可以更有针对性。

1. 从关注需求角度——以俄罗斯市场为例

全球电商增长速度最快的地方是诸如巴西、中国、印度和俄罗斯这样的新兴经济体。如果重点出口对象在俄罗斯市场，首先要对俄罗斯电商市场有一定的了解。俄罗斯物流业非常落后且货到付款是最常见的付款方式，它也不是一个关注消费者和消费品的国家，这些都导致俄罗斯市场的商品种类十分有限且一直存在假冒伪劣商品。据 East-West Digital News 俄罗斯电子商务报告，俄罗斯网上市场多由零散的小商家组成，只有不到 20 家每年盈利额能超过 10 万美元。俄罗斯研究公司的数据报告也称，2013 年俄罗斯电子商务销售额为 165 亿美元，较 2012 有 28% 的涨幅，但也只占零售总额的 2%。与此同时，莫斯科和圣彼得堡这两座城市的网民占全国的 30%，而网购消费额占到了全国的 60%。俄罗斯的本土企业和实体商铺还存在价格昂贵及时尚滞后的问题。

根据这些信息我们可以得出，俄罗斯本土电商的规模较小，因对消费品缺乏关注导致很多商品价格比西欧和美国贵。俄罗斯的网购者大多为在大城市且受过良好教育、有高收入的年轻人，对时尚品味要求高。

俄罗斯本土电商的规模多数都较小，但也有两家运营较为出众的公司。一家是 Ozon（见图 10-9），它被视为俄罗斯的亚马逊，发布了 300 万种产品，而且在 2013 年的销售额创纪录地达到了 7 亿美元。另一个是 ULMART（见图 10-10），是一家整合了线上线下计算机、家用电子产品和家用电器销售的网站。虽然在该网站只有种类不多的 55000 种产品出售，但在 2013 年的销售额却达到了 12 亿美元。ULMART 还提供快递服务，在莫斯科和圣彼得堡的市中心——拥有一个 90 辆卡车车队进行物流运输。ULMART 定位于大城市，而 Ozon 定位于全俄罗斯。

速卖通在 2014 年 2 月推出了俄语版，之后几个月该网站就成了俄罗斯访问量最大的电子商务网站之一，仅在推出当年的 7 月份就有 1600 万访客。

图 10-9　Ozon

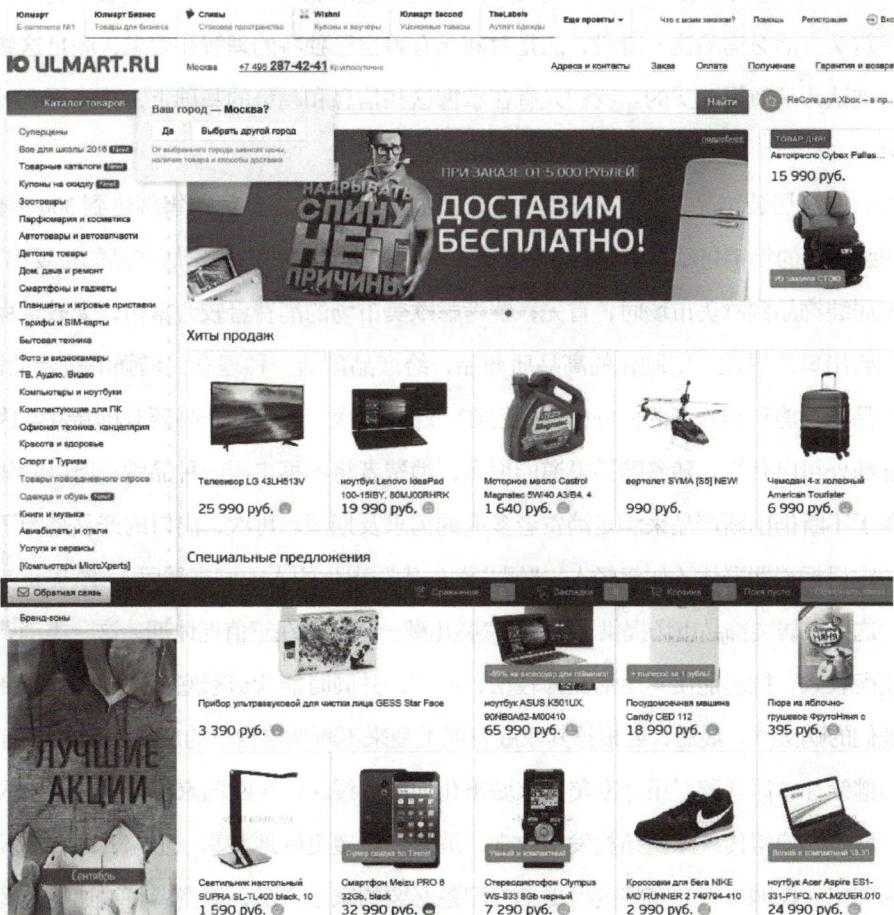

图 10-10　ULMART

通过这些网站的调研,我们可以了解到俄罗斯市场主要竞争对手的情况,且速卖通的大流量也给国内卖家带来了很多机会。从俄罗斯本土这两个网站我们可以看出俄罗斯国内的消费导向,俄罗斯本土企业并不能紧跟时尚且价格昂贵,所以服饰、鞋靴的需求非常大;美容产品也是如此;所有电子产品也都是线上购物的产品主要品类。与此同时,俄罗斯有自己维修汽车的普遍情况,所以汽车零部件是一个非常大的卖点,2014年尿不湿又成为俄罗斯网上销售主要爆款,如今玩具和婴幼儿用品也形成一个爆点。这些市场调查和导向都是我们在进入俄罗斯市场时的主要参考依据,了解其需求才能更好地选择产品出口。

2. 从提升品质角度——以向欧美市场出口家居产品为例

欧美市场是我国跨境出口占比最大的市场,所以分析欧美市场消费者喜好习惯、当地销售热门产品对跨境电商选品非常有利。欧美市场也是成熟度较高的市场,人们对网购的认可度与参与度较高,报告也显示出欧美市场消费产品呈现由追求低价向追求品质发展的趋势,人们不再是处于购买生活必需品这一阶段,而是对商品有着自己独特的理解和要求,满足这些需求的产品才会被认为是值得购买的。我们只有在掌握这些信息和趋势的基础上,才能更有效地做出选品决策。

例如,在家居装饰品方面,美国是全球最大的消费品市场,年销售额达到300多亿美元,欧盟家居装饰品的年销售额也超过240亿美元,所以欧美地区是我国家居产品的主要出口市场。在出口家居装饰品到欧美市场时,首先,要考虑欧美市场的消费者较为富裕,受教育程度也较高,所以要出口差异性、定制化的高品质商品,给产品创造一种理念,增强消费者的认同感,让家居产品的功能和消费者的良好体验融合在一起。其次,出口的产品要有创新性。因为家居产品可能随处可以获得,随着购买渠道的增多,消费者将不再忠于一种品牌,所以销售选品时也要注重于不断推出新产品来满足消费者多变的需求及期望。再次,出口的产品是为了满足欧美市场特定目标消费群体(如年轻人、"婴儿潮一代"出生的人或城市居民),欧美正步入老龄化阶段,这为家居装饰品市场提供了商机。"婴儿潮一代"现在正值退休期,这一类消费者有较多的可支配收入,推出能使其生活更为轻松、便利,并同时能营造家庭氛围的高品质商品,更能激起他们的购买欲。最后,要根据其家庭发展类型来不断调整自己的产品。未来10年,预计欧美人口继续往市区迁移。虽然欧美国家城市化速度放缓,但东欧国家正在经历城市人口的迅速扩张,城市化使得传统家庭结构发生改变,消费者希望更好地共享一个家,这种情况在城市中心尤为突出。在城市,公寓将变得更小并配备必要的家居产品,消费者将被迫打造多功能的空间,传统的房间设置将消失,客厅正失去其传统的功能并被厨房吸纳。欧洲消费者越来越多地将花园当作家的一部分进行使用，反过来也将家当作花园的一部分。所以这需要卖家关注新兴生活方式，从中获得先入优势。要特别关注各类新的伙伴关系和家庭形式，如单人户、大家庭住户等，清楚欧美消费者的城市现状：他们缺乏空间和大自然，可通过提供节省空间的家居产品或将自然引入家中的产品获得商机。由于家被赋予了越来越多的功能用途，如果家居产品结合了多种功能，那么产品就拥有了附加价值。

## （二）基于"文化"因素的选品策略

不同地区的人有其独特的历史和文化底蕴，这些因素会渗透到他们生活的方方面面，包括对贸易的看法、喜好物品的种类、交易方式等，调查了解当地人民的偏好和需求对选品有极大帮助。

### 1. 基于当地文化的选品策略

当卖方确定出口目标地时，就可以根据当地文化进行选品。如在宗教气氛浓重的国家，可选择当地宗教服饰、饰品等进行出口销售；也可以选取当地人气旺的明星来出口其周边产品；同时也可以关注最近热映电影，生产电影周边产品。下面用例子来加以说明。

中国是世界最大的玩具生产和出口国，2014 年中国玩具出口 263.36 亿美元，同比增长41.37%。欧美国家则是世界最大的玩具消费市场，中国传统普通玩具的 70% 出口到欧美地区。2014 年，中国出口到北美的玩具占我国玩具出口总额 36.28%，同比增长 11.49%；出口到欧洲的玩具占我国玩具出口总额 25.97%，同比增长 14.36%；而同期美国 GDP 增长仅为 2.4%，欧盟增长 1.2%。在 2014 年欧美经济增长依然乏力的情况下，为何对我国玩具的需求仍有大幅增长，这与影视动漫作品授权玩具的热销密不可分。

2014 年玩具产业令人值得思考的新闻是，家喻户晓、独占鳌头数十年的芭比娃娃终于不敌艾莎（Elsa）公主，痛失玩偶玩具市场销量冠军的宝座。Elsa 公主是迪士尼电影《冰雪奇缘》（Frozen）的主角衍生周边人偶玩具，凭借着电影的超高人气和剧中优美生动的人物造型，2014年 Elsa 公主使玩具市场在欧美经济复苏乏力的背景下掀起了一波销售热潮。按世界著名市场调查公司尼尔森（NPD Group）的统计：2014 年，欧美授权玩具产品销量同比增长达 7%，已经占据玩具产业销售总量的 31%。2014 年最热销的十大玩具中，几乎全部是影视动漫作品授权衍生品或者与之有关，如忍者神龟电影玩偶、迪士尼公主系列产品等。

实际上，在当今世界玩具市场上，谁能率先抢得影视动漫授权衍生玩具产品的先机，谁就能更好地掌控市场，这成了不容置疑的市场现实。卖方可以根据各种渠道关注目标国家最近有何热门电影即将上映或正在上映，相关周边产品是很好的潜在爆款产品。周边产品也不一定要局限在玩偶上，将电影中受追捧的形象制作成与之相关的服饰、儿童用品、文具用品、贴纸等，都会引起粉丝强烈的好感，从而提升销量。

### 2. 基于本国文化的选品策略

我国自古以历史悠久、文化底蕴深厚著名，世界上也不乏其他国家国民对中国文化表示出好奇和喜爱，所以从本国文化入手也未尝不可。中国许多国货品牌深受国外人民喜欢，若能将其喜欢的品牌或品类通过跨境电商渠道销售，那么销售量也是不可小觑的。

近年来中国旗袍在国际舞台上曝光率颇高。2015 年 5 月 30 日，阿联酋迪拜举行了"锦绣中华"中华旗袍秀；米兰世博会期间，荷兰华人妇联主席熊国秀组织赫兰德姐妹们穿着各自珍藏的旗袍进行了精彩的旗袍秀；很多风靡全球的红毯典礼上，国外女星用改良旗袍来作为战衣的新闻也层出不穷。这些都证明中国旗袍在海外备受欢迎，是存在巨大商机的。

## 本章小结 《《

本章介绍了跨境电商企业的选品策略。首先分析了国内外两个市场不同的消费产品结构。从我国国民选择上来看，服装鞋帽、日用百货、通信数码、书籍影像是最受追捧的类别。与此同时，我国国民在网购奢侈品的时候偏好于标准化产品，如包袋、腕表、鞋靴等。并且不同于往常印象，其实男性网购额是高于女性的。从国外消费偏好来看，根据阿里巴巴国际站和速卖通的数据，中国跨境电商出口产品品类主要包括：服装服饰、手机通信、计算机网络、美容保健、家居产品、珠宝手表、汽车摩托车配件等。企业在选品时需要提前了解以上信息以便能够选择出适销对路的商品。在选品时还应注意法律问题、市场因素、侵权问题和货源问题，并在此基础上选择相对应的选品策略。"跟风"选品策略也就是跟随巨人的脚步前进，以市场为导向选品，选择现今最热门的商品也就是"爆品"来进行销售；完全跟风选品策略是从现今应用最为广泛、流量较大的几个平台中分析销售排行榜，选择排名靠前的产品即目前最受热捧的产品作为自己的销售产品；跟风爆款元素选品策略是在热销产品中发现这些爆款具有的一些共同元素，再加上自己的创新就可以生产出潜在爆款商品的策略；"长尾效应"选品策略是不选择传统需求曲线上那个代表畅销商品的"头部"，而是选择那条代表冷门商品经常为人遗忘的"尾部"来销售；细分市场选品策略就是做市场分析，要知道目标消费者需要什么，根据不同的细分市场做相应的选品策略。

## 名词解释 《《

长尾理论：只要产品的存储和流通的渠道足够大，需求不旺或销量不佳的产品所共同占据的市场份额可以和那些少数热销产品所占据的市场份额相匹敌甚至更大，即众多小市场汇聚成可产生与主流相匹敌的市场能量。也就是说，企业的销售量不在于传统需求曲线上那个代表畅销商品的"头部"，而是那条代表冷门商品从而经常为人遗忘的"长尾"。

## 课后思考题 «

1. 试分析跨境电商企业在选择产品时应该注意的问题。
2. 列举五种常见的跨境电商企业选品策略，并分析不同策略的典型特征。

# 第 十 一 章

# 跨境电商企业数据分析与引流策略

## 本章概要 《《

本章分两节来介绍跨境电商企业数据分析和引流策略。第一节介绍数据分析，在了解数据分析的重要性之后，讲解如何进行数据分析。第二节从提高访问量、转化率、复购率和投资回报率四个目标来展开，介绍几个比较典型的引流策略。

## 学习目标 《《

理解数据分析的重要性及企业进行数据分析的主要目标；了解运营、客户、营销三类重要的数据类型及其包含的二级指标；理解访问量、转化率、复购率和投资回报率的概念，掌握改善以上四个指标的途径和方法。

## 第一节　数据分析

### 一、数据分析的重要性

流量是跨境电商生存的根本，要想真正控制流量，离不开数据分析，数据分析对于跨境电商企业的营销与引流十分重要。有了大数据分析技术的支持，跨境电商企业可以很容易地从海量的数据中分析出消费者的需求，进而推出更符合消费者需求的产品或服务，并进行针对性的调整和优化，这就是大数据赋予跨境电商企业的新价值。无论是跨境电商平台（如 eBay）还是在跨境电商平台上销售产品的卖家，都需要掌握大数据分析的能力。越成熟的跨境电商平台，越需要通过大数据分析能力驱动跨境电子商务运营的精细化，更好地提升运营效果，提升业绩。

基于消费者及各种经济等数据，大数据不仅可以为消费者"画像"，还可以给商家提供各式各样的"情报"。例如，国内的商家希望将产品卖到加拿大，通过大数据分析可以大致预测，这种商品一个月可以卖出多少件，定价应该在什么范围内，市面上还有多少商家在卖同样的商品，他们的市场占有率大概是多少。

对于跨境电商企业来说，可以自己开展大数据的研发和应用，也可以利用第三方机构来实

**134**

现对大数据的应用，谷歌和 eBay 在这方面做得很专业。消费者在使用搜索服务时，他们在无形中就把自己个人的行为、爱好、消费等数据传给了谷歌和 eBay。基于用户搜索行为、浏览行为、评论历史和个人资料等数据，通过大数据的挖掘和匹配，它们可以分析消费者的整体需求，有针对性地进行产品生产、改进和营销。

## 二、如何进行数据分析

数据如此重要，那么做跨境电商，到底该如何分析数据，又该分析哪些数据呢？

一个优秀的外贸企业想要立足于跨境电商的"红海"中，首先要学会分析数据。分析运营类数据能够帮助企业了解日常的数据变动，可以提醒专业人员及时调整产品或者营销策略。获得忠实的客户群对于企业十分重要，因此熟悉顾客的需求、了解他们的消费习惯是企业提高业绩的另一个关键点。企业想要提高运营效率和使客户价值最大化，就要擅长运用好的营销手段。

本节总结了运营、客户、营销三类比较重要的数据类型，对于跨境电商企业设置引流策略至关重要。

### （一）运营类数据

运营类数据见表 11-1。

表 11-1　运营类数据

| 运营类数据 | |
|---|---|
| 流量类数据 | 独立访客数（UV） |
| | 页面访问数（PV） |
| | 人均页面访问数（PV/UV） |
| | 跳出率 |
| | 页面访问时长 |
| | 人均页面浏览量 |
| 订单产生效率数据 | 总订单数量 |
| | 访问到下单转化率 |
| 总体销售业绩数据 | 网站成交金额（GMV） |
| | 销售额 |
| | 客单价 |
| 财务数据 | 销售毛利 |
| | 毛利率 |

1. 流量类数据

（1）独立访客数。独立访客数（UV）是指访问电商网站的不重复用户数。对于 PC 机，统计系统会在每个访问网站的用户浏览器上"种"一个 cookie 来标记这个用户，这样每当被标记 cookie 的用户访问网站时，统计系统都会识别到此用户。在一定统计周期内如（一天）统计系统会利用消重技术，对同一 cookie 在一天内多次访问网站的用户仅记录为一个用户。而在移动终端区分独立用户的方式则是按独立设备计算独立用户。

（2）页面访问数。页面访问数（PV）即页面浏览量，用户每一次对电商网站或者移动电商应用中的每个网页访问均被记录一次，用户对同一页面的多次访问，访问量累计。

（3）人均页面访问数。人均页面访问数即页面访问数（PV）／独立访客数（UV），该指标反映的是网站访问黏性。

（4）跳出率。跳出率（Bounce Rate）也被称为蹦失率，为浏览单页即退出的次数／该页访问次数，跳出率只能衡量该页作为着陆页面（Landing Page）的访问情况。如果花钱做推广，着落页的跳出率高，很可能是因为推广渠道选择失误，推广渠道目标人群和电商网站的目标人群不够匹配，导致大部分访客访问一次就离开。

（5）页面访问时长。页面访问时长是指单个页面被访问的时间。并不是页面访问时长越长越好，要视情况而定。对于跨境电商网站，页面访问时间要结合转化率来看，如果页面访问时间长，但转化率低；则页面体验差的可能性很大。

（6）人均页面浏览量。人均页面浏览量是指在统计周期内，平均每个访客所浏览的页面量。人均页面浏览量反应的是网站的黏性。

2. 订单产生效率数据

（1）总订单数量。它是访客完成网上下单的订单数之和。

（2）访客到下单转化率。它是电商网站下单的次数与该网站被访问的次数之比。

3. 总体销售业绩数据

（1）网站成交金额（Gross Merchandise Volume，GWV）。只要网民下单，生成订单号，便可以计算在 GMV 里面。

（2）销售额。这是货品出售的金额总额。

（3）客单价。这是订单金额与订单数量的比值。

4. 财务数据

（1）销售毛利。销售毛利是销售收入与成本的差值。毛利计算只扣除了商品原始成本，不扣除没有计入成本的期间费用（管理费用、财务费用、营业费用）。

（2）毛利率。毛利率是衡量电商企业盈利能力的指标，是销售毛利与销售收入的比值。

### （二）客户类数据

客户类数据见表 11-2。

表 11-2　客户类数据

| 客户类数据 | | |
| --- | --- | --- |
| 常见客户指标 | 累计购买客户数 | |
| | 客单价 | |
| | 客户留存率 | |
| 新客户数据 | 新客户数量 | |
| | 新客户获取成本 | |
| | 新客户客单价 | |
| 老客户数据 | 消费频率 | |
| | 最近一次购买时间 | |
| | 消费金额 | |
| | 复购率 | |

1. 常见客户指标

常见客户指标包括一定统计周期内的累计购买客户数、客单价和客户留存率。

（1）客单价。客单价是指每一个客户平均购买商品的金额，也即平均交易金额，即成交金额与成交用户数的比值。

（2）客户留存率。客户在某段时间内开始访问某网站，经过一段时间后，仍然会继续访问该网站，被认作是留存。这部分客户占当时新增客户的比例就是客户留存率。这种方法是依据活跃程度来计算留存率，另外一种计算留存率的方法是按照消费来计算，即计算某时段的新增消费客户在往后一段时间周期（日、周、月、季度或半年度）还继续消费的客户比率。留存率一般看新客户留存率，当然也可以看活跃客户留存率。留存率反映的是电商企业留住客户的能力。

2. 新客户数据

常见新客户指标包括一定统计周期内的新客户数量、新客户获取成本和新客户客单价。其中，新客户客单价是指第一次在店铺中产生消费行为的客户所产生交易额与新客户数量的比值。影响新客户客单价的因素除了推广渠道的质量，还有电商店铺活动以及关联销售。

3. 老客户数据

常见老客户指标有消费频率、最近一次购买时间、消费金额和重复购买率。

（1）消费频率是指客户在一定期间内所购买的次数。

（2）最近一次购买时间表示客户最近一次购买的时间离现在有多远。

（3）客户消费金额是指客户在最近一段时间内购买的金额。消费频率越高，最近一次购买时间离现在越近，消费金额越高的客户越有价值。

（4）复购率则是指消费者对该品牌产品或者服务的重复购买次数，重复购买率越多，消费者对品牌的忠诚度就越高；反之则越低。

### （三）市场营销类数据

市场营销类数据见表 11-3。

**表 11-3　市场营销类数据**

| 市场营销类数据 | |
| --- | --- |
| 市场营销活动指标 | 新增访问人数 |
| | 新增注册人数 |
| | 总访问次数 |
| | 订单数量 |
| | 下单转化率 |
| | ROI |
| 广告投放指标 | 新增访问人数 |
| | 新增注册人数 |
| | 总访问次数 |
| | 订单数量 |
| | UV 订单转化率 |
| | 广告投资回报率 |
| 市场竞争类数据 | 市场占有率 |
| | 市场扩大率 |
| | 用户份额 |
| | 网站交易额排名 |
| | 网站流量排名 |

1. 市场营销活动指标

市场营销活动指标包括新增访问人数、新增注册人数、总访问次数、订单数量、下单转化率及 ROI。其中，下单转化率是指活动期间，某活动所带来的下单的次数与访问该活动的次数之比。投资回报率（ROI）是指，某一活动期间内，产生的交易金额与活动投放成本金额的比值。

2. 广告投放指标

广告投放指标包括新增访问人数、新增注册人数、总访问次数、订单数量、UV 订单转化率、广告投资回报率。其中，下单转化率是指某广告所带来的下单次数与访问该活动的次数之比。广告投资回报率是指某广告产生的交易金额与广告投放成本的比值。

### 3. 市场竞争类数据

市场占有率是指跨境电商网站交易额占同期所有同类型网站整体交易额的比例。

市场扩大率是指购物网站占有率较上一个统计周期增长的百分比。

用户份额是指购物网站独立访问用户数占同期所有跨境电商网站合计独立访问用户数的比例。

交易额排名是指跨境电商网站交易额在所有同类电商网站中的排名。网站流量排名是指跨境电商网站独立访客数量在所有同类电商网站中的排名。

企业应该拥有自己的数据分析系统，常规性的销售额、利润、利润率等指标的计算都可以通过系统实现。因为直接与平台后台对接，库存管理数据都有，分析数据时，设定好各项公式，想要的数据指标都可以计算出来，这样比用软件计算的效率更高，且可以根据各电商的需求灵活开发。

另外，企业的数据分析人员应每天、每周或者按照特定的周期进行数据分析。运营或营销部门做了某方面的工作，产品做了某种调整，相对应的数据也会有一定的变化，如果没有变化，说明调控手段存在问题，应及时进行调整。企业应学会利用大数据，善于分析数据，以帮助自己做出正确的市场决策。

## 第二节　引流策略

跨境电商无论是独立运营网站还是在平台开店，都离不开网站的运营和引流，这也是每个跨境电商企业现在都在努力去做的事情。那么网站的运营和引流都需要采用哪些方法？在运营时又有哪些技巧呢？

无论采用什么运营手段，其最终都落脚于流量、转化率、复购率和ROI这些能带来效益的指标上。不管是企业还是平台，营销的最终目的就是提升这几个指标的数据，从而带来盈利。因此，本节主要从提高访问量、转化率、复购率和投资回报率四个目标展开，来介绍几个比较典型的引流策略。

### 一、如何提高访问量

无论在网上商城购买什么商品，消费者一般都要先搜索。跨境电商搜索引擎优化（SEO，

Search Engine Optimization）尤其要注重谷歌，需要你产品的顾客，即为有效流量。提高有效访问量对于跨境电商企业尤为重要。

### （一）取一个有利于 SEO 的店名

给跨境电商网店取一个好名字至关重要。它可以在一定程度上彰显你的实力，使你的网店在千军万马中脱颖而出。此外，从市场的品牌效应和 SEO 的角度来看，给网店起一个恰当的名字也将起到事半功倍的效果。

### （二）优化标题

商品标题是广告中最显著的部分，对于 SEO 来说也是至关重要的。通常在所有电商平台上，这个数据点都足以成就或摧毁一件商品，因此一定要花时间来创建一个恰当的、具有丰富关键词的标题。在 eBay 平台上，要使用它们提供的所有空间（80 个字符）；但是对于其他电商平台——如亚马逊，可能需要遵循其建议，使用符合其方针的较短标题，才能获得更好的结果。

### （三）重视商品分类

跨境电商给商品进行正确的分类对于提高店铺和商品的曝光度有着重要的影响。但是所选择的跨境电商平台商品分类是一个有效的数据点。如果零售商正在销售鸡尾酒所使用的小纸伞，那么把小纸伞归到"厨具或酒吧酒具"类别，比归到"服饰与配件"类别中更有成效。跨境电商平台的搜索算法也会把这个因素计入其操作中，因此一定要关注商品分类。

### （四）优化关键词

当你思考 SEO 时，关键词有可能是你想到的最流行的数据点。自然，商家可以把搜索词条当作添加到标题中的不可见关键词。亚马逊对于每个商品刊登最多提供五个可添加的搜索词条。每个搜索词条最多不超过 50 个字符，商家可以使用多个词组成一个搜索词条，也应该使用标题中还没有的关键词。替代拼写和同义词是非常好的搜索词条，因为顾客看不到它们，因此标题看上去并不像"塞满了关键词"。

### （五）细化商品属性

许多电商平台使用商品定义特征，来帮助顾客细化搜索结果。在 eBay 上，这些特征被称作物品属性。在亚马逊及其他电商平台，它们被称作商品属性。它们不仅非常适用于搜索细化，也能被电商平台搜索算法用来匹配搜索查询，以便展示相关度更高的结果。例如，为浴室设备添加"铜"的金属类型——当顾客使用这个搜索词条时，能够帮助支持适当的匹配。商品属性为店家提供双倍的影响力，因为在消费者的浏览和搜索活动中它们有助于商品细化。

### （六）优化详情描述（UI 设计）

如果希望确保商品描述是完整的、丰富的，并且带有关于产品的描述性文本，则需要注重商品详情页图片和文字的描述，添加一些个性化的内容。尽管商品描述中的内容通常算不上 SEO 的一个因素，但仍然要稍微添加一些内容，并且作为电商平台的另一个验证点，用来确认在整个商品刊登中使用一致的关键词。

### （七）创造移动优先体验

① 性能设计，快速登录页面必不可少。

② 聚焦用户体验，尽量少用闪烁字体、插件、弹出式页面和插页式广告。

③ 优化本地搜索，有了 GPS 定位技术，本地相关性在移动 SEO 中越来越重要。

④ 追踪移动关键词，用户在计算机和手机上输入的搜索词不同，而且很多情况下，相同搜索词在两种设备上的搜索结果并不相同。

### （八）进行站内付费推广

跨境电商企业可以根据不同跨境电商平台的情况，利用平台应用或者付费软件进行打折以及设置优惠券、红包等方式吸引消费者。同时可以通过付费的方式提升站内店铺搜索排名，从而能够被优先搜索到并提升店铺流量。另外，制定节日销售策略对网上卖家来说很重要，针对每个特定的节日制定更有深度的策略会带来更高的销售额。企业要利用好每年的重大节日和平台的大促活动，积极参加节日促销活动。

### （九）邮件营销

众所周知，邮件在海外的覆盖面群体比较广，人们更倾向于使用电子邮件与人进行沟通，其发展情况与趋势大大好于国内。跨境电商企业将更加注重营销实效，邮件营销被视为最重要的营销渠道之一。

1. 注重完善系统邮件

对于使用邮件营销来开拓海外市场的跨境电商企业，首先要构架好完善的邮件产品线，其中最重要的就是系统邮件，它是提升用户体验以及增强用户信任度的最佳窗口，同时还可以带来更多的交叉销售机会。

2. 采集许可式的邮件地址数据

目前对于跨境电商来说，数据算是硬伤之一。由于目标客户在海外，获得客户的邮件地址、个人信息这些数据比较困难，在没有专业指导的情况下，一些跨境电商企业病急乱投医，从外部购买和采集客户数据。这样做的后果是有两个：①对于未知的人发送营销内容无疑大海捞针，如果联系人对发送的内容没兴趣，投诉率和被拉进黑名单的概率就会上升，最主要的是第一印象被毁灭，很难再向对方开展营销。②对于欧美等主要的跨境电商目标市场，用户一般都具有强烈的许可意识，对于未经许可发送到邮箱的电子邮件，只会招来大量的投诉与拉黑，导致发送通道被邮件服务商拦截。

3. 即时更新邮件列表

如果不及时更新邮件列表，会导致总体的客户数据质量不高，发送到海外的邮件易被退回和打开率低。相应的解决方案有：①针对客户数据，按年龄、身份等自然属性或高活跃度、高频率购买等维度进行细分综合管理，并建立会员生命周期机制。②开展邮件地址去重、错误地址删除等基础数据更新工作。大量无效邮件地址的发送，增加了发送成本，且不能达到好的效果。

4. 重视海外通道与规则

海外邮箱服务商，如 Hotmail、Gmail 等，都有相应的邮件接收规则，如没有固定 IP 服务器发送的邮件被拦截的概率较高。而且，海外互联网服务提供商 ISP（Internet Service Privider）在垃圾邮件、黑名单、投诉举报规则以及发送数据的要求上更为严格。可以聘请第三方邮件营销服务商来专业解决没有技术、没有相关资源的邮件营销问题。更换一个发件人地址进行尝试，同时通过在邮件底部加入公司地址和隐私声明的链接，降低邮件被屏蔽的可能性，可以提升投递效果。

5. 针对海外消费习惯量身定制营销策略

应根据不同时区不同国家制定相应的营销策略。跨境电商企业需要对目标市场的政策、文化、风俗和节日、特殊喜好、消费习性等了解清楚后，再参照用户的历史消费行为，去制定邮件内容及营销策略。

6. 邮件内容设计不容忽视

要做好邮件内容设计，需注意三点：①邮件标题的吸引度决定了邮件的打开率；②邮件格调与设计决定了联系人对品牌的认知度；③邮件内容决定了邮件的点击率。

7. 精准的优质发送，避免无目的的泛滥发送

很多急于求成的跨境电商都会犯的错误是寄希望于庞大的数据量、频繁的发送带来微乎其微的订单概率，促成 EDM⊖ 邮件营销的不可持续性。提高邮件进入海外邮箱的解决方案有：①确保用户数据的有效性，数据是否为用户主动订阅也将直接影响到后续的邮件发送质量；②做好海外 ISP 的备案以及各种处理；③邮件内容及设计符合垃圾邮件规避规则。

---

⊖ EDM，是一种电子邮件的收信人事前同意收到销售邮件的广告营销形式。

8. 遂移动端引流趋势，做相应的邮件优化

目前国内有超过 30% 的邮件是在智能手机上打开的，欧美则高达 40% 以上。在邮件设计与制作中应用自适应邮件技术，比如平台的自适应邮件模板，省去 html 编辑的操作，直接将文案"填空"即可发送，并自适应于 PC 端和移动端，可以帮助跨境电商改进用户体验，提高用户的邮件内容点击率。另外，可以利用数据挖掘及邮件营销智能化进行个性化邮件营销。

### （十）SNS 营销

#### 1. 博客

博客在我国是一种比较普遍的营销手法，在利用博客进行 SEO 时要注意以下几点：首先，要设定好基础内容，如博客名称、标题、分类中包含关键词；其次，所选的品牌词要尽量提高曝光度；再次，博主还要善于利用标签功能，千万不能忘记，博客文章最重要的是要引起用户传播和评论的兴趣，博客文章是对用户有用的，而不要一味地介绍产品，文章可以图文并茂，这样更利于提高用户的体验；最后，千万不能忘记，要与用户良好互动。

例如 Tumblr，它是全球最大的轻博客网站，含有 2 亿多篇博文。轻博客是一种介于传统博客和微博之间的媒体形态。与 Twitter 等微博相比，Tumblr 更注重内容的表达；与博客相比，Tumblr 更注重社交。因此，在 Tumblr 上进行品牌营销，要特别注意"内容的表达"。例如，给自己的品牌讲一个故事比直接在博文中介绍公司及其产品的效果要好很多。有吸引力的博文内容，很快就能通过 Tumblr 的社交属性传播开来，从而达到营销的目的。跨境电商网站拥有众多的产品，如果能从这么多的产品里面提炼出一些品牌故事，或许就能够达到产品品牌化的效果。

#### 2. Facebook

如今 Facebook 已经是跨境电商最大的流量来源之一，投放一条 Facebook 广告一天就能带来数千上万的访客，对提升销量有巨大的促进作用。

相应的营销方案有：

（1）在建站初期，重点要流量，将产品按风格兴趣分类做成多图轮播广告，投放给有兴趣的人。用单次点击成本 CPC（Cost Per Click）衡量营销成效。网站流量上去之后要把流量变成销量，对那些访问过但没购买的人，可以提醒他们购买。

（2）对那些购买过的人，寻找相似受众，开发新客户；对那些 60 ~ 90 天之前购买的人，可以鼓励他们再次购买。用转化率 CVR（Click Value Rate）和每次转化的价格 CPA $^{\ominus}$ 衡量这期间的营销成效。

---

$\ominus$　CPA，按行为行费，Cost Per Action，一种按广告投放实际效果计价方式的广告，即按回应的有效问卷或订单来计费，不限广告投放量。

（3）成效稳定之后要提高客户忠诚度和开发新客源。每一次贴文要通过互动把客户变成忠诚客户；每一个视频要宣传品牌风格，让品牌形象化、个性化、国际化，才能让新客源源不断。用客户触及（reach）和观看成本 CPV（Cost Per Action）衡量这方面成效。

3. Twitter

（1）图片、视频最重要。老话说"一图抵千言"，确实如此。图片、图形、图表能轻易传递出复杂的思想、创意。同时，它比文字更容易让人记住。有时候，用图片展示某事物比用语言形容更加简单，特别是当描述这件物品是为了激发情绪反应和作为沟通媒介的时候。Twitter 将语言描述限制在 140 个字符内。

（2）在热闹的时间段发推文。如果合理安排推文发布时间，将更容易吸引潜在购物者。一天内不同时间段的推文效果是不同的。一些店铺的购物者喜欢早上浏览推文，而另一些店铺的购物者可能晚上更活跃。跨境电商企业要测试何时发布推文得到的关注最多，然后利用这些时间段安排 Twitter 营销。

（3）内容重于销量。在 Twitter 上推销的前提，是制定一个好的内容策略。多渠道零售商、美国大型超级市场 CVS Pharmacy 是个不错的例子，该公司通过问题的形式来激发互动，提供多种促销优惠信息。

（4）回应提及公司的推文。在 Twitter 上互动并不太复杂。但当有人为你推文时，应该找个机会答谢他们。

4. 视频推广

品牌词要尽可能地提高曝光量；要注意视频标题、简介中的关键词设置；可以录制有趣的、用户喜欢传播和观看的视频，提升视频的浏览量，但视频不能太长。另外，还要利用好标签功能，标签要尽可能包含关键词、相关词，在描述中可以加上网站的链接，以增加浏览量和曝光量；在录制视频时，要录制对用户有价值的视频内容，对于用户的评论要及时回复，以增强和用户的互动性。

YouTube 是全球最大的视频网站，每天都有成千上万的视频被用户上传、浏览和分享。相对于其他社交网站，YouTube 的视频更容易带来病毒式的推广效果，它是跨境电商中不可或缺的营销平台。开通一个 YouTube 频道，上传一些幽默视频吸引粉丝，通过一些有创意的视频进行产品广告的植入，或者找一些意见领袖来评论产品宣传片，都是非常不错的引流方式。还有 Vine，这是 Twitter 旗下的一款短视频分享应用，用户可以通过它来发布长达 6 秒的短视频，并可添加一点文字说明，然后上传到网络进行分享。社交媒体平台 8th Bridge 调查了 800 家电子商务零售商，其中 38% 的商家会利用 Vine 短视频进行市场拓展。对于跨境电商，显然也应该抓住这样的一个免费平台，即可以通过 Vine 进行 360° 全视角展示产品，或利用延时拍摄展示同一类别的多款产品，也可以利用 Vine 来发布一些有用信息并借此传播品牌。例如，卖领带的商家可以发布一个打领带教学视频，同时在视频中植入品牌。类似的应用还有 MixBit，Instagram。

5. Pinterest

Pinterest 是全球最大的图片分享网站，其网站拥有超过 300 亿张图片。图片非常适合跨境电商网站的营销，因为电商很多时候就是依靠精美的产品图片来吸引消费者。卖家可以建立自己的品牌主页，上传自家产品图片，并与他人互动分享。品牌广告主可以利用图片的方式，推广相关产品和服务，用户可以直接点击该图片进行购买。Pinterest 通过收集用户个人信息，建立偏好数据库，以帮助广告主进行精准营销。因此，除了建立品牌主页外，跨境电商网站还可以购买 Pinterest 的广告进行营销推广。与 Pinterest 类似的网站还有 Snapchat、Instagram 及 Flickr 等。

6. Google+

Google+ 是一个 SNS 社交网站，可以通过 Google 账户登录，和不同兴趣的好友分享好玩的东西。它能够对个性化搜索起到很大的影响作用。设置个人 Google+ 页面时，需注意：为你的社交媒体形象赋予特定的身份，各种设置要符合身份设定，要与其他社交资料相链接，还有基础元素，如名称、简介、联系电话等的设置；关联公司的社交媒体链接；品牌词要有足够的曝光。

## （十一）跨境 O2O 引流

跨境 O2O 引流是把线下的有效流量引到线上。O2O 引流能够通过线上的营销和顾客建立长期的联系。跨境 O2O 分为两大类：以出口为主的 B2B 跨境 O2O 和 B2C 跨境 O2O( 分为跨境电商进口 O2O 和跨境电商出口 O2O)。

目前广交会电商平台是 B2B 跨境 O2O 的佼佼者，其实质是 "互联网 + 世界第一大展"。广交会电商利用其 50 多年积累下来的 600 多万采购商，利用互联网突破每两年召开一次的看样品展示大会，可以 365 天全年展示商品。

B2C 跨境 O2O 模式主要有：

（1）线上下单、机场提货。该模式面向的消费群体主要是出国旅游的购物者。只要旅行者看中了海外的免税商品，就可以在相关跨境电商网上平台下单，离境前在机场自提。这类平台有天猫国际 O2O、韩国乐天网上免税店、新罗网上免税店、携程旅行网 O2O、中免网 O2O 等。

（2）前店后仓（保税仓库）。这种模式既展示商品又方便购物。设立跨境电商 O2O 前店后库，通过在一些区域设立保税仓库，并和电子商务、海关、国税外管、物流、快递等相结合，整个购物过程可以在 10 分钟以内完成。商店可以展示最新进口产品，仓库可以库存商品。该模式有很多实施者，如美市库、海捣网。

（3）在闹市区开体验店，线下展示、线上购买。此类跨境 O2O 的佼佼者有银泰 Choice 西选、洋码头、美悦优选、聚美优品、步步高。

（4）与线下实体商家合作，互利共赢，利用线下实体商家品牌的影响力、客流量，互利共赢。此类跨境 O2O 的巨头有蜜芽宝贝。

（5）线下体验店 + 休闲娱乐，打造小商圈。此模式的践行者是洋立方，其将海淘、购物、咖啡屋、培训等服务项目融为一体。

（6）成立"跨境购 O2O 投资管理联盟公司"平台。"跨境购 O2O 投资管理联盟公司"平台的上游是海外供应商、保税商、保税区商贸企业、电商，下游则是体验店、客户营销渠道、社会、公司、家庭等，公司股东将由商贸企业、电商、物流通关、投资人等组成，跨境 O2O 公司作为经营人具体负责项目的执行。

（7）线下体验、线上下单，直接提货。

### （十二）网红引流

网红和直播可算是近段时期互联网上最火爆的两个名词，"直播 + 电商"的模式的确给跨境电商的发展注入了活力，这算是一种较新的营销变现模式。这种崭新的引流模式为跨境电商的企业或者平台引进了大量的粉丝，带来了极高的粉丝转化率。

1. 如何持续保持高流量

对于跨境电商平台而言，直播本身的在线人数就意味着流量，和更加成熟的平台合作、与更具知名度的网红合作都或将成为更加主流的方式，同时直播的内容也需要加以斟酌和推敲，要能打动用户，从而刺激更多的用户参与其中。

2. 如何实现高效转化，并带来高销量

直播是在做娱乐，但是"直播 + 电商"最重要的目的还是解决生意问题。无论是何种营销方式，跨境电商的目的不外乎：增加品牌美誉度，同时带来销量。当然，增加品牌的美誉度和曝光度会刺激销售。所以，作为一种新兴的模式，直播同样需要考虑如何为平台方带来销量，这是最主要的。从目前来看，"直播 + 电商"的模式带来了一定的曝光，这也意味着平台方的品牌知名度和美誉度或许有了一定程度的提升。所以在直播过程中，跨境电商平台更需要引起用户对商品的了解、兴趣，最后购买、下单。作为一个新的尝试，这算是给跨境电商带来了一些动力，不过接下来的很长一段时间，平台方仍需着力解决高转化、高销量的问题，包括深入定制到内容层面、增加更多的互动成分等都是可以尝试的方式。

## 二、如何提高转化率

转化率是衡量企业说服访问者进行预想购买结果的表现，是任何一家电子商务公司在做出努力后希望得到的结果。它所反映的是营销的效果和客户满意度。转化率偏向市场化数据指标，是一个比较复杂的数据类型。产品展示的专业程度、商城的可信任程度、购物流畅程度、支付安全性等都会影响到平台或者店铺的转化率。如果商城流量过高、转化率过低，可能是用户体验出现了问题。下面介绍了几种有效提高转化率的途径。

1. 优化页面内容

在网站页面内容上，要考虑页面的内容是否是有用的信息，能否增加用户的停留时间，页面内容要有直观的视觉感，可以考虑放一些视频和图片结合文字，图文并茂，能让客户清晰地了解到页面内容是否对自己有用。还要注意图片要清晰，颜色的搭配和字体的设置要合理，文字内容要段落分明，句子简洁明了。页面的布局要合理，要把用户想了解的内容放到首页。

2. 提高网站速度

速度是影响用户打开网站的一个很重要的因素，因此如果企业自建网站一定要保证网页打开的速度。要提升网站的速度，需要注意尽量减少无用的 http 请求、注意服务器的反应速度、调整好图片大小、加强服务器缓存、减少冗杂代码。

3. 提升用户体验

让用户在极短的时间内获得自己想要的信息内容是最好的用户体验，良好引导客户的同时要和用户做好互动。独立电商的一个好处是可以引导用户注册成为网站会员。获取用户邮箱后，企业可以向目标群体定期发送短信、邮件，提醒他们平台的促销信息与优惠活动。双方可以通过邮件营销建立长期、紧密的互动。有互动，用户就可以持续被转化。另外，企业如果拥有自己的平台，要给用户提供合适并且安全的支付方式，有客服可以及时服务顾客。售后的作用也至关重要，周到的售后处理是提升用户体验进而提高转化率的关键。

4. 注重内容营销

很多跨境电商企业仅仅依靠产品页面来推动 SEO，却忽视了人们对新奇产品和内容的追求。但是产品页面只能添加一些生动的产品描述，没有机会传递打动消费者的深度故事。内容营销通过创造、发表以及推广内容，比如用文章和视频来讲故事，通过故事传递好的商品，来达到吸引、互动和保留客户的目的。这些故事可以让消费者在第三方平台、网站上多停留一会儿,并把他们引导到自己的网站,促使他们跟朋友进行分享。做好内容要制定一个推文计划,提供好的内容和有用的促销折扣信息,还要检测营销效果,看哪种内容对销量提升最有效。

## 三、如何提升复购率

提升复购率主要针对老顾客,使其进入平台或者店铺反复购买商品。每个老顾客背后对应的不仅仅是个人,还是一个圈子。老顾客就相当于免费的广告,口碑可以带来新顾客。EDM 邮件营销是性价比最高的提升用户复购率的引流方式。

### 1. 建立深入的互动

企业应该引导用户注册成为网站会员。获取用户的邮箱后,双方可以通过邮件营销建立长期、紧密的互动。有互动,用户就可能被持续转化。

### 2. 给会员建立档案

跨境电商主要的邮件营销类型有两种:系统邮件和营销邮件。用户初次访问网站后收到的欢迎邮件和阐述会员权利的邮件,添加购物车没有下单而在 1 ~ 2 天内收到的提示邮件,都是属于系统邮件,由邮件营销平台自动触发,在用户购物过程中进行积极引导,促进当下的转化。另一类是营销邮件,是指结合电商网站的活动、大促,进行邮件营销内容的策划、包装,锁定目标用户展开周期性的多轮攻势和转化。发送内容要与用户有高关联性,多频次推送不重复内容,转化率才会有保障。从策划的角度来说,电商公司的营销人员应具备专业水平,能设计出好的邮件创意和内容。电商公司只有给用户建立偏好档案,才能推送高关联度的内容。由于用户数量庞大,给会员建档、打标签,是电商网站最头疼的问题之一,但只有这样做才能进行精准营销,提升转化率。

### 3. 注重本土化营销

跨境电商无论做哪个国家的市场,本土化营销是逃不开的。当地用户偏好什么样的视觉效果,邮件内容应该如何编排,什么时间给用户发送邮件才更受用户欢迎,当地有哪些节日可以结合做营销等,这些都需要因地制宜去制定。关注用户,关注内容,更需关注"通道"。配备优质通道,才能保证邮件快发和高送达率。熟悉当地邮件运营商制定的规则和政策,才能保证 IP 顺利运行,否则一旦被封,连邮件都发不出去。

## 四、如何提升投资回报率

很多跨境电商企业已经开始选择投放线上广告,但是并不是所有企业都意识到广告的 ROI

的重要性。通过分析数据聪明地投放广告，能够大大降低企业成本，提高运营效率。那么有哪些方法可以有效提高投资回报率呢？

**1. 不断添加否定关键词**

向广告添加 Negative Keywords（否定关键词），意味着当人们搜索该词条时，广告不会展示出来。设置否定关键词，能帮助广告商滤除不必要的展示次数，从而吸引最合适的潜在客户，降低每次点击成本（CPC），提高投资回报率（ROI）。一些宣称 ROI 高的广告商，往往会花时间在广告词（AdWords）账户中添加大量否定关键词。

**2. 利用广告拓展功能**

Ad Extensions（广告拓展）就像是一次免费的午餐，只需小小的努力就能极大提高广告效果，获得更高的点击率和转化率。扩展功能可以添加各种附加广告信息（比如网站链接、电话号码、评价信息等），还会给搜索者带来额外的转化路径。

WordStream（跨境电商关键词分析工具）分析了 450 个高支出广告词（AdWords）账户，发现他们平均使用的 Ad Extensions 比 17587 个低支出 AdWords 账户高出 4361%。高支出广告商在近一半（48%）的广告上都激活了扩展功能，而低支出广告商则只给 17% 的广告使用扩展功能。这意味着 83% 的广告还有巨大的挖掘空间。

**3. 采用更多登录页面**

完美的 AdWords 账户包含深入研究的关键字、广告扩展、很具说服力的广告文案、转化追踪措施等，但是如果把所有的流量都发送到一个通用的登录页面，那就没有任何意义了。应登录多种页面，并根据广告信息设置个性化登录页面。潜在客户对迎合他们的登录页面会做出更好的回应。

**4. 追踪转化率**

100% 的高支出广告商每月都会花费至少 5 万美元追踪广告转化率。转化追踪是衡量 ROI 的重要一环。即使广告有 80% 的点击率，如果不追踪转化率，则无法知道广告投资回报率如何。

## 本章小结 《《

流量是跨境电商生存的根本，要想真正控制流量，离不开数据分析，数据分析对于跨境电商企业的营销与引流十分重要。分析运营、客户、营销三类比较重要的数据类型，对于跨境电商企业设置引流策略至关重要。在跨境电商企业对各类数据进行分析的基础上，应在如何提高访问量、转化率、复购率及投资回报率四个方面采取具体的措施。

## 名词解释 **《**

1. 跳出率（Bounce Rate）：也被称为蹦失率，为浏览单页即退出的次数／该页访问次数，跳出率只能衡量该页作为着陆页面（LandingPage）的访问。

2. 访客到下单转化率：即电商网站下单的次数与访问该网站的次数之比。

3. 客单价：是指每一个客户平均购买商品的金额，也即是平均交易金额，即成交金额与成交用户数的比值。

4. 邮件营销（Email Marketing）：是在用户事先许可的前提下，通过电子邮件的方式向目标用户传递有价值信息的一种网络营销手段。Email 营销有三个基本因素：用户许可、电子邮件传递信息、信息对用户有价值。三个因素缺少一个，都不能称之为有效的邮件营销。

5. SNS 营销：SNS，全称 Social Networking Services，即社会性网络服务，专指旨在帮助人们建立社会性网络的互联网应用服务。SNS 营销指的是利用这些社交网络进行建立产品和品牌的群组、举行活动、利用 SNS 分享的特点进行病毒营销之类的营销活动。

6. 内容营销：指的是以图片、文字、动画等介质传达有关企业的相关内容来给客户信息，促进销售，就是通过合理的内容创建、发布及传播，向用户传递有价值的信息，从而实现网络营销的目的。

7. 复购率：指消费者对该品牌产品或者服务的重复购买次数，重复购买率越多，则反映出消费者对品牌的忠诚度就越高，反之则越低。

8. 投资回报率（ROI）：是指通过投资而应返回的价值，即企业从一项投资活动中得到的经济回报。

## 课后思考题 **《**

1. 阐述跨境电商企业重视数据和数据分析的原因。

2. 试分析跨境电商企业运营的目标以及实现这些目标的途径。

# 第 十 二 章
# 跨境电商仓储模式

## 本章概要 《《

　　本章主要介绍跨境电商进出口的仓储模式。第一节介绍出口仓储模式，主要是边境仓和海外仓。第二节介绍以综合保税物流为代表的进口仓储模式，主要对综合保税物流的含义、优缺点以及保税仓库的业务流程、运作模式、使用注意事项等进行分析。

## 学习目标 《《

　　了解进口仓储模式和出口仓储模式的差异；掌握边境仓和海外仓的概念及适用背景；理解综合保税物流的含义、优缺点；熟悉综合保税物流具体的业务流程。

　　物流问题一直是跨境电商企业必须重视的核心问题。随着跨境电商的迅速崛起和发展，消费者对跨境电商物流水平的要求不断提升，节约物流成本、提高物流效率是跨境电商企业在激烈竞争中的制胜关键。经营跨境电子商务必然涉及进口和出口两个方面。什么环节适用哪种物流方式、如何运用该种物流方式等是每个跨境电商企业必须仔细审视的问题。因此，有必要从理论和实践上探讨跨境电商的出口仓储模式、进口仓储模式的内涵、各自的优缺点、使用方法和注意事项等相关问题。

## 第一节　出口仓储模式

现阶段跨境电商常用的出口仓储模式分为边境仓和海外仓两种。

### 一、边境仓

#### 1. 边境仓的含义

边境仓，是建在边境附近的仓库，依托边境口岸和跨境物流通道，针对跨境电商建立的具有多种服务功能的仓储配送系统，是跨境电商物流的升级版。边境仓可以提供包括产品的收货、分拣、质检、打码、仓储、发运等一系列服务，同时还提供多种增值服务：产品称重、产品拍照、包裹拍照、定制化包装等。将货物提前发往边境仓，能缩短在国内运输的时间，但货物实际上是从国内通过邮政小包发到海外。

对于卖家来说，边境仓可以降低仓储与物流成本。卖家可以把商品全部放到边境仓中，通过系统与边境仓对接，平台前端产生订单后，将信息推送到边境仓系统，由边境仓工作人员进行货物分拣、下架、打包、发运，减少了卖家手工操作的差错率，同时节省了商品在国内配送的时间，减少物流配送周期的波动，避免大促期间国内物流爆仓对物流配送的影响。对于买家来说，采取边境仓模式，配送时间缩减，买家将获得更好的用户体验。这种模式比较适用于参与双方所在地是相邻的两个国家、有着共同的陆路边境的情况。

下面用图解的方式（见图 12-1）更直观地表示这种模式。

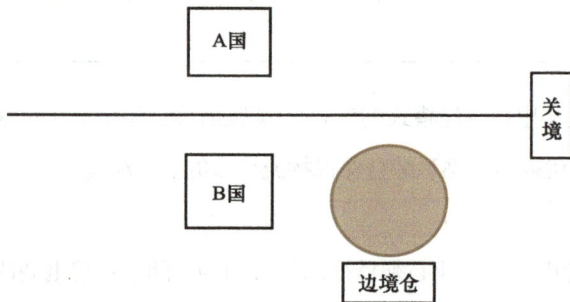

图 12-1　边境仓

如图 12-1 所示假设 B 国的跨境电商企业想将货物发往 A 国，A 国与 B 国接壤，有着共同的边境及关境，B 国的跨境电商企业可以先把货发往位于边境附近的边境仓，然后在交易订单达成时通知边境仓将货物发往 A 国，这样就节省了在国内运输的时间，提高了物流效率。

2. 适用边境仓的产品

既然边境仓在缩减运营成本及提高客户体验方面有很大的帮助，那么企业又该如何合理使用边境仓呢？什么样的产品更适合利用边境仓出货呢？一般来说，存放在边境仓的商品多数是一些热销、爆款或者是当下流行的服装等市场需求比较强且稳定的产品。由于通过边境仓可以监控库存的实时变动，可以第一时间进行商品的补给，随时掌握库存现状，避免不必要缺货带来的损失，所以边境仓适用于那种就算遇到滞销也能通过平台的一些营销活动处理掉，从而避免不必要的物流成本支出的产品。

3. 使用边境仓的建议

企业在选择存放边境仓的商品方面，初期还是应抱着求稳心态先选择一些销路尚稳的货物。

等到摸索出当下流行趋势和市场变化趋势，或者是了解了企业在东道国市场适销对路的商品时，再进行多品类货品存放。

## 二、海外仓

### （一）海外仓的含义

海外仓是从事出口跨境电子商务的企业在国外自建或者租用仓库，将货物批量发送至国外仓库，由网络外贸交易平台、物流服务商独立或共同为卖家在销售目标地提供货品仓储、分拣、包装、派送等一站式控制与管理服务，实现国外销售、配送的跨国物流形式。海外仓的本质就是将跨境贸易实现本地化，提升消费者购物体验，从而提高跨境卖家在出口目的地市场的本地竞争力。

### （二）使用海外仓的原因

#### 1. 提升客户体验

随着跨境电商的发展，消费者对便利、快捷的海外仓储物流的需求逐年攀升。海外仓的直接本地发货大大缩短了配送时间，并且使用本地物流一般都能在线查询货物配送状态，实现全程跟踪。此外，海外仓中各类商品存货量充足，能轻松实现退换货。综上，海外仓给消费者带来更好的购物体验，促使更多的消费者实现二次购买，从而提升销售额。

下面用一个例子来说明海外仓在提升客户体验方面的作用。

eBay 在 2009 年 11 月～2010 年 1 月对 21 位参加英国仓储服务试验的中国卖家进行了调研，结果显示使用海外仓的卖家在浏览量、售价、售出量、销售总额以及成交率等方面均有大幅提升，见表 12-1。

表 12-1　使用海外仓提升客户体验

| 指标 | 物品所在地为中国（非海外仓） | 物品所在地为英国（海外仓） | 整体提高百分比 |
| --- | --- | --- | --- |
| 平均浏览量 | 23 | 51 | 121.74% |
| 平均物品售出价格 / 美元 | 30.8 | 92.1 | 199.03% |
| 平均售出量 / 件 | 1.41 | 1.85 | 31.21% |
| 平均销售总额 / 美元 | 43.5 | 170.4 | 291.72% |
| 成交率 | 39.5% | 44% | 11.39% |

#### 2. 降低物流成本

对中国的跨境电商行业来说，控制物流成本是能否在跨境电商中脱颖而出的关键。从海外仓发货，物流成本远远低于从中国境内发货。例如，在中国发 DHL 到美国，1kg 货物要 124 元人民币，在美国发货只需 5.05 美元。从海外仓发货，可以节省报关清关所用的时间，并且按照卖家平时的发货方式（DHL 5 ～ 7 天，FeDex 7 ～ 10 天，UPS 10 天以上），若是在当地发货，客户就可以在 1 ～ 3 天收到货，大大缩短了运输时间，加快了物流的时效性。

邮政大小包和国际专线物流对运输物品的重量、体积以及价值有一定限制，导致很多大件物品和贵重物品都只能通过国际快递运送。海外仓的出现，不仅突破了物品重量、体积、价值的限制，而且其费用比国际快递要便宜。

以某山地自行车为例，其尺寸为 140cm×70cm×10cm，重量为 14kg。由于体积（长度和周长）的限制，其无法通过邮政渠道和专线物流进行派送，只能走国际快递和海外仓。此处引用万邑通（Winit）公司的计算，费用对比见图 12-2。

图 12-2　物流成本对比

注：资料来源为 Winit 官网。货品目的国为澳大利亚。

### （三）海外仓使用流程及操作指南

卖家根据对市场的预测备货，然后将这些货物交给服务商。接着服务商通过海运、空运或者快递的方式，将卖家的货物运送到服务商在各国的仓库。当海外买家在客户的网站、平台网店或者其他渠道购物后，卖家可以在服务商物流管理系统下单，填写需要配送的商品、买家的联系信息和选择本地配送方式。然后服务商根据卖家的订单要求对卖家存储在服务商海外仓库的商品进行海外本地配送，最后送至海外买家手中。

具体操作指南为：

（1）入库：客户注册账号 → 确认并开通账号 → 建立产品信息 → 打印产品标签，贴在每个产品上建立入库单 → 按照装箱单装箱并将装箱单贴于箱子外包装 → 预约上门收货 → 发货到海外仓库 → 产品上架。

（2）库存管理：卖家与服务商业务系统实现 API（Application Programming Interface，应用程序编程接口）对接，科学管理库存产品信息，设置发货方式，自动抓取订单信息。

（3）出库：买家下单 → 卖家在服务商业务系统建立出库订单 → 服务商系统接收订单 → 海外仓库打印地址标签 → 从货架拣选产品 → 将地址标签贴上相应产品 → 交给当地物流商 → 货物派

送到买家手里。整个过程见图 12-3。

```
注册登录 → 建立产品信息 → 建立入库订单 → 货物处理&装箱 → 交货至CKI⊖ → CKI发货 → 入库上架
```

图 12-3　出库流程

### （四）海外仓的服务类型

在传统的跨国商品运输流程中，海外仓主要发挥代收和发运两大仓库传统功能。随着国际贸易进程的深入，其功能不断丰富。

#### 1. 代收货款功能

由于跨国交易存在较大的风险，因此为解决交易风险和资金结算不便、不及时的难题，在合同规定的时限和佣金费率下，海外仓在收到货物的同时，可以提供代收货款增值服务。

#### 2. 拆包拼装功能

对一般国际 B2C 跨国电子商务模式而言，订单数量相对较小、订单金额相对较低，频率较高，具有长距离、小批量、多批次的特点，因此为实现运输规模效应，可对零担货物实行整箱拼装业务运输。货物到达海外仓之后，由仓库将整箱货物进行拆箱，同时根据客户订单要求，为地域环境集中的用户提供拼装业务，进行整车运输或配送。对于类别比较单一、单品销售量比较大的产品，也就是一些热销产品，库存周期较短，使用海外仓比较划算。

#### 3. 保税功能

当海外仓经海关批准成为保税仓库时，其功能和用途范围更为广泛，可简化海关通关流程和相关手续。同时，在保税仓库可以进行转口贸易，以海外仓所在地为第三国（地区），连接卖方国家（地区）和买方国家（地区），能够有效躲避贸易制裁。在保税海外仓内，还可以进行简单加工、刷唛等相应增值服务，能有效丰富仓库功能，提升竞争力。

#### 4. 运输资源整合功能

由于国际贸易 B2C 订单数量相对较小、频率较高，因此，为了对国内仓库的上游供应商资源和国外仓库下游的客户资源进行更好的整合，满足物流高时效的配送要求，可以分别将国内仓库作为共同配送的终点、海外仓作为共同配送的起点，实现对运输资源的有效整合，获得运输的规模效应，降低配送成本。一般难以实现规模运输的产品，通过海外仓服务一方面可以实

---

⊖　出口易（CKI），以海外仓储为核心，为跨境电子商务提供全程物流解决方案的服务商。

现集中运输，有效减少运输成本；另一方面，在海外通过共同配送，可以更好地搭建逆向物流的运输平台，提高逆向物流货品的集货能力，降低成本费用。因为，一旦逆向物流产生阻滞，跨境电商将面临高额的返程费用和关税征收，而海外仓储的建立可以在提高逆向物流速度的同时，提升客户满意度和客户价值。

### （五）海外仓的收费标准

想要利用海外仓实现控制物流成本的目的，首先必须明确海外仓的收费标准。一般海外仓费用组成如下：

海外仓费用 = 头程物流费 + 清关及税费 + 仓储及处理费 + 本地配送费用

其中，头程费用是货物从中国到海外仓库产生的运费；仓储及处理费是客户货物存储在海外仓库和处理当地配送时产生的费用；本地配送费用是指在英国、美国、澳大利亚和其他欧洲国家对客户商品进行配送产生的本地快递费用。

以一个海外仓综合服务公司美国仓为例。其收费标准具体如下：

头程费用：均价 30RMB/kg( 原因：因其收海外仓的货物都是发到公司仓库，所以他们提供拼箱服务 )。

仓储费用：①订单处理费：0.8USD/ 单；② USPS <sup>⊖</sup> 发货费见表 12-2；③仓储费见表 12-3。

#### 表 12-2　USPS 发货费

| 重量 /oz | 参考公制重量 /g | 标准线路，美元计价，2 ~ 5 天送到 |
| --- | --- | --- |
| 1 | 28 | 2.09 |
| 2 | 56 | 2.09 |
| 3 | 84 | 2.09 |
| 4 | 112 | 2.17 |
| 5 | 140 | 2.24 |
| 6 | 168 | 2.4 |
| 7 | 196 | 2.57 |
| 8 | 224 | 2.73 |
| 9 | 252 | 2.9 |
| 10 | 280 | 3.07 |
| 11 | 308 | 3.24 |
| 12 | 336 | 3.42 |
| 13 | 364 | 3.6 |

---

⊖　USPS（United States Postal Service，美国邮政总局）提供统一费用的盒子和信封，可以帮助电商降低运输成本，同时改善购物者的购物体验。

表 12-3　仓储费用

| 单件产品体积 /m³ | 仓储费（USD/ 日） | 计算单位 |
|---|---|---|
| ≤ 0.001（含 0.001） | 0.006 | 件 |
| 0.001 ~ 0.02（含 0.02） | 0.01 | 件 |
| > 0.02 | 0.6 | m³ |

说明：1. 系统每天自动计算剩余库存所占的体积，自动扣费。

2. 新注册用户将免 1 年仓租费用。

举例：以 100 个 CPU 为例，大约为 5kg 发到海外仓，然后出了一份两个 CPU 的订单。头程费用：1.5RMB。仓储费用（假设存储了 7 天）：0.8USD+2.17USD+0.65USD+0.006×2×7USD=3.7USD=23.33RMB。合计：24.83RMB。

目前市面上海运头程海外仓存在较多"发一送二"的促销活动，大部分海外仓头一个月的仓租费是免收的，即从海外仓收到客户货件开始 30 天内，货件的仓储费用全免。零仓租是不可能的，但可做到无限降低仓租。零仓租不是要客户保守发货，保守发货容易造成断货现象，需要客户按自身免仓租时间内的销售数量和头程发货周期计算后稳定发货。

### （六）使用海外仓的注意事项

1. 海外仓库存问题

第一批产品运到海外仓后就可以开始销售。一段时间后，分析出某个 SKU⊖ 在过去一个月或者三个月的销售情况以及走势，再根据预测进行补货。卖家如果发现货物卖得很好，就需要提前准备往海外仓发货。一般情况下，需要设一个库存预警值，卖家可以基于销售情况做库存分析及周期分析。

例如，一个 SKU 平均每天销售出去 10 件，从客户下单（出库）到确认收货需要 5 天，若利用空运补货，从采购到入库要 7 天，这样一个周期就是 12 天，也就是当产品库存剩下 120 件时，卖家就要开始采购订单了。卖家也可以在其后台系统设置最低库存的警报，系统显示 SKU 为红色时，卖家就该去采购。

对库存的管理有如下两种选择：

（1）利用 EOQ 模型自己控制库存。利用 EOQ 模型，通过平衡采购进货成本和保管仓储成本，得出一个总库存成本最低的最佳订货量。在 EOQ 模型中，对涉及的变量做如下定义：①普通产品多次订货，需求恒定，单位时间内需求为 $D$ 件。②每次订货 $Q$ 件。③补货周期 $T$ 天，提前期为 0 天。④每次订货发生固定成本 $K$。⑤库存持有成本 $h$（单位产品单位时间）。⑥不允许缺货。⑦计划期无限长。则

$$订货周期\ T = \frac{订货量}{需求} = \frac{Q}{D}$$

---

⊖ SKU是指一款商品，每款都有一个SKU，便于电商品牌识别商品。

单位时间平均成本 = 单位时间平均订货成本 + 单位时间平均库存成本

$$= \frac{K}{T} + h \cdot \frac{Q}{2} = K \cdot \frac{D}{Q} + h \cdot \frac{Q}{2} = K$$

最优解

$$Q^* = \sqrt{\frac{2KD}{h}}$$

此最优解平衡了订货成本和库存成本。然后利用周期盘存制度下的 $(S, s)$ 策略，确定一个库存预警值 $s$，当库存状态下降到 $s$ 或以下时，订货使库存状态回到 $S$。相关设定为：①需求服从正态分布 $N(\mathrm{AVG}, \mathrm{STD})$。②订货固定成本 $K$。③单位库存每天持有成本 $h$。④订货提前期 $L$。⑤断货时订单丢失。⑥服务水平 $a$。则

基本库存水平：

$$\frac{r}{2} \cdot \mathrm{AVG} + z \cdot \mathrm{STD} \cdot \sqrt{r+L}$$

安全库存：

$$z \cdot \mathrm{STD} \cdot \sqrt{r+L}$$

平均库存水平：

$$\frac{r}{2} \cdot \mathrm{AVG} + z \cdot \mathrm{STD} \cdot \sqrt{r+L}$$

（2）选择第三方海外仓公司的仓储外包服务。现在有许多第三方海外仓公司提供现代化的仓储外包服务。有些系统可以集采购管理、仓储管理、订单管理、库存管理、物流配送管理于一体，由它完成入库质检、货物上架、库存管理、接收订单、订单分拣、订单复核、多渠道发货等所有物流环节的操作。所以电子商务卖家可以根据需要选择自己计算或者外包给第三方来控制库存。

**2. 海外仓货物周转**

由于海外仓的操作是需要卖家事先将货物批量运至海外仓库里，然后等买家下订单，卖家提交订单，再从仓库发货配送，因此海外仓的产品容易滞销。如果部分产品滞销或者周转期太长，会导致成本上升（租赁费用等）。因此，企业应该掌握货物的周转率，避免压货，因为压货不仅会产生大量的库存成本，而且现在大多海外仓的做法是压货到第三个月后会做清货处理。

**3. 海外仓的税收问题**

海外仓是不是保税海外仓、什么环节交税、税费是多少、包含哪些项目、由谁来交税，这些都是需要注意的问题。例如俄罗斯海关，消费税不是由消费者承担的，海关要预收增值税

18%，再加上正常关税。一入境的税务成本可能已经超过 30%。每个国家的关税、海关操作费用不同，对海外仓的政策不同，所以海外仓的税收就不同。如果遇到海关操作费用高的国家，不大可能实现海外仓每次少量补货和快速补货，只能以大批量补货来分摊成本，海外仓的优势可能就不那么明显。

此外，欧洲的 VAT 增值税问题也不容忽视。欧洲委员会最近发布公告，中国大量的包裹通过低价申报以豁免增值税，导致成员国财政损失惨重。这一公告致使英国政府反应强烈，当即加大监管措施力度，要求全球电商巨头亚马逊和 eBay 做相关配合，规定亚马逊英国站卖家必须在后台提交 VAT 税号，否则将不排除封号风险。据介绍，目前亚马逊在欧洲共有 5 个国家站点，包括英国、德国、西班牙、法国和意大利，各个站点的 VAT 税点分别是 20%、19%、21%、20% 和 22%。

VAT 是增值税 (Value Added Tax) 的简称，它适用于在英国境内产生的进口、商业交易以及服务行为。VAT 增值税适用于那些使用海外仓储的卖家们，因为他们的产品是从英国境内发货并完成交易的。因此，此次 VAT 增值税主要针对海外仓卖家。VAT 销售增值税和进口税是两个独立缴纳的税项，在商品进口到英国海外仓时要缴纳商品的进口税，但在商品销售时产生的销售增值税 VAT 也需要缴纳。如果使用英国本地仓储进行发货，就属于英国的 VAT 增值税应缴范畴。卖家需缴纳的实际 VAT 等于销售税 VAT 减去进口增值税（Import Vat）。所以如果是在英国等对 VAT 有明确规定的国家使用海外仓，就应该尽早找到解决方案注册 VAT 号码并申报和缴纳税款，这样才可以合法地使用英国本地仓储发货和销售。

各国关税的计算和注意事项见表 12-4。

表 12-4　各国关税的计算和注意事项

| 国家 / 地区 | 税则 |
| --- | --- |
| 英国 | 起征点：15 英镑<br>综合关税：VAT（增值税）、Duty（关税）、ADV（清关杂费）<br>VAT（增值税）=[ 货值（向海关申报）+ 运费 + Duty]×20%；Duty（关税）= 货值 × 产品税率 |
| 德国 | 起征点：22 欧元<br>综合关税：VAT（增值税）、Duty（关税）、ADV（清关杂费）<br>VAT（增值税）=[ 货值 + 运费（欧盟境内到目的地）+ Duty]×19% |
| 美国 | 起征点：200 美元<br>综合关税 =Duty（关税）+ ADV（清关杂费）<br>Duty（关税）= 货值 × 产品税率 |
| 澳大利亚 | 起征点：1000 澳元<br>综合关税：Duty（关税）、GST（消费税）、ADV（清关杂费）<br>Duty（关税）= 货值 × 产品税率，GST（消费税）=[VAT 货值（向海关申报）+ 运费 + Duty + 保险 ]×10% |

4. 不同国家清关方式不同

针对大型跨境电商贸易，中国向来都以"一份订单对应一张报关单"的业务方式来操作，跨境电商只能以个人方式进行跨境业务的结汇。包裹主要通过各个国家和地区的邮政物流寄出，每寄一次就要报关一次，物流、申报、办理退税等成本较高。中国海关新增跨境电子商务监管代码"9610"，适用于个人或电子商务企业通过电子商务交易平台实现交易，并采用"清单核放、汇总申报"模式办理电子商务零售进出口商品的通关手续，但通过海关特殊监管区域或保税监管场所一线的电子商务零售进出口商品除外。

中国以往的一般贸易大批量入境，要征收关税、消费税、增值税，且税率很高，而跨境电商网购保税进口征收的行邮税则低得多。（行邮税是行李和邮递物品进口税的简称，是海关对入境旅客行李物品和个人邮递物品征收的进口税）在中国，行邮清关已经成了跨境电商、海淘的主要清关模式。行邮清关需要提供收件人的身份证照片（如果和公安系统对接，则只需要提供身份证号）。行邮清关的手续简单，清关速度快，税率低，一般贸易的综合关税将近40%，而行邮税只有10%。所以，了解海外仓所在国家的清关方式有利于降低清关成本，提高清关效率。

5. 小包分散

在境内关外的海外仓可以利用免征金额，将货物分割成小包发往海外仓所在地市场，充分利用免征额度。

各国免税金额见表 12-5。

表 12-5　各国免税金额

| 国家 | 起征点 | 单位 |
| --- | --- | --- |
| 美国 | 200 | 美元 |
| 加拿大 | 20 | 加元 |
| 英国 | 15 | 英镑 |
| 澳大利亚和新西兰 | 1000 | 澳元 |
| 日本 | 130 | 美元 |
| 西班牙 | 30 | 美元 |

6. 衡量仓储费和税费

上文已经提到过，利用 EOQ 模型或者选择第三方管理软件，通过平衡采购进货成本和保管仓储成本，可得出一个总库存成本最低的最佳订货量。既要保证不缺货，也要注意不积压太多货物产生大量仓储费用，还要知道多长时间开始补货以及每次补多少，因为涉及进出口的税费问题。最佳的方案应该既能保证补货，又能尽量利用政策降低成本。

## 第二节  进口仓储模式

进口仓储模式主要以综合保税物流为代表。本节将对综合保税物流的含义、优缺点、保税仓库业务流程运作模式以及使用注意事项等进行分析。

### 一、综合保税物流的含义

综合保税物流，又称保税备货模式。保税是指经海关批准的境内企业所进口的货物，在境内指定的场所储存、加工、装配，并暂缓缴纳各种进口税费的海关监管制度。综合保税物流包含以下内容：

（1）保税仓库。保税仓库是保税物流模式的核心，是指专门存放经海关核准的保税货物的仓库，暂存之后复运出口的货物和经过海关批准办纳税手续进境的货物。

（2）出口监管仓库。出口监管仓库是指对已办结海关出口手续的货物进行存储、保税物流配送、提供流通性增值的海关专用监管仓库。

（3）保税物流中心（A型）。保税物流中心（A型）既可存放出口货物又可存放进口货物，能够将运输、仓储、转口、简单加工、配送、检测、信息等方面有机结合，是辐射国内外的多功能、一体化综合性保税场所。

（4）保税物流中心（B型）。保税物流中心（B型）是指由多家保税物流企业在空间上集中布局的公共的，具有一定规模和综合物流功能的连接国内、国外两个市场的保税物流场所。海关对B型保税物流中心按照出口加工区监管模式实施区域化和网络化的封闭管理。

（5）狭义的保税区。狭义的保税区是经国务院批准设立的、海关实施特殊监管的经济区域，其功能定位为"保税仓储、出口加工、转口贸易"三大功能。

（6）保税物流园区。保税物流园区是指在保税区与港区之间划出的专门区域，专门发展仓储和物流产业，以达到吸引外资、推动区域经济发展、增强国际竞争力和扩大外贸出口的目的，它是目前我国法律框架下自由贸易区的初级形式。

（7）出口加工区。出口加工区是海关监管的特定区域，特别适合以出口为主的加工企业进入。可以进入出口加工区的企业有三类：一是出口加工企业，二是专为出口加工企业提供服务的仓储企业，三是经海关核准专门从事加工区内货物进、出的运输企业。

（8）保税港区。保税港区是发展保税物流层次最高、政策最优惠、功能最齐全、区位优势最明显的海关特殊监管区域，具备国际中转、国际配送、国际采购、国际转口贸易和出口(临港)加工等主要功能，享受保税物流园区相关政策和出口加工区入区退税政策。国外货物进港保税，国内货物进港退税，港区内货物自由流动。

## 二、综合保税物流的优缺点

跨境保税备货模式依托保税区的特殊优惠政策，以其交易速度更快、配送时间更短的强大优势，渐成跨境电商主流模式。其具体优势如下：①速度快。商品提前暂存保税区仓库，一旦消费者通过网络下单，货物便可直接从保税仓出货配送，省去货物在国际运输中的时间。②成本低。一方面，海外集中采购降低了进口商品的采购成本；另一方面，在进口环节可以享受相关税收优惠。③透明化。商品进口通关、检验检疫等诸多流程完全公开透明，便于消费者进行质量监督，利于维护自身权益。

但与此同时，跨境保税备货模式也存在着以下缺点：①因其为备货存货模式，加上目前各平台对市场把控不是很精确，因此进口货物量的把控一直是各平台很头疼的问题，进货多了担心造成囤积，进货少了担心造成爆仓。②因对产品数量有较大的要求，无法灵活地根据市场动态做出细节调整，对于新兴、量少的货物覆盖率较低。

## 三、综合保税物流的业务流程

综合保税物流中最主要的环节是保税仓库的进出库。保税仓库的业务流程主要分为进库和出库，下面详细说明。

### （一）保税货物入库流程

1. 直接报关进区的货物操作流程

1）保税货物进库前，货物所有权人应尽可能提前将预备进保税仓库的货物的发票和装箱单复印件或传真件交仓储部，以便仓储部经理安排仓位和相关资源。

2）货物进库时，有纸报关的，送货人须将经卡口海关工作人员确认的备案清单复印件交仓库管理员；无纸报关的，送货人须将经卡口海关工作人员确认的"放行通知书海关验放联""货主留存联"及此货物的发票和装箱单交仓库管理员。

3）货物抵库后，仓库管理员向送货人索要上述单证并核对货物的数量、唛头、和包装是否吻合，如发现货物数量、唛头有任何不符合，应立即上报仓储部经理并与客户联系，及时处理。如发现外包装破损，应及时联系客户，并在原地拍照取证。

4）货物验收完毕后，仓库管理员应将货物堆放整齐，及时填写入库理货记录，做好三级台账。将"入库理货记录"签字后连同单据移交给单证管理员，并将桩脚卡挂好。

5）单证管理员接到单据后，根据仓库管理员的"入库理货记录"，将数据录入海关仓储管理系统，做进库处理，将单据归档。无纸报关的，还须将"放行通知书海关验放联"交清关部或由客户向通关科交单。

2. 先进区再报关的货物操作流程

1）货物进库前，货物所有权人应尽可能提前将预备进保税仓库的货物的发票和装箱单复印件或传真件交仓储部，以便仓储部经理安排仓位和相关资源。

2）货物进库时，送货人在海关卡口需填写"非保税货物进区登记单"，详细填写入库货物的品名、数量、重量、金额及核销单号等，经卡口海关工作人员核对签字、盖章后带回。

3）货物抵达仓库后，仓库管理员凭送货人带回的已经卡口海关工作人员核对签字、盖章的"非保税货物进区登记单"收货（无此凭证时，仓库管理员有权拒收此货），核对无误后填写"入库理货记录"，连同进区登记单交单证管理员。

4）单证管理员接到"入库理货记录"和"非保税货物进区登记单"后，将"非保税货物进区登记单"和相关报关资料交指定的报关公司报关。

5）报关完毕，单证管理员在收到海关电子数据后，根据"入库理货记录"并比对海关电子数据，如数据一致的，在海关保税仓储系统中做入库处理，如不一致，须在查明原因后再处理，否则不做入库处理。入库后单证管理员须打印"进库清单"，传真"进库清单"给客户后与正本进境备案清单一体归档。

6）仓库管理员将桩脚卡挂好，填写入库台账。

**（二）保税货物出库流程**

1）据客户传来数据录入海关仓库管理系统生成"出库提货单"，交客户或报关员报关。

2）报关完毕后，将提货单及报关单原件等交回仓储部，单证管理员将报关单号输入海关保税仓储系统后，发送电子数据给海关，并接收海关电子放行通知。

3）接客户货物出库指令后，仓储部经理按此指令发出"出库通知"，将出库通知交仓库管理员，由仓库管理员按"出库通知"要求，组织叉车驾驶员和仓库出货人员，将待发货物挑选出来并摆放在待发区或装上指定承运工具。

4）货物装上指定承运工具，收货人对货物数量及包装情况签署意见，仓库管理员将收货人证件复印件、客户货物出库指令、仓储部经理的"出库通知"和收货人收货意见表一起交单证管理员。单证管理员根据上述资料，将出库数据录入海关保税仓储系统，并生成实际"已核对通过出库提货单"，交收货人。

5）提货人到仓库提货需出具所需资料，否则仓库不予发货。需提供的材料有：海关盖放行章的提货单（仓库核销联）等海关放行单证（已提供的不再提供）；客户正本出库指令或与仓储合同所示委托方传真号一致的传真件正本的出库指令；与出库指令一致的收货人身份证明原件。

6）仓库管理员在收货人提货后，登记桩脚卡，填写出库台账。

### （三）保税备货模式的主体责任

保税备货模式的运作涉及收发货人、代理人、保税仓经营人、海关等主体，以下引用海关总署令第 105 号文件《中华人民共和国海关对保税仓库及所存货物的管理规定》，来说明保税备货模式下各主体的责任。

关于货物的相关规定：①保税仓储货物可以进行包装、分级分类、加刷唛码、分拆、拼装等简单加工，但不得进行实质性加工。②保税仓储货物，未经海关批准，不得擅自出售、转让、抵押、质押、留置、移作他用或者进行其他处置。③下列保税仓储货物出库时依法免征关税和进口环节代征税：用于在保修期限内免费维修有关外国产品并符合无代价抵偿货物有关规定的零部件、用于国际航行船舶和航空器的油料和物料、国家规定免税的其他货物。④保税仓储货物存储期限为 1 年。确有正当理由的，经海关同意可予以延期；除特殊情况外，延期不得超过 1 年。

关于产品出库的相关规定。下列情形的保税仓储货物，经海关批准可以办理出库手续，海关按照相应的规定进行管理和验放：①运往境外的；②运往境内保税区、出口加工区或者调拨到其他保税仓库继续实施保税监管的；③转为加工贸易进口的；④转入国内市场销售的；⑤海关规定的其他情形。此外，出境货物出境口岸不在保税仓库主管海关的，经海关批准，可以在口岸海关办理相关手续，也可以按照海关规定办理转关手续。

### （四）保税仓库的注意问题

#### 1. 各平台应对市场有精确把握

由于现阶段各平台对市场把控不是很精确，因此一定要对自身的销量有清楚的认识，在进口货物时把握好度，防止缺货和爆仓，产生不必要的费用。

#### 2. 适应政策变化并分散风险

近几年，国务院及地方政府虽大力支持跨境电子商务贸易发展，但相关政策措施主要集中于国务院的政策指导性意见、海关及国家质检总局的规范性文件等，缺乏法律和行政法规等上位法⊖支撑。政策走向可能随时会发生变化，因此，企业在布局的时候可以考虑多种方式分散风险，如建立海外仓。

---

⊖ 上位法和下位法是相对而言的。上位法是效力大于下位法的法律。

3. 明确产品质量安全主体责任

保税备货的产品所有权在进入保税区后往往不发生转移，仍属于国外企业。一旦产品发生质量安全问题，电商平台的连带责任不是十分明确，行政执法管理部门可能在找不到国外责任人的情况下追责国内的跨境电商企业。因此，国内跨境电商企业应当与国外企业就货物的质量安全问题的追责方面签订明确协议，以保证自身权益。

## 本章小结 《《

物流问题一直是跨境电商企业必须重视的核心问题。随着跨境电商的迅速崛起和发展，消费者对跨境电商物流水平的要求不断提升，节约物流成本、提高物流效率是跨境电商企业在激烈竞争中的制胜关键。经营跨境电子商务必然涉及进口和出口两个方面。现阶段跨境电商常用的出口仓储模式分为边境仓和海外仓两种。其中，边境仓是指建在边境附近的仓库，依托边境口岸和跨境物流通道，针对跨境电商建立的具有多种服务功能的仓储配送系统。海外仓是从事出口跨境电子商务的企业在国外自建或者租用仓库，将货物批量发送至国外仓库，由网络外贸交易平台、物流服务商独立或共同为卖家在销售目标地提供货品仓储、分拣、包装、派送等一站式控制与管理服务，实现国外销售、配送的跨国物流形式。进口仓储模式主要以综合保税物流为代表。保税是指经海关批准的境内企业所进口的货物，在境内指定的场所储存、加工、装配，并暂缓缴纳各种进口税费的海关监管制度。综合保税物流也有其优缺点和相应的业务流程。

## 名词解释 《《

1. 边境仓：边境仓是建在边境附近的仓库，依托边境口岸和跨境物流通道，针对跨境电商建立的具有多种服务功能的仓储配送系统，是跨境电商物流的升级版。边境仓的服务包括产品的收货、分拣、质检、打码、仓储、发运等一系列服务，同时还提供多种增值服务：产品称重、产品拍照、包裹拍照、定制化包装等。

2. 海外仓：海外仓是从事出口跨境电子商务的企业在国外自建或者租用仓库，将货物批量发送至国外仓库，由网络外贸交易平台、物流服务商独立或共同为卖家在销售目标地提供货品仓储、分拣、包装、派送等一站式控制与管理服务，实现国外销售、配送的跨国物流形式。海外仓的本质就是将跨境贸易实现本地化，提升消费者购物体验，从而提高跨境卖家在出口目的地市场的本地竞争力。

3. 综合保税物流：综合保税物流又称保税备货模式。保税是指经海关批准的境内企业所进口的货物，在境内指定的场所储存、加工、装配，并暂缓缴纳各种进口税费的海关监管制度。

综合保税物流包含以下内容：保税仓库、出口监管仓库、保税物流中心、狭义的保税区、保税物流园区、出口加工区、保税港区等。

## 课后思考题 《《

1. 解释边境仓和海外仓的概念，并分析两种模式的异同。
2. 阐述进口仓储模式中最主要的综合保税物流模式。

# 第 十 三 章
# 跨境电商融资方式

## 本章概要 《《

　　本章分三节介绍跨境电商的融资方式。第一节主要介绍跨境电商企业融资的含义、特点和跨境电商企业的融资需求；第二节介绍企业融资的模式，主要介绍平台授信额度、订单融资、基于平台的信用融资和仓单融资模式；第三节补充介绍传统的债务融资模式和股权融资模式。

## 学习目标 《《

　　理解企业融资的概念；掌握跨境电商企业融资的特点；熟悉跨境电商企业融资与传统企业融资的差异；了解跨境电商企业的融资需求；掌握贸易融资模式的概念以及其基本类型；熟悉传统的债务融资模式和股权融资模式。

　　据世界贸易组织估算，全球90%以上的贸易活动需要贸易融资、担保及保险等金融服务的支持，跨境电子商务也不例外。从事跨境电子商务的企业多为中小企业，具有高风险高预期收益的特性，并且大多数跨境电商企业不具备申请传统银行信贷的条件，因此，只有找到适合跨境电商中小企业的融资方式，才能解决跨境电商企业"融资难"的问题，从而促进跨境电商企业的发展。

## 第一节　跨境电商融资概述

### 一、跨境电商企业融资的含义

　　企业融资是指企业作为资金需求者进行的资金融通活动，是从资金来源的角度反映企业通过哪些方式来筹措生产经营活动所需要的资金。企业融资是社会融资的基本组成部分，广义的企业融资是指资金在持有者之间流动，是一种以余补缺的经济行为，表现为资金双向互动，即包括资金的融入和融出。狭义的企业融资则主要是指资金的融入，既包括企业从外部不同资金持有者手中获取的资金融通，也包括企业自身体内以一定方式进行的资金融通，即企业自我组织与自我调剂资金的活动。

跨境电商企业融资与企业融资概念并无二致，都是作为资金需求者，以不同方式筹集资金，以支持自身的生产或经营活动。从狭义的企业融资定义来看，跨境电商企业很少能够自我调剂资金，因为跨境电商企业多为中小微企业，其内部资金周转和运营情况不能够满足内源融资的条件。因此，从事跨境电商的企业大多从企业外部的资金持有者处获取对自身发展有利的资金融通。

## 二、跨境电商企业融资的特点

### 1. 跨境电商企业融资与传统企业融资的差异

如上所述，跨境电商企业与国内电商企业、传统生产或经营企业存在差异。跨境电商企业多为中小企业，因此，它在融资时兼具国内中小企业、从事外贸业务的企业、从事电子商务的企业在资金融通时的全部或部分特点。

与传统大型制造企业不同，跨境电商企业资产规模小，固定资产少，缺少抵押物或抵押物价值低，担保能力弱，员工人数较少，经营方式较为单一，其经营状况在一定程度上容易受法规政策和宏观经济环境的影响，也难以对风险进行全面而准确的评估，一旦资金链在其他环节出现问题，将无法偿还银行贷款。这些特点决定了跨境电商企业在申请传统银行信贷方式困难重重。传统企业则不同，依靠多年经营的企业规模、负债能力和良好的声誉，往往能够取得银行等金融机构的信任。

此外，跨境电商企业对资金的需求存在"短、小、频、急"的特点，而传统企业投资对资金的需求规模大、期限长，因企业发展需要选择适当的时间节点进行融资。

由于跨境电商企业自身的特点以及与传统大型企业之间存在的差异，导致传统融资方式并不适用于跨境电商企业。

### 2. 跨境电商企业融资现状

跨境电商企业存在"融资难"的困境，主要体现在融资缺口大、渠道少、成本高。从事跨境电商的企业多为中小企业，企业在初创时期或在日常经营中履行订单合同义务时，都对资金有着强烈的需求，筹集资金是企业生存和发展的前提。跨境电商企业是跨境电子商务市场的主体，资金需求的规模大。中小企业，尤其是小微企业受困于无抵押、无担保、无信用，融资渠道狭窄，资金困局难解，导致经营障碍。目前的传统融资方式，如银行信贷、发行债权、发行股票等融资方式，因标准高、期限长、成本高等特点，均不适用于跨境电商中小企业的融资需求，导致目前跨境电商企业融资难。

适应互联网的融资方式兴起，给跨境电商中小企业带来新的融资机会。在"互联网+"的时代潮流下，许多网络融资的新方式产生，如众筹、P2P等。基于此，许多开展网络金融服务的金融机构应运而生。而跨境电商平台也纷纷与金融机构合作，为平台上的跨境电商企业提供适当的融资方式，为跨境中小企业筹集资金提供新机会。

### 三、跨境电商企业的融资需求

跨境电商企业通常在选品、营销、物流、仓储、售后服务、入驻平台、平台维护等方面均有资金输出。与国内电商不同，跨境企业开展业务所需的成本与费用更高，因此通过各种途径筹措企业生存和发展的资金是跨境电商企业不可或缺的一项工作。在不同的发展阶段，跨境电商企业对资金的需求各有不同，我们将跨境电商企业筹集资金的目的按阶段划分为以下几种。

1. 起步阶段：解决短期资金周转问题

跨境电商平台上的企业多为中小微企业，对于以轻资产为特点的中小微型跨境电商而言，资金筹措是首要问题。这类企业没有生产、没有技术，基本的业务环节只有采购和销售。对于进口跨境电商，往往需要预付部分或全部货款后，供货商才能够发货；对于出口跨境电商，获取订单后不仅需要大量的资金投入到采购货物中，而且货款回收周期长。除基本业务外，跨境电商的日常运营也需要流动资金，这就给中小微型跨境电商的资金周转增加了难度。企业的资金周转往往在短期内进行，且额度较小，频率较高，对融资的灵活度要求高，而传统的债务融资和股权融资很难满足企业的需求。所以，为了解决企业短期内的资金周转问题，比较适合的融资方式就是通过企业所选择的跨境电商平台进行贸易融资。

2. 成长阶段：开展特色项目，促进企业快速成长

当跨境电商企业发展到一定阶段，企业的日常经营业务已初具规模，流动资金周转问题能够依靠企业正常运营得以解决。此时，谋求更高层次的发展，推出具有企业的特色项目以提高企业的知名度，拓宽销售渠道和业务范围，增加销售量，提高利润收入，就成了企业的发展目标。为了实现企业的快速发展，需要筹措更多资金以支持企业特色项目的开展。此时，企业可以选择的融资方式有基于平台的信用融资，或者寻求民间借贷平台、风险投资等进行股权融资。

3. 成熟阶段：发展成大型跨境电商企业或特色跨境平台

随着企业规模的扩大和品牌的建立，跨境电商企业长期发展积累的资产规模、品牌效益、供应或销售渠道等优势，使得企业存在向大体量级跨境电商发展的可能。另外，一些拥有特色项目的跨境电商企业能够在独特的领域内通过自主创新培养出强大的竞争优势，这些企业可以

选择发展成为该领域内的跨境电商平台。例如，瑞茂通，由最初的国内外煤炭、冶金煤等大宗商品的供应商成功转型为大宗商品交易平台，推出易煤网。巨大的发展潜力能够帮助企业争取到风险投资、上市股权融资，资产规模的扩大、良好的资产负债情况和抵押物价值的提高也使得银行贷款等债务融资成为企业进一步融资的选择。

4. 横向发展阶段：大型企业将跨境电商作为新的业务方向

许多传统的制造型企业也在跨境电商领域寻求新的发展机遇，开展跨境电商业务，将其作为众多分销渠道中的一个业务部门。对于转型从事跨境电商或在跨境电商领域开展业务的大型制造类企业来说，由于其在以往发展历程中积累而成的巨大的资产规模、良好的信誉水平和高价值的抵押物，通过银行贷款的方式进行融资的可能性大大增强。同时，发行企业债券等其他债务融资和增资扩股、股权转让、寻求风险投资等股权融资方式的要求，这类企业也能够满足。因此，这一类企业可选择的融资方式十分丰富。

# 第二节　贸易融资模式

本节所指的贸易融资的含义是，基于跨境电商平台展开经营的跨境电商企业依据在平台上形成的信用记录、交易数据、订单合同、仓单数据等信息，从跨境电商平台融资或以跨境电商平台为担保取得融通资金。

随着跨境电商平台的不断发展，许多中小企业开展跨境电子商务获得了前所未有的机遇，入驻平台的跨境电商企业能够获得平台提供的或以平台为担保的各种形式的信用额度和贸易融资。其最大的特点就是基于平台、门槛低、成本低、可快速申请、方式灵活、种类多样，适合各种采用不同支付方式的跨境电商企业。贸易融资模式的这些特点，使得其能够满足企业解决业务经营中的短期内资金周转的问题，因此更适用于处于起步阶段的初创企业或小微型企业。

平台贸易融资具体包括平台授信额度、订单融资、基于平台的信用融资和仓单融资四类。其中，平台授信额度、订单融资和仓单融资伴随着企业的经营活动，能够很好地满足资金周转的需求；而基于平台的信用融资不仅可以解决资金周转问题，也可以在促进企业成长方面起到一定的作用。下面将对这四种融资方式进行具体的介绍。

## （一）平台授信额度

### 1. 平台授信额度的定义

平台授信额度是指跨境电商平台为跨境电商企业积累的、买卖双方可见的信用额度，平台会员可据此了解交易对方的交易诚信度。在买卖双方交易时，由跨境电商平台进行信用背书，对买卖双方的交易信用进行担保，使买卖双方更容易得到对方的信任，促进交易达成。

2. 平台授信额度的产生

长期以来，信用积累和展示是全球中小企业实现"卖全球"的瓶颈，也是实现 B2B 跨境在线交易的巨大障碍。特别是小微企业，没有条件向国际客户展示自己的诚信状况，难以获得国际订单。因此，要想使跨境电子商务真正成为国际贸易新的驱动力量，就必须解决跨境电商企业的信用难题。在"互联网＋"改变传统行业的时代，外贸的信用机制顺应时代发展出现了更高效的形式。2015 年以来，许多跨境电商 B2B 平台开始从信息服务平台向交易平台转变，实现交易闭环。跨境电商平台将供应商在平台上的行为以及真实贸易数据等信息不断沉淀下来，以出口企业基本资信、历史交易数据和其他综合信息作为其在信用保障额度的累积依据，逐步建立起全球网上交易信用体系，在额度范围内帮助供应商向买家提供贸易安全保障，帮助买卖双方解决交易过程中的信任问题。在信用额度的帮助下，跨境电商企业可以使自身良好的信用记录变成增加合作订单的机会，快速达成订单。

3. 获取平台授信额度的条件

在大部分跨境电商平台中，注册会员均有凭借交易数据、信用记录积累授信额度的资格。目前，阿里巴巴通过发展一达通外贸综合服务建立企业诚信档案，注册会员可申领电子通行证，查询企业的诚信档案和诚信等级。

4. 影响授信额度的因素

信用保障额度的提升是一个循序渐进的过程，无法通过单个行为或事件迅速提升，需要长期的积累和维护。具体而言，跨境电商企业授信额度的影响因素有：①跨境电商企业的基本信息，如工商认证信息的真实性、与跨境电商平台的合作年限、平台操作表现等；②跨境电商企业的经营能力，主要参考依据是贸易流水数据，通过不同方式完成的订单或可占据不同的权重；③跨境电商企业的资信情况，主要参考跨境电商企业对平台相关规则的遵守或违规情况；④其他风险因素，如企业和法人代表征信情况、纠纷处理等；⑤平台所规定的其他标准。

5. 提高授信额度的方法

提高授信额度的方法有：①完善企业基本注册信息，并保证上传数据的真实性和准确性；②加入平台的诚信评估体系，使平台能够及时获取交易数据和信用记录；③遵守平台的相关规定，注意与平台的合作年限，若选择继续与平台合作，则应及时续约；④提高企业的经营能力，通过有效管理诚信经营，保证商品质量和良好的服务；⑤避免陷入商业纠纷。

【案例1】

### 平台授信额度案例：阿里巴巴信用保障订单

阿里巴巴推出跨境B2B信用保障交易产品，它通过外贸大数据为中国外贸企业向全球买家做信用背书，替卖家向买家做交易保障，解决国外买家对国内卖家的信用质疑，促成交易快速达成，使外贸交易数据化、透明化，形成网上交易信息流、货物流和资金流的完整闭环。中国所有外贸企业均可免费申请。

交易流程：

1）买卖双方签订在线合同，同时冻结保障额度。

2）买家付款至卖家在阿里巴巴一达通的花旗银行一对一专属账号。

3）卖家通过阿里巴巴一达通服务出口。

4）交易完成后，保障额度解冻。

5）确认收货，买家可对该笔订单进行评价。

信用保障交易升级后的优势是：

1）额度不够也可以接单，超出可用额度的部分，订单款项到账后会采用"临时冻结资金"的方式对买家进行保障，让买家可以放心下单。临时冻结的资金均是该笔订单买家支付的货款，待该订单保障结束或剩余可用额度提升时，该临时冻结资金会解冻，即可操作转款。

2）若买家是线下T/T付款，外汇到站过后需要供应商手动操作"订单关联外汇"，关联后即可操作转款。若到账外汇未关联订单，则资金会处于冻结状态，无法转款；若买家是信用卡或E-checking<sup>⊖</sup>线上支付，系统仍会自动关联外汇。

## （二）订单融资

订单融资是指满足条件的跨境电商企业在产生合同订单后，就应收账款和预付账款向平台申请的融资。

### 1. 订单融资的分类

（1）应收账款融资。在购销双方签订合同后，作为平台上的供应商无法立即收入应收账款，因此备货时若存在资金周转问题，可依据订单向平台申请应收账款融资。融资主体将赊销形成的应收账款转让给予金融机构合作的跨境电商平台以获得贷款支持。应收账款的债务人是银行认可的具有偿债能力的企业。融资主体能提供完整、有效的债权转让文件。终端客户到期支付货款，用于偿还贷款。融资主体分批偿还贷款本息，赎货销售。最终实现货物、资金安全交付，确保买卖双方利益。

---

⊖ 一种新型的信保付款方式，相对方便，不可撤回。

（2）预付账款融资。跨境电商平台上的买卖双方签订合同后，作为货物买方的融资主体如存在资金周转等问题，可以向平台申请随订单产生的预付账款融资，平台经审核无误后，为了促进交易的实现，在金融机构的合作与支持下，跨境电商平台将依据信用额度将不同程度的贷款汇入供应商指定账户。随后买方可在指定日期进行还款付息。一些平台还允许融资主体分批偿还贷款本息，赎货销售或随贷随还。这种方式不仅能帮助货物、资金安全交付，确保买卖双方利益，还能降低跨境电商进口企业贷款融资的门槛和成本。

2. 订单融资的注意事项

（1）申请资质。企业须满足跨境电商平台规定的相关标准方可申请订单融资。

（2）申请流程。在申请订单融资的过程中，要注意平台对流程的规定以及需要准备的相关资料，并确保申请材料的完整性、真实性和准确性。

（3）还款方式。不同跨境电商平台对还款方式、还款期限和还款利息等事项的规定不同，跨境电商企业在申请订单融资的时候应充分了解平台对还款事项的相关规定，做好融资预算及还款规划，避免出现到期无法还款等影响自身信用记录的问题。

（4）收费标准。有的跨境电商平台对申请订单贷款融资制定了一系列收费标准，企业应在融资前对此有足够的了解和解读。

（5）经营品种。有些跨境电商平台对企业经营的货物品种有要求，只有规定的种类才可以申请订单融资。例如金银岛平台上能够申请订单融资的货物种类有：煤炭、矿石、油品、化工、有色金属、塑料等大宗产品。

【案例 2 】

### 订单融资案例：阿里巴巴订单融资

阿里巴巴速卖通为平台上的供应商提供多种订单融资，可依据交易中实际使用的付款方式而选取。其订单融资主要包括采用信用证付款下的"信融保"类融资、采用赊销交易方式下的"赊销保"类融资，以及信用保障订单下的"信用保障融资"三种。下面具体介绍。

信融保：这类订单融资适用于使用信用证作为收付货款方式的跨境电商企业，阿里巴巴团队专家提供免费审制信用证服务，同时根据申请可提供融资贷款服务、买断收款风险。它分为信用证打包贷款、信用证融资买断、信用证融资不买断三种。信用证打包贷款即平台向跨境电商企业提供针对信用证订单的备货融资，收到信用证正本审核无误后即可放款，帮助跨境电商企业解决备货资金难题。信用证融资买断即跨境电商企业交单出货后可进行融资，平台将买断所有收汇风险，即由阿里巴巴承担收汇风险，跨境电商企业可获得快速回笼资金的好处，且融资数额高并涵盖即期和远期信用证。信用证融资不买断即跨境电商企业交单出货后，可申请最高 100% 的融资以解决资金周转问题。这种融资方式放款速度快、融资金额高、融资利率低。

赊销保：这类订单融资适用于做外贸赊销业务的跨境电商企业。阿里巴巴对国外买家进行资信调查同时代买保险，给予跨境电商企业贸易融资，最快 3 个工作日放款，可融资额最高为 80% 应收款，降低了国内卖家的交易风险。

信用保障融资：这类订单融资适用于使用信用保障订单的客户。平台基于信用保障订单为跨境电商企业提供订单备货融资服务，无手续费，有信用保障额度，可免费申请，最快 5 分钟放款，且随借随还。

### （三）基于平台的信用融资

#### 1. 信用融资的定义

信用融资是指跨境电商平台建立跨境电商诚信体系，对入驻平台的各个企业的交易数据、历史信用进行记录、累积和评估，并形成可申请信用贷款准入门槛、信用贷款额度以及支付利息的标准，从而在跨境电商企业申请时为其提供相应额度的信用贷款。

#### 2. 信用融资的特点

跨境电商交易平台与 P2P 金融服务企业合作，借助互联网为体量较小、缺少固定资产抵押的中小企业的网络融资提供便利。申请平台信用贷款，无须抵押物、无须担保，只凭企业信用直接在线提交电商平台账号就可以申请，借贷门槛低。融资平台通过大数据分析所提交账号的综合经营情况，并在第一时间给出对应的授信额度，最快可实时授信。其贷款申请全部在线操作，放款速度快，还款便捷。

#### 3. 申请信用融资的条件

在不同的跨境电商平台上，跨境电商企业能够申请信用贷款的标准也会有所不同。根据现有跨境电商平台提供信用融资的条件，我们可以总结出以下几点：①跨境电商企业的注册信息必须真实且符合平台要求；②跨境电商企业必须在一段时间内持续有效经营，经营状况良好，且须保持良好信用记录；③跨境电商企业过往交易数据所形成的信用等级须符合标准；④贷款额度与贷款期限与信用等级应相对应；⑤跨境电商企业在金融机构没有不良记录，且符合金融机构的审核要求。

#### 4. 申请信用融资的程序

大部分跨境电商平台的信用融资申请都可以在线上完成，在平台网站的会员服务中心均设有信用贷款申请平台的入口。如 eBay 联手宜信推出的商通贷，利用线上数据进行实时授信，同时简化贷款步骤，卖家只需点击 eBay 卖家服务中的"卖家金融贷款"即可到达商通贷的页面，轻松获得贷款。借款的期限一般都是 6 个月，最高的借款额度是 100 万元，月息 1.2%。

还有一部分跨境电商平台的信用融资申请则需要线上线下同时进行，在线上提交申请、审核信用数据并接受贷款、还款付息，但相关的申请资料需要在线下递交。如跨境电商平台金银岛为其注册企业会员提供的信用贷款就需要企业将准备的部分实物资料交予金融机构进行审批，通过后即可获得贷款。

【案例 3】

**信用融资案例：阿里巴巴信用贷款**

1. 阿里巴巴网商贷

（1）特点。一是纯信用。完全依靠跨境电商企业的信用，无抵押、免担保，真正实现了信用等于财富。二是价格低。利率大大低于同类产品，首次获贷可享受 3 天无理由退息。三是速度快。资料齐全后平均 3 个工作日放贷。

（2）种类。一是快速贷，适用国际站会员，法人个人贷款，无须任何资料，最快 1 分钟放贷，纯信用，无抵押担保，最高额度 50 万元人民币。二是标准版，适用国际站会员，纯信用，无抵押担保，平均 3 个工作日放款，最高额度 100 万元人民币。三是高级版。适用一达通出口基础服务客户，根据出口交易金额申请的无抵押担保、纯信用贷款，1 美元出口额获贷最高 1 元人民币，最高 1000 万元人民币，年化利率 12%（最低 8% 起），随借随还。

2. 一达通流水贷

流水贷面向使用阿里巴巴一达通出口基础服务的客户。客户通过一达通出口 1 美元，可获得 1 元人民币纯信用额度，以出口额度积累授信额度，无抵押、免担保、纯信用。该服务由阿里巴巴联合多家银行共同推出，真正实现了"信用＝财富"，助力中国外贸中小企业的发展。

## （四）仓单融资

1. 仓单融资的定义

仓单融资是指把国际知名的贸易公司开具的仓单以及自己可控的现金流还有现金流的管理系统通过信用证换仓单，然后再进行贷款。跨境电商企业可反复申请仓单融资，现金流就可以扩张 20 ～ 30 倍，而且几乎零成本。在 B2B 跨境电商交易平台金银岛上，可利用仓单融资模式进行网络融资。

2. 与传统仓单质押融资的区别

传统的仓单质押融资中，融资主体直接将电子仓单质押给银行，可获得相当于一部分货值的银行贷款。融资主体分批偿还银行贷款，分批解押、销售；而跨境电商平台的仓单融资模式，则是经跨境电子商务平台审核后，才与银行取得联系，从而获得银行授信。传统的仓单质押融资中，电子仓单须由银行指定的仓储单位开具；而跨境电商平台仓单融资中，跨境电商企业将货物存放在平台指定的仓库中，所有仓单由这些仓储单位开具。例如金银岛平台为了满足业务的发展需求，在全国各地设立了大量金银岛指定监管交割仓，方便客户融资与交易。

3. 仓单融资的业务流程

仓单融资的业务流程为：①在线提交入库申请，将货物存入指定的仓库；②贷款企业在线选择货物和数量生成电子仓单，提交质押申请；③物流企业在线审核发送银行；④贷款企业到银行网上银行进行贷款支用申请；⑤银行审核并发放贷款。

4. 仓单融资模式的发展

仓单质押主要适用于物流企业。资金需求方将拥有的物资存放到物流企业仓库，物流企业出具有效仓单给资金需求方，资金需求方凭物流企业出具的仓单向银行进行质押，按货值一定比例从银行获得融资。以动产或监管的产品质物为抵押进行融资的方式曾经盛极一时，而在"上海钢贸案""青岛有色金融案"后，传统的物流金融业陷入了低谷，仓单融资模式存在的风险也越加明显：标的物被重复质押；仓库管理风险；质押方资产的不稳定性；前期投入较大等。因此在我国的跨境电商平台中，以仓单质押为企业融资的方式十分少见。目前国内仓单融资方式较为突出的是以金银岛为代表的跨境电商平台。进行仓单融资的跨境电商企业多数都是从事大宗商品跨境 B2B 的企业，在金银岛平台中能够申请仓单融资的货物种类有煤炭、矿石、油品等大宗产品。

# 第三节　其他融资模式

处于成长和成熟阶段的跨境电商企业，以及转型从事跨境电商的传统制造型企业，不能够仅仅依靠平台提供的或以平台为担保的贸易融资。这些类型的企业要想开展特色项目、实现企业战略发展计划、进一步扩大企业规模和品牌效应，必须选择多种模式和渠道的融资方案。银行贷款等传统债务融资模式和发行股票、风险投资等股权融资模式都是企业可以选择的融资模式。

## 一、债务融资模式

1. 债务融资的定义

债务融资是指企业通过借款承债的方式从个人、组织或金融机构借贷资金用于企业生产经营。资金借出方成为公司的债权人，所融入的资金是企业按约定代价和用途取得的，必须按期偿还本息。

**2. 债务融资的分类**

依据提供资金主体的不同，债务融资模式分为银行贷款、债券融资、民间借款、小额贷款公司贷款。以下分别简要介绍这几种融资方式。

银行贷款是指由银行以贷款的形式向企业提供的融资。

债券融资是指企业按照法定程序发行的、约定在一定期限内还本付息的债务凭证，它代表债券持有人与企业的一种债权债务关系。

民间借贷是指企业私下与私人或非金融机构拟订金额、利率、期限等条件进行的借贷。

小额贷款公司贷款是指企业从由自然人、企业法人与其他社会组织投资设立、不吸收公众存款、经营小额贷款业务的有限责任公司或股份有限公司等小额贷款公司获取的贷款。

**3. 债务融资的适用性**

银行贷款是企业选择最多的债务融资方式。银行针对跨境电商企业的传统贷款主要包括信用贷款和抵押贷款。银行通常只接受以固定资产如土地和房产的使用权为抵押物申请的抵押贷款。规模大的跨境电商企业，在信息的对称性、金融制度、资产规模等方面能够满足银行的要求，申请银行贷款的难度较低，银行提供的长期限、大规模的贷款也能够满足这些企业的需求。相比较而言，对于中小微型跨境电商企业，他们的过往交易记录并不能成为说服银行对其进行贷款的依据，因此银行等金融机构在面对这类跨境电商企业申请贷款时通常存在"惜贷"的现象。同样的道理也适用于民间借款，虽然民间借款相对于银行贷款来说更加灵活便捷，但终因跨境电商企业为债权人带来的高风险而无法实现。

债权融资方式更适用于已经积累了相当规模和信誉优势的传统大型制造类企业，这类企业具备完善的财务制度和足够的资产规模，能够满足发行企业债券的条件。

民间借款分为两部分，一部分是向亲朋好友所借的免息的、无须担保或抵押的贷款，资金到位比较及时，但是资金量有限；另一部分是向亲戚朋友以外的资金方借款，一般不需要抵押，但有可能需要中间人担保，而且年化利息高，属于高利贷，如非急需，一般不适用于跨境电商企业。

与银行相比，小贷公司的贷款门槛低，具有还款能力并能提供证明的借款者一般都能获贷，放款速度也比银行快。但是小贷公司的放贷能力非常有限，对小微企业的资金支持也受到限制。另外，小贷公司考虑到自身的业务风险，对贷款条件也有一定的要求，而且贷款利息不低，并且对客户要求高，条件严，获贷客户少之又少。对跨境电商而言，作为临时周转资金尚可，长期使用难以负担。且多数跨境电商企业无实力背景，缺乏必要的抵押品和担保人，因此获贷困难。

## 二、股权融资模式

### 1. 股权融资的定义

从资本市场上获得融资即**股权融资**，是指企业通过出售或以其他方式交易公司的股份获得企业生产经营资金和发展资金的融资方式。所融入的资金可供企业长期拥有、自主调配使用，无须归还。

### 2. 股权融资方式的分类

股权融资模式包括股权转让、增资扩股、风险投资和私募融资四种方式。

**股权转让**：在原股本规模下以一定的估值方式将一定比例的股权出让。

**增资扩股**：企业以原有的股本规模的方式筹集更多的资金，让更多投资者成为股东，分享企业未来经营发展的收益。

**风险投资**：风险资金通过提供资金支持和发展指导服务的形式帮助企业实现规范化和规模化发展，实现资本的增值，并采取一定的退出机制完成成本回收和收益获取。

**私募融资**：通过非公开宣传，私下向特定少数投资者募集资金，在企业获得资金扩大经营规模后，投资者通过销售与赎回方式获取收益。

### 3. 股权融资方式的特点

与债务融资相比，股权融资不用承担到期还本付息的压力，具有一定的财务杠杆作用，增强了企业的抗风险能力，若能够吸引拥有特定资源的战略投资者，还可能产生协同效应，迅速壮大自身实力。

由于公开市场法规和机构投资的要求，股权融资需要企业建立较为完善的法人治理结构，只有发展到一定体量级的大规模跨境电商或者转型从事跨境电商的传统制造型企业能够满足这点要求。因此，通过发行股票、增资扩股的方式大多适用于这些类型的企业。

一些跨境电商企业在快速成长阶段中，专注于某一特定领域或展开具有差异性、创新性的特色项目，这样的企业能够获得风险投资机构的青睐。因此，只有发展到一定规模，在团队建设、核心竞争力、市场前景和资本运营上具有相当优势的企业，才能够实现股权融资。

## 本章小结 ◀◀

据世界贸易组织估算，全球 90% 以上的贸易活动需要贸易融资、担保及保险等金融服务的支持，跨境电子商务也不例外。跨境电商企业很少能够自我调剂资金，因为跨境电商企业多为中小微企业，其内部资金周转和运营情况不能够满足内源融资的条件。因此，从事跨境电商的企业大多从企业外部的资金持有者处获取对自身发展有利的资金融通。跨境电商贸易融资模式包括典型的平台授信额度、订单融资、基于平台的信用融资和仓单融资四种类型。此外，其他融资模式还有传统的债务融资和股权融资两种模式。跨境电商企业应根据自身企业发展的情况选择适合自身发展的融资模式。

## 名词解释 ≪

1. 企业融资：企业融资是指企业作为资金需求者进行的资金融通活动，是从资金来源的角度反映企业通过哪些方式来筹措生产经营活动所需要的资金。企业融资是社会融资的基本组成部分，广义的企业融资是指资金在持有者之间流动，表现为资金双向互动，即包括资金的融入和融出。狭义的企业融资则主要是指资金的融入，既包括企业从外部不同资金持有者手中获取的资金融通，也包括企业自身体内以一定方式进行的资金融通，即企业自我组织与自我调剂资金的活动。

2. 贸易融资：基于跨境电商平台展开经营的跨境电商企业依据在平台上形成的信用记录、交易数据、订单合同、仓单数据等信息，从跨境电商平台或以跨境电商平台为担保而取得融通资金。

3. 平台授信额度：平台授信额度是指跨境电商平台为跨境电商企业积累的、买卖双方可见的信用额度，平台会员可据此了解交易对方的交易诚信度。在买卖双方交易时，由跨境电商平台进行信用背书，对买卖双方的交易信用进行担保，使买卖双方更容易得到对方的信任，促进交易达成。

4. 仓单融资：仓单融资是指把国际知名的贸易公司开具的仓单以及自己可控的现金流还有现金流的管理系统通过信用证换仓单，然后再进行贷款。跨境电商企业可反复申请仓单融资，现金流就可以扩张 20 ~ 30 倍，而且几乎零成本。

## 课后思考题 ≪

1. 解释跨境电商企业融资的必要性和重要性。
2. 分析跨境电商企业融资中存在的困难，并思考融资方式创新的方向。
3. 解释跨境电商贸易融资模式，列举其中典型方式并进行比较。
4. 试述跨境电商企业融资和传统企业融资的差异。

# 第十四章

# 跨境电商企业成本控制

**本章概要** 《《

　　本章主要介绍跨境电商企业的成本控制。由于自造型跨境电商企业的成本链最长，所以本章以自造型跨境电商为例阐述其采购成本、生产成本、营销成本、物流成本、支付成本、质量成本、人力资源成本和财务成本。

**学习目标** 《《

　　理解成本的概念；掌握成本结构中主要的采购成本、生产成本、营销成本、物流成本、支付成本、质量成本、人力成本和财务成本的内涵。

　　按照经营模式及业务范畴等的不同，可以将跨境电商分为自造型跨境电商企业、囤积型跨境电商企业和跨境电商代运营企业。由于自造型跨境电商企业成本链最长，基本涵盖后两者的情形，所以本章以自造型跨境电商企业为例阐述。自造型跨境电商企业的成本主要由八个部分组成，分别是采购成本、生产成本、营销成本、物流成本、支付成本、质量成本、人力资源成本和财务成本。

## 第一节　采购成本

　　采购成本是指自造型跨境电商企业为生产产品需要，组织相关人员开展采购活动而发生的各项费用，具体包括订购成本、维持成本、缺料（或缺货）成本三大部分。

　　1. 订购成本

　　订购成本是指自造型跨境电商企业为了完成某次采购而进行的各种活动的费用，如采购人员的办公费、差旅费、邮资和通信费等各项支出。具体包括：①请购手续费用，是指因请购活动发生的人工费、办公用品费以及存货检查、请购审查等活动所发生的费用；②采购询议价费用，是指因调查供应商、询价、比价、议价、谈判等活动所发生的通信费、办公用品费、人工费等；③采购验收费用，是指负责采购事项的采购专员参与物料（或货物）验收所发生的人工费、差旅费、通信费，和使用检验仪器、计量器具等所发生的费用，以及采购结算发生的费用等。④采购入库费用，是指入库前的整理挑选费，包括挑选、整理过程中发生的工费支出和必要的损耗损失；⑤其他订购成本，是指发生在订购阶段的其他费用，如结算采购款项所发生的费用。

在订购成本中，有一部分与订购次数无关，如常设的采购部的基本开支等，称为订购的固定成本；另一部分与订购次数有关，如差旅费、通信费等，称为订购的变动成本。

2. 维持成本

维持成本是指为保有物料或货物而开展一系列活动所发生的费用。具体包括：①存货资金成本，是指因物料（或货物）占用了资金而使这笔资金丧失使用机会所产生的成本；②仓储保管费用，是指物料（或货物）存放在仓库而发生的仓库租金、仓库内配套设施费用，以及因仓库日常管理、盘点等活动发生的人工费等；③装卸搬运费，是指因仓库存有大量物料（或货物）而增加的装卸搬运活动所发生的人工费、搬运设备费等；④存货折旧与陈腐成本，是指物料（或货物）在维持保管过程中因发生质量变异、破损、报废等情形而发生的费用；⑤其他维持成本，是指发生在维持阶段的其他费用，如存货的保险费用等。

与订购成本相似，维持成本也可分为固定成本和变动成本。维持的固定成本与存货数量的多少无关，如仓库折旧、仓库员工的固定月工资等；维持的变动成本与持有存货数量有关，如存货资金、物料的破损和变质损失、物料的保险费用等。

3. 缺料（或缺货）成本

缺料（或缺货）成本是指因采购不及时而造成物料或货物供应中断所引起的损失，包括停工待料损失、延迟发货损失和丧失销售机会损失（还应包括商誉损失）等。具体包括：①安全库存及其成本，是指企业因预防需求或提前期方面的不确定性而保持一定数量的安全库存所发生的费用；②延期交货及其损失，是指因缺料（或缺货）而延期交货所发生的特殊订单处理费、额外的装卸搬运费、运输费及相应的人工费等；③失销损失，是指因缺货致使客户转向购买其他产品而导致企业所受的直接损失；④失去客户的损失，是指因缺货而失去客户，也就是说客户永久地转向另一家企业。

## 第二节　生产成本

生产成本主要由直接材料费用、直接人工费用和制造费用三部分费用构成，其中制造费用包括间接材料费用、直接人工费用和其他制造费用等。

1. 直接材料费用

直接材料，包括生产经营过程中实际消耗的原材料、辅助材料、备品配件、外购半成品、直接燃料和动力、包装物及其他直接材料。直接材料费用可能还包括返回废品损失，即因质量原因由质检部门判定由下步工序转回的，应由本工序承担的费用损失。

2. 直接人工费用

直接人工费用包括直接工资和其他直接支出，其中直接工资包括公司直接从事产品生产人员的工资、奖金、津贴和补贴；其他直接支出包括直接从事产品生产人员的福利费等。

3. 制造费用

制造费用，包括公司各个生产车间为组织和管理生产所发生的生产车间管理人员工资、员工福利费、修理费、办公费、水电费、加工费、机物料消耗、劳动保护费、低值易耗品摊销、差旅费、折旧费、运杂费、托运保管费、交通费、电话费、保险费、检定费、计量费、维护费、工装费以及其他制造费用。

下列支出不列入生产成本：①为购置和建造固定资产、购入无形资产和其他资产的支出；②对外投资的支出；③被没收的财物；④各项罚款、赞助、捐赠支出；⑤国家规定不得列入成本、费用的其他支出。

下列收入不得冲减生产成本：①规定应列入营业外收入的各项收入；②固定资产变价收入；③外销材料、废次品等发生的收入；④按规定应直接上缴财政的各种罚款收入；⑤按规定不应该冲减生产成本的其他收入。

# 第三节　营销成本

跨境电商的营销方式主要有搜索引擎营销、第三方跨境电子商务平台营销、社交媒体营销、邮件营销和直邮广告等方式。各种营销方式的营销成本如下所述。

## 一、搜索引擎营销

搜索引擎营销（Search Engine Marketing），简称 SEM。搜索引擎营销的基本思想是让用户发现信息，并通过搜索点击进入网页进一步了解所需要的信息。搜索引擎营销的核心工作是搜索引擎优化。一般认为，搜索引擎优化设计主要目标有两个层次：被搜索引擎收录、在搜索结果中排名靠前。简单来说，SEM 所做的就是以最小的投入在搜索引擎中获最大的访问量并产生商业价值。SEM 的方法包括搜索引擎优化（SEO）、付费搜索及竞价排名。其成本主要包括以下几类：

## （一）建立并优化企业网站成本

搜索引擎推广方法与企业网站密不可分，一般来说，搜索引擎推广作为网站推广的常用方法，在没有建立网站的情况下很少被采用（有时也可以用来推广网上商店、企业黄页等）。搜索引擎营销需要以企业网站为基础，企业网站设计的专业性对网络营销的效果又产生直接影响。

跨境电商建立并优化网站，自行搭建服务器和销售平台，需要的成本主要包括：①前期准备费用，是指网站的前期策划、准备等工作发生的相关费用，具体包括办公场所的制备费用、网站的策划费用、网站许可准备费用(比如申请各种网站许可认证)、网站开发运营人员的招募费用等。②网站硬件费用，是指网站的服务器、防火墙、带宽等硬软件的购买和配置费用，开发场所和设备的购置费用等。③程序开发费用，这部分主要包括网站界面设计人员的相关工资、网站程序开发人员的工资、开发的行政成本、网站测试的费用等。④网站推广及优化费用，一是支付给优化网站设计的文案人才、策划人才、运营人才的费用，使网站不仅可以展示产品细节，还可以体现公司的专业性、品质、市场定位和品牌形象；二是聘请专业的网络安全专家确保网站安全的费用；三是根据跨境贸易特点，需要在不同的国家和地区设立服务器并实现多个服务器的数据同步，这也相应产生了在不同国家建立网站的固定收费费用、网站的日常运营和技术团队的人工费用、掌握当地语言并熟悉当地文化的网站营销策划团队的人工费用。

## （二）付费搜索和竞价排名成本

付费搜索就是网站付费后才能被搜索引擎收录，付费越高者可能排名越靠前。竞价排名服务，是由客户为自己的网页购买关键字排名，按点击计费的一种服务。客户可以通过调整每次点击付费价格，控制自己在特定关键字搜索结果中的排名，并可以通过设定不同的关键词捕捉到不同类型的目标访问者。付费搜索成本的计算公式为

付费搜索成本 = 关键字系列 × 每个关键字系列关键字数量 × 关键字实际消耗（价格）

1. 搜索引擎优化成本

搜索引擎优化 SEO 是指通过采用易于搜索引擎索引的合理手段，使网站各项基本要素适合搜索引擎检索原则并且对用户更友好（Search Engine Friendly），从而更容易被搜索引擎收录及优先排序，是 SEM 的一种手段。通过搜索引擎优化，可以使尽可能多的网页被搜索引擎收录，并在搜索引擎自然排名结果中排名靠前，最终达到网站推广的目的。搜索引擎优化成本的计算公式为

搜索引擎优化成本 = 产品线数量 × 单一产品线需要优化网页单个网页优化成本

2. 在搜索引擎上展示广告的成本

购买关键词广告，即在搜索结果页面显示广告内容，实现高级定位投放。用户可以根据需要更换关键词，相当于在不同页面轮换投放广告。在网站上投放的广告的成本划分为两部分。一是广告制作成本。如果跨境电商企业自己设计制作广告，这种方式产生的成本构成有：购买关键词广告投放权利的费用、撰写广告文案的人工成本、广告页面设计人工成本。如果是由广告网站设计制作广告，就产生了支付给广告媒体公司的设计费用成本。二是支付给网站的广告投放成本。这种方式下广告主的收费方式有很多不同的标准，主要有：每千人浏览成本 CPM（Cost Per Mille）、每点击成本 CPC（Cost Per Click）、每回应成本 CPR（Cost Per Response）、每购买成本 CPP（Cost Per Purchase）、按业绩付费 PFP（Pay-For-Performance）、以搜集潜在客户名单多少来收费 CPL（Cost Per Leads）、以实际销售产品数量来换算广告刊登金额 CPS（Cost Per Sales）等方式。其中，CPM 方式最为流行且使用最为广泛。

3. 人工成本

人工成本的计算公式为

人工成本 = 管理人员成本 + 网站建立与优化人员成本 + 搜索引擎优化人员成本 +

付费搜索引擎人员成本 +（广告设计制作人员成本）

## 二、第三方跨境电商平台营销

第三方跨境电商平台营销，是指跨境电商企业不是通过自建网站的方式进行营销，而是通过入驻 eBay、亚马逊、阿里巴巴全球速卖通、敦煌网等跨境电子商务平台，在该平台上注册开店、销售产品的一种营销方式。通过第三方平台进行营销所需的成本主要有：平台使用费、年费、刊登费、成交费、佣金，以及在第三方平台上展示广告的费用等。不同的跨境电子商务平台对跨境电商卖家的收费标准不同，下面以几家规模较大的跨境电商平台为例，来介绍跨境电商企业在第三方平台营销产生的费用。

1. eBay 收费项目

任何年满 18 岁的人都可以在 eBay 注册开店，销售自己的产品，一个账户即可在全球 38 个交易平台通用。eBay 收取的费用包括：①刊登费，在 eBay 刊登物品所收取的费用；②成交费，物品成功售出时收取一定比例的成交费；③功能费，在物品刊登中添加特色功能，但需缴付相应的功能费（不使用不缴费）；④月租费，开设店铺来出售物品，但需缴付相应的店铺月租费（不使用不缴费）。

### 2. 亚马逊全球开店项目

入驻亚马逊中国的卖家必须是在中国注册的企业，且需要具备销售相应商品的资质。从开始到审核，到账号注册下来，整个过程大概在 1 个月左右。亚马逊全球开店的收费模式是平台无押金、无年费、无平台使用费，按实际销售额（商品售价＋配送费）收取佣金，无销售无佣金。

### 3. 阿里巴巴全球速卖通在线交易平台

全球速卖通于 2010 年 4 月上线，其平台费用收取模式是开店免费，每销一件产品都要收取交易额 5% 的费用。从 2016 年开始，速卖通提高了门槛，只允许企业卖家入驻平台，且按照商品大类向平台店铺收取不同标准的技术年费。贵重珠宝、电子烟及国际品牌产品，开店需要缴纳保证金。此外，平台采取搜索排名机制，产品在速卖通平台搜索页面的排序包含多种因素，主要包括：商品的信息描述质量、商品与买家搜索需求的相关性、商品的交易转化能力、卖家的服务能力、搜索作弊的情况。因此，卖家如果想让自己的店铺和商品在搜索中排名靠前，必须投入相应的人力、物力维护和改善这些影响搜索排名的指标，这也带来了相应的成本增加。

### 4. 敦煌网外贸平台

敦煌网外贸平台的收费模式为：敦煌网将采用统一佣金率，实行"阶梯佣金"政策，即当单笔订单金额达到 200 ～ 300 美元，平台佣金率直降为 4.5%，当前佣金率为 8% ～ 12%。

## 三、社交媒体营销

随着 Facebook、Twitter 等社交网络的繁荣发展，企业开始踏入互动式的关系导向型营销时代。跨境电商企业在社交媒体营销上投入的成本主要由两部分构成。

一部分是人工成本，主要包括社交网站上的主页设计人工费用、定期更新发帖的人工费用、粉丝页运维的人工成本，以及处理顾客的投诉和留言的人工费用等。社交媒体营销的核心思想是企业与消费者之间互动式的关系导向型营销，因此，主页设计、发帖、粉丝运维和处理顾客建议这些环节都至关重要，为做好这些重要环节投入的人力成本是必不可缺的。

另一部分是跨境电商企业在社交网站上投放广告的成本。一般做跨境电商的企业都会在 Facebook、Twitter、YouTube 等社交网站上投入广告费。通过多样化、全方位的广告投放，信息流图片、动态广告、视频广告、轮播链接广告等多种形式可实现跨平台展示，辅之优秀的创意和素材，有效实现跨屏投放无缝衔接，将产品信息准确传递给目标用户。在不同的社交媒体平台上投放广告，平台收取的费用也不相同，因此，跨境电商的广告投入成本要依据使用不同社交媒体平台的不同收费标准而定。跨境电商企业在社交网站上投放广告成本构成为：设计制作广告的成本、支付给社交网站的广告投放成本。

## 四、邮件营销

邮件营销是指通过邮件进行产品信息和企业活动的宣传，流程为：目标客户细分→目标客户邮件收集→制定发送内容→发送内容→邮件反馈信息→回复解决方案。其成本主要包括：从订阅邮件到发送的全套功能的开发成本，积累邮件订阅者的时间成本，目标客户细分、目标客户邮件收集、邮件内容编辑、维护的人工成本，购买第三方的系统和许可邮件地址的成本等。

邮件营销的前提是许可，未经许可的邮件营销归为垃圾邮件。许可邮件营销的费用主要来自两个方面：一是邮件列表运营商的邮件发送成本，二是广告商的广告成本。

邮件列表运营商的邮件发送成本与邮件发送技术密切相关。当前的发送技术有两种：一是走绿色通道的安全发送模式；二是自行发送的分布式发送模式。从长远看，绿色通道的安全发送模式终将成为邮件营销发送主流技术。这是因为自行的分布式发送从商业层面上看始终与大型公网邮箱服务商形成利益上的对抗。通过绿色通道发送邮件的成本一般为 0.05 ～ 0.10 元 / 份，实际价格多少取决于发送量。

随着市场的成熟，邮件营销的收费模式将与搜索引擎 PPC 广告一致，广告主将按实际每点击支付费用。

## 五、直邮广告

直邮广告即 DM。DM 是英文 Direct Mail 的缩写，直译为"直接邮寄广告"，即通过邮寄、赠送等形式，将宣传品送到消费者手中、家里或公司所在地。直邮广告按内容和形式划分，可分为优惠赠券、样品目录、单张海报等；按传递方式划分，可分为报刊夹页、根据顾客名录信件寄送、雇佣人员配送。直邮广告涉及的成本主要包括清单租用成本、宣传材料的制作成本和邮寄成本三部分。

### 1. 清单租用成本

这里的清单主要是用来划分企业品牌和产品的受众群体，找出直邮广告的邮寄对象。如果清单来自外部，就需要购买或者租用清单。为了保持对数据清单的独享性，数据提供商一般采用出租方式。清单的所有者用虚设的名字巧妙地保护他们的清单并且以另外的方式监督清单的用途。在国内，名单租用行业刚刚开始，数据出租价格不是非常透明，根据数据的性质、类别和数据所含信息量的多少和价值，价格在 0.5 ～ 3 元左右；一些特殊的选择会大大提高租用价格，有些甚至达到 10 元 / 条左右。

### 2. 宣传材料的制作成本

直接邮寄广告的宣传资料主要有信函、明信片、说明书、目录、样本、回购单、企业刊物等。企业选择不同的组合，制作费用差别很大。

### 3. 邮寄成本

如果选择报刊夹页的方式，邮寄成本是指需要支付给邮政期刊或其他期刊的刊登费用。如果选择信件寄送的方式，邮寄成本是指信封制作费、标签打印费、分装费及邮费。信封根据制作材料、大小等价格差异比较大，企业可以根据自己的情况选择。标签打印费、分装费基本在每一份 8 分左右。邮费根据发送渠道不同，价格也不一样。如果选择雇佣人员配送的方式，邮寄成本是指人工费用、差旅费、路费等。

## 第四节　物流成本

物流成本是指企业从原材料供应开始直至将商品送至用户手中所发生的全物流费用，具体包括产品在包装、装卸、运输、储存、流通加工等物流活动中所支出的人力、财力、物力之和。跨境电商企业的物流成本主要包括：仓储成本、运输成本、装卸搬运成本、包装成本和物流信息及管理费用。其中，运输成本又分成国内运输成本和国外运输成本。仓储成本又可分成国内仓储成本和海外仓储成本。

### （一）仓储成本

仓储成本，是指建造、购买或租赁仓库设施设备的成本和各类仓储作业带来的成本。

### 1. 国内仓储成本

1）资金占用成本：占用资金支付的银行利息。

2）仓储维护成本：仓库有关的租赁、取暖、照明、设备折旧、保险费用和税金等费用。

3）仓储运作成本：与货物出入仓库有关的搬运装卸费用、分拣成本，以及仓储管理系统建设成本。

4）仓储风险成本：由于企业无法控制而造成的库存货物贬值、损坏、丢失和变质等。

### 2. 海外仓储成本

1）头程费用：货物从中国到海外仓库产生的运费。

2）仓储及处理费：客户货物存储在海外仓库和处理当地配送时产生的费用。

3）本地配送费用：在海外当地国家对客户商品进行配送产生的本地快递费用。

### （二）运输成本

1）国内运输成本：采购地临近货代地，运送到指定地点的国内运输成本。

2）国际运输成本：在国外产业的运输成本，是指干线运输。

3）时间成本：国内运输时间成本；国际运输时间成本。

4）客服成本：客服人员人力成本。

### （三）装卸搬运成本

装卸搬运成本，是指物品在装卸搬运过程中所支出费用的总和。主要包括：

1）人工费用：支付给装卸机械操作人员、助手和装卸工人的工资、津贴及相关福利费。

2）燃料和动力：装卸机械在运行和操作过程中，所耗用的燃料（如汽油、柴油）和动力（如电力、蒸气）费用。

3）轮胎损耗费用：装卸机械领用的外胎、内胎、垫带费用及外胎翻新费和零星修补费。

4）保养修理费：为装卸机械工具进行保养、大修、小修所发生的料、工、油料等费用。

5）资产折旧费：按规定计提的装卸机械折旧费。

6）低值易耗品费用：装卸搬运过程中所领用的随机工具、劳保用品和消耗性工具。

### （四）包装成本

包装成本，是指企业为完成货物包装业务而发生的全部费用，包括运输包装费和集装、分装包装费；业务人员的工资福利、包装设施年折旧、包装材料消耗、设施设备维修保养费、业务费。

1）运输包装材料费：各类物资在实施包装过程中耗费的材料费用。

2）运输包装人工费：向实施包装作业的工人或专业作业人员发放的计时工资、计件工资、奖金、津贴和补贴等各项费用支出。

3）包装机械设备费用：包装过程中所使用包装机械（或工具）的购置费用、日常维护保养费，以及每个会计期间终了时计提的折旧费用。

4）包装技术费用：为了更好地实现包装的功能，对其实施缓冲包装、防潮包装、防霉包装等技术所支出的费用。

5）其他包装费用：除了上述主要费用以外所发生的一些其他包装辅助费用，如包装标记制作费、包装标志印刷费，拴挂物费用等。

### （五）物流信息及管理费用

物流管理费用是指企业为物流管理工作所发生的差旅费、会议费、业务招待费等；物流信息费用是指企业物流信息系统建设费、运营维护费及其他杂费。

### （六）国际物流成本的控制

在国际物流成本控制方面，需注意以下几点：尽可能一次多采购几件，节省国内邮费；找到一手货代，确保物流安全以及价格低廉；在不同城市寻找货代公司，了解各个国家的直封地，合理选择商品采购地址；针对不同情况选择不同的国际物流方式；实时跟踪货物国内物流，避免货物到达货代却没有发货迹象的情况；给货代提供一体化面单；实时跟踪货物国际物流；测速，查看不同货代公司的工作效率，择优合作。

## 第五节  支付成本

跨境支付有两大类模式：一是网上支付，包括电子账户支付和国际信用卡支付，适用跨境网络零售；二是银行汇款，适用大金额交易。下面按照网上支付与银行汇款两类支付模式，介绍跨境电商在使用不同支付方式收汇款时产生的成本。

1. 网上支付

不同网上支付渠道的费用及适用范围见表 14-1。

表 14-1　不同网上支付渠道的费用及适用范围

| 种类 | 费用 | 适用范围 / 特点 |
| --- | --- | --- |
| PayPal | 费率 2.9% ~ 3.9%，无开户费及使用费，每笔收取 0.3 美元银行系统占用费；提现每笔收取 35 美元；如果跨境每笔收取 0.5% 的跨境费 | 适用跨境电商零售行业，几百美元以内的小额交易 |
| 信用卡 | 信用卡收款费用高，需预存保证金 | 适合从事跨境电商零售的平台和独立 B2C |
| CashPay | 费率 2.5%，无开户费及使用费，无提现手续费及附加费 | 安全，快速，费率合理，通过了 PCI DSS 规范，是一种多渠道集成的支付网关 |
| Moneybookers | 提现会收取少量费用 | — |
| Payoneer | 费用不高，电汇设置单笔封顶价，人民币结汇最多不超过 2% | — |

2. 银行汇款

不同银行汇款形式的费用及适用情况见表 14-2。

表 14-2　不同银行汇款形式的费用及适用情况

| 形式 | 费用 | 适用范围 |
|---|---|---|
| 电汇 | 买卖双方各自承担所在地的银行费用 | 传统的 B2B 付款模式，适合大额交易 |
| 西联汇款 | 手续费由买家承担 | 适合 1 万美元以下的小额支付 |
| Money Gram 速汇金 | 收取手续费。单笔速汇金最高汇款金额不得超过 10000 美元，每人每年凭本人有效身份证件可结汇等值 50000 美元 | — |
| 香港离岸公司银行账户 | 接收电汇无额度限制，不同货币直接可随意自由兑换 | 适合已有一定交易规模的卖家 |

# 第六节　质量成本、人力资源成本及财务成本

## 一、质量成本

质量成本，是指企业为确保或提高质量而发生的费用以及没有达到满意的质量所造成的损失，一般可划分为由内部运行而发生的质量费用和由外部活动而发生的质量费用，具体包括质量预防成本、鉴定成本和损失成本。

1. 质量预防成本

质量预防成本是企业为了防止质量水平低于某一所需水平或提高现有质量水平，而开展的预防活动和采取的各种预防措施所发生的费用。

2. 鉴定成本

鉴定成本是评定产品是否符合规定的质量要求所支付的费用，包括原材料检验、过程检验、产品的检验和试验、各部分分项和产品全面完工后的验收，以及为进行质量鉴定而发生的一切费用，也包括检验、试验设备的折旧费、人员工资等。

3. 内部损失成本

内部损失成本是产品在生产过程中因质量问题而发生的损失，包括产品在生产过程中出现的某些缺陷所造成的损失，以及为弥补这些缺陷而发生的费用。

4. 外部损失成本

外部损失成本是产品出厂后，因产品质量缺陷而引起的一切费用支出。

## 二、人力资源成本

总结所有成本中涉及的人工费用，汇总就是跨境电商企业人力资源成本。

## 三、财务成本

财务成本是指企业为筹集生产经营所需资金等而发生的费用，包括企业生产经营期间发生的利息支出（减利息收入）、汇兑损失（减汇兑收益）、支付给金融机构的手续费、企业发生的现金折扣，以及其他相关费用等。

**1. 利息支出**

利息支出是指企业短期借款利息、长期借款利息、应付票据利息、票据贴现利息、应付债券利息、长期应付引进国外设备款利息等利息支出（除资本化的利息外）减去银行存款等利息收入后的净额。

**2. 汇兑损失**

汇兑损失是指企业因向银行结售或购入外汇而产生的银行买入、卖出价与记账所采用的汇率之间的差额，以及月度（季度、年度）终了各种外币账户的外币期末余额按照期末规定汇率折合的记账人民币金额与原账面人民币金额之间的差额。

**3. 金融机构手续费**

金融机构手续费是指发行债券所需支付的手续费（需资本化的手续费除外）、开出汇票的银行手续费、调剂外汇手续费，以及企业为得到其他金融服务需支付的手续费等，但不包括发行股票所支付的手续费等。

**4. 其他相关费用**

其他相关费用是指企业发生的现金折扣、融资租入固定资产发生的融资租赁费用、为了筹集资金而负担的担保费等。

> 注："利息支出"这项指标应填报企业利息的总支出，而不是企业会计报表上的利息净支出，"其他相关费用"的"担保费"，若企业给其他单位做担保所发生的费用应计入"管理费用"，而不属于财务费用。

## 本章小结 《《

按照经营模式以及业务范畴等的不同，可以将跨境电商分为自造型跨境电商企业、囤积型跨境电商企业和跨境电商代运营企业。由于自造型跨境电商企业成本链最长，基本涵盖后两者的情形，所以本章以自造型跨境电商企业为例阐述其成本结构。跨境电商成本主要由八个部分组成，分别是采购成本、生产成本、营销成本、物流成本、支付成本、质量成本、人力资源成本和财务成本。

## 名词解释 《

1. 采购成本：采购成本是指自造型跨境电商企业为生产产品需要，组织相关人员开展采购活动而发生的各项费用，具体包括订购成本、维持成本、缺料（或缺货）成本三大部分。

2. 物流成本：物流成本是指企业从原材料供应开始直至将商品送至用户手中所发生的全物流费用，具体包括产品在包装、装卸、运输、储存、流通加工等物流活动中所支出的人力、财力、物力之和。

3. 质量成本：质量成本是指企业为确保或提高质量而发生的费用以及没有达到满意的质量所造成的损失，一般可划分为由内部运行而发生的质量费用和由外部活动而发生的质量费用，具体包括质量预防成本、鉴定成本和损失成本。

## 课后思考题 《

试分析跨境电商企业的成本结构。

# 第 十 五 章
# 跨境电商运营结构与人才需求

## 本章概要 《《

本章的主题是跨境电商的运营结构与人才需求，共分为三节内容。第一节分析第三方平台型跨境电商的运营结构；第二节分析自营平台型跨境电商的运营结构；第三节分析跨境电商设计专员、运营专员、外贸专员和供应链管理专员四个职位的职责与人才结构。

## 学习目标 《《

掌握第三方平台型和自营平台型跨境电商的内涵和运营结构；了解人才和组织结构对跨境电商企业的意义；熟悉设计专员、运营专员、外贸专员和供应链管理专员的职责。

本章结合相关案例分别介绍第三方平台和自营平台两种模式跨境电商的运营结构，并对各部门职责与人才结构进行介绍，以便读者对跨境电商的运营结构有更加深刻的认识。

## 第一节　第三方平台型跨境电商的运营结构

第三方跨境电商平台，泛指独立于产品或服务的提供者和需求者，按照特定的交易与服务规范为买卖双方提供服务的平台企业。服务内容可以包括但不限于供求信息发布与搜索、交易的确立、支付、物流等。

第三方跨境电商运营结构如图 15-1 所示。

店长主要负责店铺管理与活动对接，召集数据分析组、付费推广组与客户关系组制定店铺推广计划，策划、组织实施店铺营销方案，并协调售前、售后、仓库及店铺营销活动。

渠道组组长主要负责制定店铺推广计划、渠道公关、BD（Business Development）合作，策划营销推广活动与协调售前、售后、仓库、店铺营销活动。

渠道专员主要负责渠道推广、活动对接与店铺日常管理，并配合组长完成营销推广活动，配合数据分析组完成数据分析报表。

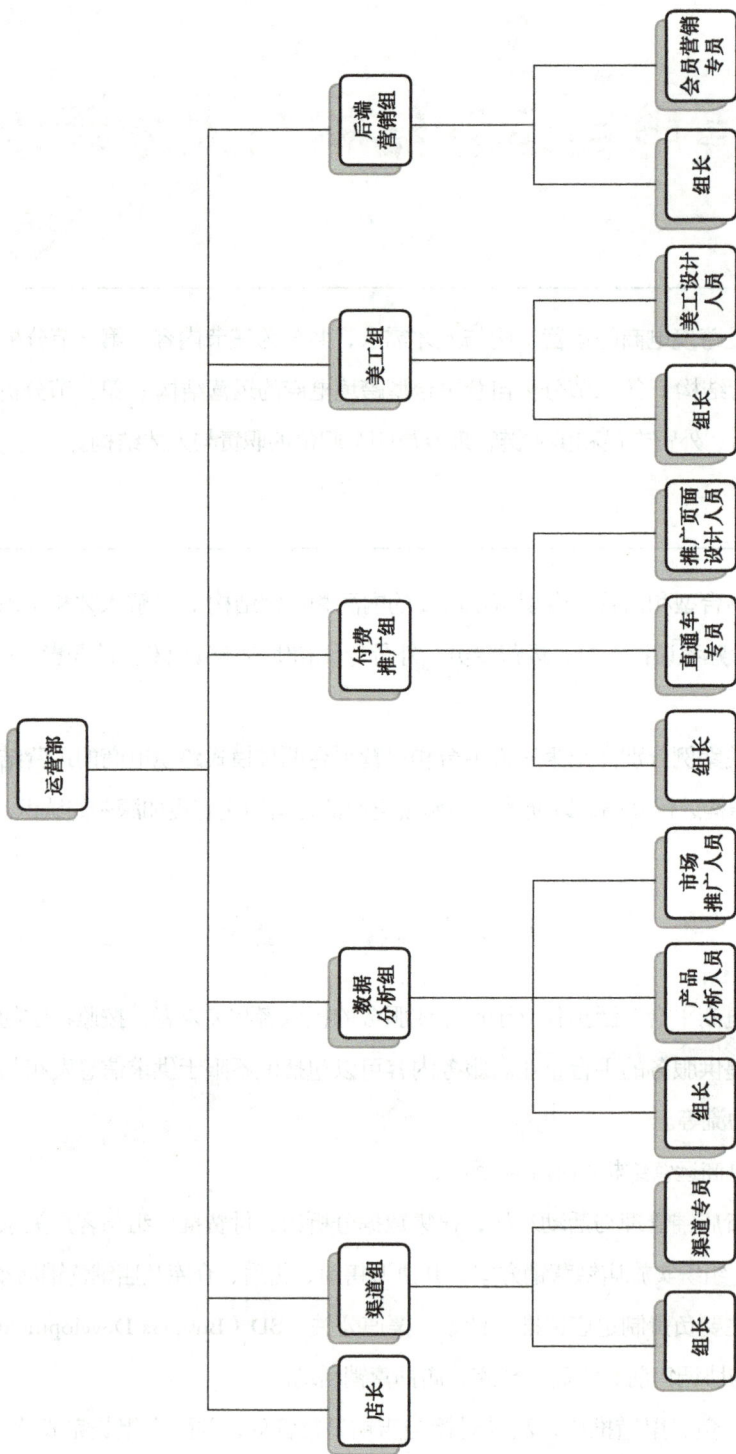

图 15-1　第三方跨境电商运营结构图

数据分析组组长主要负责建立数据分析模型、制定数据分析计划与递交数据分析报表。

产品分析人员主要负责产品推广效果分析、优差评分析与回购率分析。

市场推广人员主要负责店铺推广效果分析、产品结构调整分析和推广手段效果分析。

付费推广组组长主要负责根据数据分析表制定全年推广预算与 KPI 考核指标，制定并组织实施各阶段推广计划与递交并组织实施各类推广手法计划表。

直通车专员主要负责直通车日常推广与维护，制定各阶段产品直通车推广计划和推广效果总结报表。

推广页面设计人员主要负责 CPC、CPT、CPM 推广活动页面设计、素材收集整理与页面制作。

美工组组长主要负责配合店铺运营完成推广版面设计，以及活动页面效果跟进、调整与总结分析。

美工设计人员主要负责协助组长完成活动页面制作与协助运营组制作活动素材。

后端营销组组长主要负责制定会员管理体系与会员营销方案，制定营销效果分析报表并整合会员资源。

会员营销专员主要负责会员群组管理，社会化营销，会员接待、咨询以及催付方案优化。

## 第二节 自营平台型跨境电商的运营结构

自营平台型跨境电商模式是以标准化的要求，由公司对其经营的产品进行统一的采购、展示、在线交易，并通过物流配送将产品投放到最终消费群体。自营平台型跨境电商成功塑造了商城强有力的品质和售货保障形象，加强了电商对商品来源、商品质量、商品供应及物流配送的管控能力。自营平台型跨境电商主要有制造企业自营跨境电商和囤货式自营跨境电商两种模式。制造企业自营跨境电商的主要特点是企业对销售的产品进行过加工或装配，有购进原材料和使用人工生产装配的过程，相对而言，容易产生品牌效应，有更多的质量保证；而囤货式自营跨境电商需自建仓储和物流，更适合大型企业或总部位于人才较为集中的大型城市的企业。

国内囤货式自营跨境电商中，京东商城是较为具有代表性且有借鉴意义的一家，因而本节选用京东商城全球购进行分析。京东商城的组织结构包括五大业务线：营销体系（CMO，Chief Marketing Officer），仓储配送客服运营体系（COO，Chief Operating Officer），信息系统体系（CTO，Chief Technology Officer），人事、法务和基建系统（CSO，Chief Solution Officer），以及财务和战略系统（CFO，Chief Financial Officer）。京东商城选用的是"自营＋平台"的方式，自建仓储和物流，以综合品类、3C 产品⊖ 和大家电为主。具体来说，京东的组织架构图如图 15-2 所示。

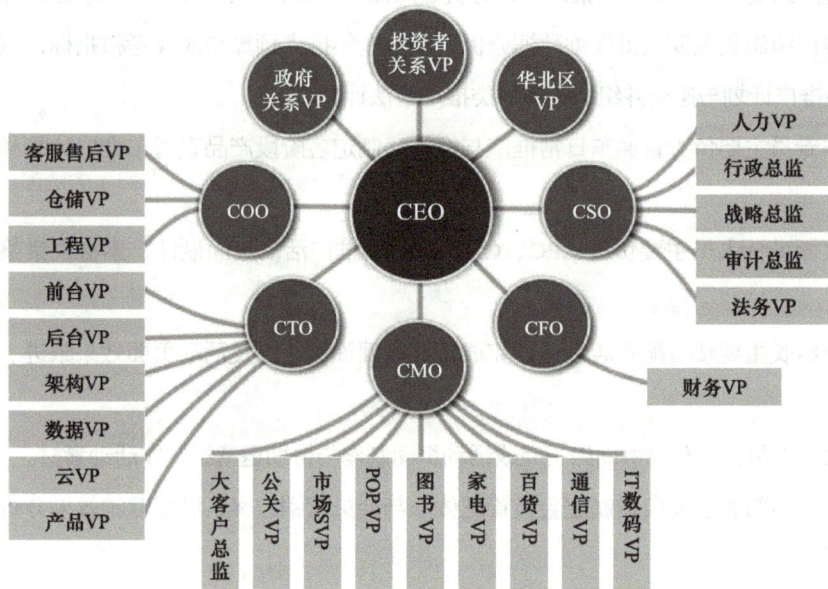

图 15-2　京东组织结构图

VP—Vice President，副总裁

## 第三节　部门职责与人才结构

　　人才是驱动跨境电商产业发展和产业结构调整升级的关键，而部门职责的合理规划决定了公司的效率与时间成本。本节将根据跨境电商企业的具体需要，挑选有代表性的跨境基本职位进行详细介绍。跨境电商基本职位主要负责跨境电商领域相关的基本工作，主要包括电商设计、运营推广、外贸和供应链管理等。

### 一、跨境电商设计专员职责细分

1. 跨境电商网页设计

跨境电商网页设计专员职责细分见表 15-1。

---

⊖　3C产品就是计算机（Computer）、通信（Communication）和消费类电子产品（Consumer Electronics）三者结合，亦称"信息家电""3C小家电"。

表 15-1 跨境电商网页设计专员职责细分

| 工作职责 | 职责细分 |
|---|---|
| 1. 页面设计及优化 | 把握店铺设计的流行趋势，结合产品特点，负责网站整体形象设计及实现；<br>负责店铺首页、类目页、商品详情页等的设计、装修和维护；<br>负责网站各模块的视觉实际展现及前端效果呈现，网站专题、网站运营活动的创新设计和呈现；<br>对网站 IP、PV、销量、跳出率、地域分布、转化率等进行分析，据此制定店铺页面优化方案，确保视觉效果和用户体验；<br>负责店铺促销期间的设计排版和促销宣传版面，配合推广人员设计和制作推广海报、广告页、宣传图片；<br>制订店铺设计规范、页面制作的相关标准和流程，保证产品风格的一致性，同时根据项目统一视觉标准及规范，提供设计方案；<br>强化店铺的内容互动，配合频道的内容规划，加强网店特色 |
| 2. 产品拍照管理和图片优化 | 根据产品及需求，协助制订拍摄方案；<br>对销量、客户反馈等数据进行分析，制订产品拍照和图片优化方案；<br>配合产品做拍照后期处理、图片优化处理 |
| 3. 产品上架及优化 | 深入了解产品属性和特质，负责产品上架所需详情页的制作工作，突出产品卖点；<br>分析客户需求和搜索习惯，了解搜索排序规则，关注店铺及产品的实时排名；<br>配合店铺销售活动，更新店铺产品信息 |
| 4. 其他 | 分享设计经验，对下属进行业务技能上的指导和帮助，推动提高团队整体的设计能力；<br>联系管理外包第三方完成素材制作 |

### 2. 跨境电商平面设计

跨境电商平面设计专员职责细分见表 15-2。

表 15-2 跨境电商平面设计专员职责细分

| 工作职责 | 职责细分 |
|---|---|
| 1. 视觉设计及美化 | 根据公司和市场需求制定视觉营销设计方案，参与公司创意管理；<br>根据店铺设计的流行趋势，结合产品特点，负责店铺页面的视觉设计和视觉美化工作；<br>配合营销活动，结合产品的特性制作成有视觉冲击力、有吸引购买力的宣传图片；<br>根据活动和季节定期更新店铺视觉，突出强调产品独特卖点，传递其价值主张；<br>负责品牌 VI（视觉识别）设计；<br>协助完成店铺管理与栏目的发展规划，促进网站知名度的提高 |
| 2. 图片管理及优化 | 对产品进行归类和管理，创建店铺的图片库；<br>负责产品图片与实物的色彩、构图、细节等方面的校对和美化、处理工作；<br>对销量、客户反馈等数据进行分析，制定产品图片的优化方案，并根据优化方案进行产品图片的优化；<br>负责产品的形象包装，软文排版，协助完成产品日常上架、维护和美化工作；<br>深入了解产品属性和特质，协助对产品进行个性文案策划，从各个方面尽可能挖掘出产品更多的卖点 |
| 3. 其他 | 协助各个业务部门处理工作中遇到的产品图片问题 |

### 3. 跨境电商摄影师

跨境电商摄影师职责细分见表 15-3。

表 15-3　跨境电商职责细分

| 工作职责 | 职责细分 |
|---|---|
| 1. 产品拍照及摄像 | 根据产品及需求，制定拍摄方案；<br>根据拍摄任务，制订详细的拍摄工作计划和时间安排；<br>根据产品的类型和工作的需要，选择合适的拍摄设备和最有利于用户观看的呈现方式；<br>根据标准工作规范和流程对公司通过外贸平台推广的产品拍照，并负责少量产品的简单视频拍摄 |
| 2. 照片后期处理 | 对拍摄的照片进行筛选，删除不合要求的照片；<br>对合格的照片进行编辑、命名和分类；<br>对照片进行调整、裁剪和调色，协助修图工作；<br>将处理好的照片上传到系统，并进行备份 |
| 3. 场景图拍摄 | 根据店铺风格及销售要求，与设计师共同完成室内外场景图的拍摄 |
| 4. 负责管理摄影棚和拍摄器具 | 根据标准工作规范和流程对公司的摄影棚和拍摄器具进行管理 |
| 5. 其他 | 协助外联广告片的拍摄工作；<br>与拍摄小组的其他成员紧密协作，给予同事一些专业的摄影培训和指导 |

## 二、跨境电商运营人员职责细分

### 1. 跨境电商运营专员

跨境电商运营专员职责细分见表 15-4。

表 15-4　跨境电商运营专员职责细分

| 工作职责 | 职责细分 |
|---|---|
| 1. 市场调查及分析 | 跨境电商平台市场调查分析及同类产品调查，为产品找出卖点 |
| 2. 跨境店铺基础建设 | 执行上级对店铺和官方网站的规划，搜集并加工图片、信息等，完成基础建设；<br>选择关键词、确定标题、完善产品信息，发布产品、设置橱窗 |
| 3. 运营日常管理 | 执行运营推广计划，调整推广价格；<br>对运营数据进行整理分析，及时做出应对和调整；<br>根据运营推广效果不断优化，以保证询盘量 |
| 4. 其他 | 持续关注平台最新动向与运营最新知识，及时调整方案；<br>日总结、周汇报，及时反馈工作效果、存在的问题、解决建议等；<br>完成上级安排的其他事项 |

### 2. 跨境电商文案策划人员

跨境电商文案人员策划职责细分见表 15-5。

表 15-5　跨境电商文案策划人员职责细分

| 工作职责 | 职责细分 |
|---|---|
| 1. 文案策划和编写 | 负责产品说明书、招聘材料、广告策划案、品牌推广方案等的撰写与策划；<br>根据产品特点和用户关注方向挖掘产品诉求点，并策划编写产品详情页文案；<br>策划撰写海报及主题文案；<br>负责对外和内部活动的企划宣传及资料文案的撰写；<br>负责公司对外媒体和广告表现文字的撰写；<br>参与网站、微信、微博内容建设工作，负责网站、微信、微博各模块内容的日常维护；<br>根据需要对文案进行修改和维护 |

（续）

| 工作职责 | 职责细分 |
|---|---|
| 2. 参与营销活动策划 | 配合活动策划组，完成类目专题促销活动策划，跟进相关数据，对目标达成情况进行分析；<br>协助开展并跟进大型营销活动，负责整理、制定项目进度表参与专题的选题、发布、交流工作；<br>策划各类型的创意活动与事件性营销，增加展会的曝光与话题，为展会官网、微博、微信等引入流量，为现场参观储备资源；<br>对设计提出自己的意见，并协助完成设计工作 |
| 3. 信息审核 | 网友爆料信息审核判断；<br>收集整理客户信息、客户产品信息，对采集信息进行审核、编辑及发布 |
| 4. 资料翻译 | 对中文信息进行英文翻译 |
| 5. 其他 | 不断学习新知识，提高业务能力和水平；<br>协助类目经理完成其他日常工作 |

3. 跨境电商网络推广人员

跨境电商网络推广人员职责细分见表15-6。

表 15-6 跨境电商网络推广人员职责细分

| 工作职责 | 职责细分 |
|---|---|
| 1. 营销策略和计划的制定 | 协助跨境电商平台搭建、运营、维护，制定推广策略并组织实施；<br>制定电商平台品牌推广计划并推广实施；<br>监控并分析行业动态和竞争对手市场行为；<br>根据公司业务特点和海外市场需求，协助制订和执行中长期海外市场和营销战略 |
| 2. 网店流量推广 | 制订 SEM 渠道策略、SEO 优化策略，包括关键词选择、广告创意、网站内容优化、制订竞价规则和策略，优化推广费效比，提高网站自然搜索排名；<br>负责网店外部链接的维护、建设和推广，提升网店综合排名；<br>评估和分析网店和产品的关键词，提升关键词的搜索排名；<br>熟悉谷歌、Facebook、社区论坛、网络免费推广规则等，并负责问答平台、论坛、社区等日常维护 |
| 3. 营销活动策划 | 通过谷歌、Facebook、Twitter、Youtube 等社会网络媒体做推广运营，策划活动，发布原创信息，凝聚网络人气，提升公司品牌影响力 |
| 4. 推广效果分析 | 熟悉无成本或低成本网络营销推广方式，追踪各种免费及付费广告资源，制定推广计划，控制网络推广费用；<br>对已经进行的推广活动进行效果跟踪和评估，形成阶段性的数据报告，并提出后续改进方案；<br>剖析数据，找出店面存在的问题并处理，提交分析报告 |
| 5. 跟进和监控市场动态 | 定期跟踪并分析行业竞争对手的电子商务产品策略、市场营销策略，及时制定应对措施，不断调整、完善公司的产品策略与市场营销策略与方案 |
| 6. 其他 | 能够清晰地通过各种数据报表汇报工作，提出建设性的意见；<br>密切沟通协调公司内部各职能部门，保持与各大跨境电商渠道的良好关系和有效沟通 |

4. 跨境电商 SEO 专员

跨境电商 SEO 专员职责细分见表15-7。

表 15-7  跨境电商 SEO 专员职责细分

| 工作职责 | 职责细分 |
|---|---|
| 1. 针对各大搜索引擎的全站优化工作 | 制定并执行网站优化方案，达到目标营销效果；<br>根据网站产品制定关键字策略，并进行监控，对方案持续调优；<br>负责 SEO 相关需求的提出、实施、跟进、上线及效果评估；<br>网站的结构优化和流程优化；<br>保证网站关键词在各大搜索的排名位置和数量，如谷歌收录数、alexa 排名；<br>合理构建网站的外链，包括友情链接、微博链接及软文外链等并监控外链效果；<br>提高网站点击率；<br>提高流量转化率 |
| 2. 对网站各项数据进行监控和分析 | 进行网站各项数据的监控和分析，进行搜索引擎蜘蛛爬取情况、网站收录及关键词排名的监测等；<br>对项目效果及时进行分析，并提供分析报告和搜索引擎优化计划；<br>跟踪、分析特定关键词，发现并深刻理解网站当前面临的问题，制定网站搜索现状分析报告；<br>评估、分析网站的关键词等，根据项目需要制订核心的关键词方案；<br>监控网站关键字，及时提出合理的网站调整建议；<br>根据要求提升站点相关关键词排名；<br>配合活动策划组，完成类目专题促销活动策划，跟进相关数据，分析目标达成情况；<br>海外市场及国内竞争者信息收集，分析和研究竞争对手数据 |
| 3. 以搜索引擎优化为主的网络营销研究、分析 | 负责以搜索引擎优化为主的网络营销研究、分析与服务工作；<br>负责研究搜索引擎排名优化原理及跟进各搜索引擎算法调整，优化 SEO 搜索效果；<br>跟踪主流搜索引擎的算法变化和调整情况，并制定相应的应对措施；<br>监测各大知名网站的收录和排名规则；<br>分析研究竞争对手排名靠前的原因，提供分析报告，制定优化计划并快速超越竞争对手关键词排名 |
| 4. 海外网络营销和推广 | 根据海外市场的战略需要，策划并组织执行海外在线营销推广活动；<br>负责海外网络营销和推广、EDM 制作发布、简讯编辑；<br>负责在外贸 B2B 平台（如中国制造网、四海商舟等）上的网络营销、市场拓展；<br>负责付费推广的监管与维护，避免恶意点击，分析推广的效果；<br>收集海外市场反馈数据，不断改进推广效果 |
| 5. 网站代码优化和工具使用 | 日常后台的维护，网站改版、升级、添加模块等；<br>负责 B2C 网站和独立站的开发及优化、页面设计，根据网络架构和功能需求编写代码，完成网站技术开发和改版工作，并通过不断测试提高用户体验；<br>熟练使用网站测试工具、网站优化工具、流量分析工具等 SEO 常用工具 |

5. 跨境电商数据分析专员

跨境电商数据分析专员职责细分见表 15-8。

表 15-8　跨境电商数据分析专员职责细分

| 工作职责 | 职责细分 |
|---|---|
| 1. 数据整理、归纳、分析和总结 | 业务数据报表体系搭建，建立和完善数据采集、处理、分析、报告等各个环节的流程和方法；<br>负责对网上店铺的 IP、PV、人均访问页数、销量、跳出率、地域分布、转化率等做出专业的数据分析，做好竞争对手网站的数据采集、评估与分析；<br>负责业务数据分析，监控业务指标运行情况，以日、周、月为单位定期提供运营分析数据图表，提供预测预警和针对性策略建议；<br>负责用户行为习惯分析，整理客户资料，分析客户属性和消费行为，分析网购人群的购买习惯，并通过购买习惯优化 eBay、亚马逊、速卖通等平台产品；<br>负责物流数据分析，对商品物流配送、服务、价格、时间及车辆调度、干线运输等进行数据分析；<br>负责流量数据分析，对网站流量访问、粉丝数量等运营流量数据进行分析；<br>负责活动数据分析，对每次商城活动进行数据分析，包括访问量、订单转化率；<br>负责广告数据分析，对品牌所有广告投入的数据进行分析，提高性价比 |
| 2. 提供数据支持 | 提供各类业务相关的分析及建议，为公司运营决策、产品方向、销售策略提供数据支持及改善意见；<br>准时完成日常报表，做好总结，对营销管理及优化提供数据支持；<br>积极与各部门相关人员沟通协调，参与销售分析会议，提出各种新的数据分析项目或方案；<br>对各部门结果表现给予评估，为公司运营决策、优化产品方向、制订销售策略提供数据支持；<br>支持各种常规或临时数据分析需求，完成相关报表的制作，向各部门提供各类准确运营数据及报表，并提出各项意见；<br>对产品的长期发展战略提出建设性意见，为与企业决策层讨论战略决策提供相应的数据依据 |
| 3. 效果跟踪和评估 | 负责运营数据的监控和跟踪分析，并对异常波动情况进行深入分析和问题定位；<br>负责营销管理问题的跟踪和交叉分析，提出解决方案建议；<br>对活动策划进行跟踪，进行数据分析和效果总结；<br>根据流量、咨询量、转化量等数据，对推广效果进行跟踪和评估，进行数据分析和总结；<br>提出营销改进措施和方案 |
| 4. 其他 | 提供员工绩效考核相关数据；<br>协助业务部门处理其他各类数据；<br>处理日常运营中遇到的基础工作；<br>进行数据相关培训 |

## 三、跨境电商外贸专员职责细分

1. 跨境电商业务员

跨境电商业务员职责细分见表 15-9。

表 15-9　跨境电商业务员职责细分

| 工作职责 | 职责细分 |
|---|---|
| 1. 市场开拓，促进订单 | 对产品国际市场进行调研及分析，开拓国际市场；<br>在主流跨境电商平台上进行产品的推广及销售；<br>处理来自跨境电商平台的邮件，以及来自旺旺、RFQ[⊖]等的客户询盘与问询，为客户提供精确报价并解答相关疑问，以促进订单达成；<br>联系客户、编制报价、参与商务谈判，签订合同；<br>开发客户需求，将潜在客户转化为有效客户 |

---

⊖　RFQ（Request for Quoting），就是买方先询价、卖方再报价。

（续）

| 工作职责 | 职责细分 |
|---|---|
| 2. 产品发布及产品信息更新、维护 | 负责公司 B2B 电子商务平台上的产品发布工作；<br>上传和更新网络平台产品信息，回复询盘信息并及时跟进处理；<br>负责样品的申请、收集及发布 |
| 3. 订单跟进及客户管理 | 跟进订单生产，及时将生产进度汇报给客户；<br>联系物流与海关，填写相关单据；<br>跟进客户付款，以保证收到货款；<br>客户管理和回访，收集、整理客户资料，并建立档案，方便以后查询和跟踪；<br>负责接待客户等销售辅助工作 |
| 4. 其他 | 负责日总结周汇报工作，及时反馈问题，与生产、运营等部门进行良好沟通；<br>完成上级安排的其他工作 |

2. 跨境电商跟单员

跨境电商跟单员职责细分见表 15-10。

表 15-10　跨境电商跟单员职责细分

| 工作职责 | 职责细分 |
|---|---|
| 1. 订单跟踪 | 操作跨境电子商务平台，处理询盘，承接订单；<br>依照客户订单要求，核对产品备注和反馈信息；<br>跟踪订单的生产进度，安排产品的发货，督促订单的落实；<br>跟踪订单的进度，并与客户实时保持联系；<br>安排订单出运事宜并跟踪货款回收 |
| 2. 客户维护 | 及时回复询盘信息并跟进处理；<br>跟踪维护新老客户资源；<br>组织进行客户投诉或退货的处理，并将结果反馈给客户或公司相关部门 |
| 3. 其他 | 业务相关资料的整理和归档；<br>协助实施公司销售业务的整体目标和工作计划；<br>完成上级安排的其他工作 |

3. 跨境电商客服

跨境电商客服职责细分见表 15-11。

表 15-11　跨境电商客服职责细分

| 工作职责 | 职责细分 |
|---|---|
| 1. 回复和处理来自全球的各类客户咨询 | 提供良好的客户服务，快速、准确地回复和处理来自全球各类客户的疑难问题咨询和反馈；回复海外客户的商业信函；<br>以英语为工作语言，通过电话、邮件等沟通方式帮助客户解决业务相关问题；<br>能够迅速、正确地处理突发临时性客户服务工作；<br>做好售前、售中、售后的客户服务，提高 Review 的质量和数量；<br>能够准确抓住产品的重要信息和推广点，并对产品信息进行提炼，做出准确、简洁的描述，吸引客户的眼球 |

（续）

| 工作职责 | 职责细分 |
|---|---|
| 2. 处理客户纠纷 | 处理中差评，与客户及时沟通并采取积极的补救措施；<br>对客户的退换货进行妥善处理，提高客户满意度；<br>妥善处理客户投诉与纠纷，提高账号好评率，保持账号良好运行状态 |
| 3. 订单处理 | 承接、处理客户订单，并跟踪订单进展状况，确保订单按时完成；<br>负责发货后的发货更新和物流跟进；<br>针对每个订单的客户满意度跟踪服务 |
| 4. 统计工作 | 定期总结店铺存在的 BBE<sup>⊖</sup> 问题，提出解决方法，不断提高客户购物体验；<br>汇总客户反馈意见和建议，搜集和统计客户相关数据，参与客户服务满意提升计划；<br>每月进行销售统计，制作销售明细报表 |
| 5. 挖掘客户需求，协助产品优化 | 在与客户沟通的过程中搜集和挖掘客户需求，为产品优化和推广提供依据；<br>深入了解了公司的所有产品信息，能够及时发现上架产品的错误信息并及时与相关部门沟通，避免客户的不良投诉 |
| 6. 账户维护 | 负责 eBay、速卖通、亚马逊、Wish 账号的维护，对潜在的风险或侵权有一定的防范和处理能力；<br>完善店铺各种政策与制度，保持店铺的好评率和良好的信用度 |
| 7. 配合其他部门工作 | 协助销售人员上传新品，包括产品编辑、链接优化和后期维护；<br>协助销售人员做采购计划，跟进货物的物流情况和仓库库存情况；<br>协助摄影工作和美工工作，与摄影师沟通，拍出理想的产品图片；<br>参与制定、推广公司的价格战略 |

## 四、跨境电商供应链管理专员职责细分

1. 跨境电商采购专员（进口）

跨境电商采购专员（进口）职责细分见表 15-12。

表 15-12　跨境电商采购专员（进口）职责细分

| 工作职责 | 职责细分 |
|---|---|
| 1. 采购 | 负责公司采购工作：询价、比价、签订采购合同、验收、评估及反馈汇总工作；<br>收集、整理、分析商品信息，进行相关市场行情调查，合理采购商品；<br>采购下单、跟单、对单、核对发票金额；<br>对于入库商品进行批次记录和管理相关检验报告；<br>调查工厂情况，进行业务洽谈、催发货等 |
| 2. 客户沟通 | 负责与供应商进行产品、价格、政策沟通，维护供应商与公司的良好关系，并长期发展；<br>开发、评审、管理供应商和客户，维护与其关系；<br>根据供应商应付账余额及库存结余情况，确认供应商付款 |
| 3. 控制库存 | 维护现有供货商和各采购渠道的平稳供货，满足公司销售需求，保证商品的合理库存；<br>库存商品数量统计汇总，合理管控库存；<br>保证库房货品实物数量与系统数量相符；<br>商品销售后，根据市场行情变化及需求情况及时补仓 |
| 4. 其他 | 协助其他部门妥善解决采购过程中出现的问题；<br>管理商品档案；<br>负责库房货架整理及货品安全；<br>完成上级安排的其他工作 |

---

⊖　BBE，Bad Buying Experience，买家不良体验。

**203**

2. 跨境电商采购专员（出口）

跨境电商采购专员（出口）职责细分见表 15-13。

**表 15-13 跨境电商采购专员（出口）职责细分**

| 工作职责 | 职责细分 |
|---|---|
| 1. 市场分析 | 实地开发、考察新供应商，汇总及制定各季度采购买货计划；<br>掌握市场行情，按"质优、价廉"的原则货比三家，择优采购；<br>创建及维护产品信息资料，进行市场调查数据整理和分析、成本利润核算及销售初期市场预测 |
| 2. 采购 | 按照采购计划，在保证质量的前提下，做到及时、适用，合理降低物资积压和采购成本；<br>负责采购合同的拟订、执行及跟进，跟踪及控制采购物品交货期 |
| 3. 联系供应商 | 管理维护供应商，优化供应商组合，建立稳定的采购渠道，寻找充足的货源；<br>加强与供应商的沟通与联络，确保货源充足、供货质量稳定、交货时间准确；<br>进行采购异常、退换货、补偿事宜的处理，确保公司利益 |
| 4. 其他 | 进行产品质量跟踪及产品到达、仓库入库情况的跟进；<br>协助有关部门妥善解决产品使用过程中出现的问题；<br>每月编制采购总表，根据各部门的需要提供相关信息；<br>完成上级安排的其他工作 |

3. 跨境电商物流专员

跨境电商物流专员职责细分见表 15-14。

**表 15-14 跨境电商物流专员职责细分**

| 工作职责 | 职责细分 |
|---|---|
| 1. 物流相关业务操作 | 负责国际运输/物流等相关业务的操作及单证工作；<br>负责跟踪国际快递、普通空运、海运货物进口，协调海关、商检局与公司内部，帮助清关并解决相关问题；<br>负责国际电商物流平台业务对接、订单操作 |
| 2. 物流渠道优化 | 监控、评估、开发物流渠道，包括管理海外仓储；<br>进行业务逻辑分析，选择、推荐合适的物流方式，节约物流成本；<br>定期分析各物流渠道的效率、时效、价格、跟踪、丢包率、客户投诉率 |
| 3. 物流跟踪、评估 | 负责解决货物在运输过程中遇到的问题；<br>负责丢失件及破损件的理赔；<br>负责协调物流及各职能部门之间的沟通；<br>负责对供应商的运营质量进行管控与定期评估；<br>货物储运后的售后跟踪服务，及时向客户反馈业务状态，做好文件归档等 |
| 4. 其他 | 整理清关申报资料；<br>做好工作记录、物流数据汇总，将各类问题分类汇总并及时反馈异常情况给相关人员；<br>配合业务部门，调整运费报价，进行物流查询、ERP 对接等；<br>完成上级安排的其他工作 |

4. 报关员

报关员职责细分见表 15-15。

表 15-15　报关员职责细分

| 工作职责 | 职责细分 |
|---|---|
| 1. 单证制作 | 负责进出口货品的报关、查验及各种单证的审核和制作，并对资料整理归档；<br>及时对报关业务数据、支出费用进行统计汇总，做好统计和存档；<br>根据规定，准备提货单、装箱单、发票、报关委托书等相关单据，填写报关单；<br>对需要进行商检的货物，准备商检单据，申请商检；<br>确保各类手续、单据的准确性和完整性 |
| 2. 与海关、商检沟通 | 负责协调海关、商检部门、税务部门、报关行与公司内部相关事宜的联络，及时解决异常情况，确保操作合法、有效；<br>协助海关办理进出口货物的验收、结关等事宜；<br>及时收集、通报海关、商检局公布的政策、法规、规章，及时将有关动态内容向上级报告 |
| 3. 其他 | 办理退税、减税；<br>跟进报关进度，及时向公司反馈；<br>完成上级安排的其他工作 |

## 本章小结 ◀◀

　　第三方跨境电商平台，泛指独立于产品或服务的提供者和需求者，按照特定的交易与服务规范为买卖双方提供服务的平台企业。服务内容可以包括但不限于供求信息发布与搜索、交易的确立、支付、物流等。自营平台型跨境电商模式是以标准化的要求，由公司对其经营的产品进行统一的采购、展示、在线交易，并通过物流配送将产品投放到最终消费群体的模式。这两种模式都有带有各自平台特色的人员运营结构。人才是驱动跨境电商产业发展和产业结构调整升级的关键，而部门职责的合理规划决定了公司的效率与时间成本。跨境电商基本职位主要包括设计专员、运营专员、外贸专员和供应链管理专员等，他们在各自职位范围内都需要承担不同的工作内容。

## 课后思考题 ◀◀

1. 解释第三方平台型跨境电商和自营型跨境电商的内涵并比较其运营结构。
2. 分析跨境电商企业的主要岗位类型并简要概括各自岗位职责。

# 第十六章
# 跨境电商代运营

## 本章概要 《《

本章的主题是跨境电商代运营。本章主要介绍跨境电商代运营的发展背景、概念、主要业务环节、种类、收费方式、组织结构、与委托方的职责分配以及对跨境电商代运营的选择八部分内容。

## 学习目标 《《

了解跨境电商代运营的发展背景；掌握跨境电商代运营的概念；了解跨境电商代运营主要的业务环节；了解跨境电商代运营的种类；了解跨境电商代运营的收费方式；了解跨境电商代运营的组织结构；理解跨境电商代运营商与委托方的主要职责分配；掌握对跨境电商代运营商的选择过程。

## 第一节　跨境电商代运营的发展背景

随着更多的中小微企业加入业务流程繁杂的跨境电商大军中，但很多企业不熟悉跨境电子商务的运营业务以及跨境网络零售专业分工细化等，为顺应跨境企业急迫需要将一部分繁复的运营流程外包出去的需求，跨境电商专业代运营应运而生。作为传统企业和电子商务之间的桥梁，电子商务代运营服务企业不仅可以为传统企业解决人才问题，还能帮助传统企业快速建立网络销售渠道，树立企业在网上的品牌形象，降低运营风险和成本，满足企业初期对拓展电子商务战略的需求。这是近年来电子商务代运营市场快速发展的主要原因。具体而言，跨境电商代运营具有如下优势：

1. 降低经营成本

由于专业化分工所带来的高效率，许多专业性跨境电商代运营公司在其专业领域都拥有比传统外贸企业更有效的资源和运营经验。这些企业通过自身对跨境电商业务的高度熟练和丰富的行业知识，实现比委托企业高得多的经营效率，因而能够以优质低价的优势为委托企业提供服务。

### 2. 解决稀缺资源问题

跨境电商业务需要专业化的人才、知识和设备。而这些资源目前可能较为稀缺，传统企业如果要自己获取这些资源，不仅有难度，而且可能需要付出巨大代价，跨境电商代运营则可有效解决资源稀缺问题。

### 3. 有效地提高业绩

代运营公司通过发挥资源优势、技术优势、知识优势来提高其所提供的服务质量。专业公司由于业务相对单一而且专注，使得其专业化优势得到充分彰显。例如专业的店铺页面设计和维护，可以吸引更多的店铺流量，有效获取更多订单。

### 4. 减少运营风险

跨境电商代运营可以减少一些风险，增强企业防范和抵御风险的能力。跨境电商运营有其独特性，网络销售渠道的运营方式区别于传统的销售渠道和运营发展模式。不仅如此，相比传统外贸和一般电商，跨境电商所面临的市场环境也更加复杂，不同的国家、不同的文化环境，这些都需要长期而系统的产品建设，如果还是依靠过去的操作经验可能会遭遇损失，因此对于风险高、管理难度大、专业性强的跨境电商业务，可采用代运营方式以减少运营风险。

## 第二节　跨境电商代运营的概念

跨境电商代运营是跨境电商企业为满足跨境电子商务运营的需求开展的一种商业服务，企业以合同的方式委托专业第三方服务商，根据自身拓展线上业务的需求，由第三方服务商为其提供以营销推广为核心，包含电子商务平台网站建设、技术维护、物流、经营推广、客户联络和服务、售后服务等一系列跨境电子商务的全流程或者部分环节的代运营服务。各个跨境电商代运营企业服务内容因定位和行业不同而差别较大。通常，狭义的跨境电商代运营仅指电子商务前端的店铺运营，以获得订单、完成销售为主要目标；广义的跨境电商代运营服务内容还包括电子商务渠道规划、建站、产品上架、营销、仓储物流、客服、财务结算等运营衍生业务。跨境电商外包是从发包企业的角度，即有跨境电商需求的企业进行的概念界定，而跨境电商代运营则是从接包方即提供跨境电商运营服务的企业的角度进行的概念界定。

跨境电商代运营服务的内容主要包括电子商务战略咨询、电子商务渠道规划、电子商务平台设计与建设、电子商务网站推广、电子商务营销策划、电子商务培训辅导，也包括数据分析、客户关系管理、商品管理等在内的电子商务运营托管、企业网络营销策划等方面内容。跨境电商代运营服务可以帮助企业有效地降低成本，获得更专业的服务，提高工作效率，满足企业通过实施电子商务战略从而更好地去拓展国外市场的需求。

# 第三节  跨境电商代运营业务环节

从价值链角度来看，跨境电商业务运作流程可分为产品筛选和产品设计、网站／网页构思和设计及平台选择、营销推广、售前客服、在线支付、订单处理、运输配送、报关、售后客服、结汇退税等环节。传统企业通常将其中的部分或全部环节外包给第三方服务商进行代运营。基于实际情况，这其中最核心的环节即营销推广，常常也是第三方服务商承担的最主要部分，即争取客户并尽可能获取更多订单。这些环节如图 16-1 所示。

图 16-1  跨境电商代运营业务流程图

1. 产品筛选和设计

传统企业面向国外的消费者，由于缺乏对国外市场的了解，无从得知自己销售的商品在国外市场上是否具有足够的竞争力。根据调查显示，消费者进行跨境电子商务购买的主要动机是价格（80%）及商品的独特性（79%）。代运营商应根据目标市场的情况，替传统企业筛选相应的、具有价格竞争力且与目标市场现有销售商品有显著差异的商品。

2. 网站／网页构思、设计及平台选择

跨境电商的经营过程中，需要根据目标消费者特点进行产品页面的设计和实现，以更强的亲和力获得消费者认可。此外，如果是进驻电子商务平台，还要结合当地消费者的网络消费习惯，选择适合、优质的电子商务平台，更便利地获取境外消费者的流量。

3. 营销推广

此环节对代运营商往往是最关键的，其核心问题也是如何获取更多订单，提高海外销售额，而这往往是评价代运营商绩效的最关键指标，因此通常与代运营商的收入紧密挂钩。境外消费者对于跨境电商经营者及其销售的商品更容易产生不信任及怀疑欺诈，导致出口跨境经营者在经营起步阶段面临着更大的阻力。代运营商基于专业化知识与技能，尽力采用各种网络营销手段，让产品得到境外消费者认可。

### 4. 售前客服

售前客服质量的高低对于电子商务的销售有着显著的影响。在跨境电商经营过程中，经营者与境外消费者之间往往存在语言障碍，尽管大部分跨境电商经营者都配备掌握相应外语的客服人员，但是在在线交流言语应用、问题回复技巧等方面仍可能经验不足。此外，售前客服还需要根据境外消费者的购买特征和购买行为进行灵活应变，这都对出口跨境电商经营者提出了很高的要求。

### 5. 在线收付

现有的支付平台企业如 PalPay、支付宝等已能较好满足电子商务包括出口跨境 B2C 的支付需要，但是网上跨境交易基本上限于针对消费者的 B2C 或者小额 B2B 交易，跨境支付结算和物流仍然是制约跨境 B2B 交易模式的最大问题。金额较大的进出口贸易一般仍然是线下交易。

### 6. 订单处理

跨境电商代运营商根据境外消费者的订单进行拣货和包装，将商品快速地送至运输方的手中或指定的集货点。包装须保证商品在运输过程中的安全，并尽可能减少不必要的重量。

### 7. 运输配送

运输配送的时间和成本是跨境电商面临的另一大挑战。现有跨境电商的物流运输模式包括国际小包、国际快递、B2C 外贸企业联盟集货、B2C 外贸企业自身集货、国际物流公司仓储集运、电子商务平台仓储集运及海外仓储等多种模式。代运营商需要根据产品的特点、消费者的需求及自身发展需要选择适合的物流运输模式，避免消费者在时间或成本方面产生不满意情绪。另外，由于交货环节的服务水平影响着消费者的购物体验和满意度，在境外配送方的选择上也需要十分慎重。再者，是否利用信息技术做好运输配送过程的追踪，方便境外消费者及时了解商品运输动态，对境外消费者选购商品也有影响。

### 8. 报关

跨境电商代运营商亲自或委托第三方向海关进行报关。代运营商或其代理者按程序办理相对应的进出口申报、配合查验、缴纳税费、装运货物等手续，货物才能出境。这一环节的效率高低严重影响着订单的交付速度，并有可能因工作失误导致不必要的耽搁。

### 9. 售后客服

在货物交付后，跨境电商代运营商还需要跟踪消费者的收货及商品使用情况。另外，售后客服还有很重要的一项工作是处理境外消费者的退货。做好退货的款项结算及货物的处理也是跨境电商最终能否长远发展及盈利的关键因素。

10. 结汇退税

跨境电商代运营商在货物出口后，在不迟于预计收汇日期起 30 天内，持出口收汇核销单、报关单等相关核销凭证，到外汇管理局进行出口收汇核销。核销后即可到税务局办理退税手续。

## 第四节　跨境电商代运营种类

从业务模式上看，大部分跨境电商代运营企业专注于整个跨境电商业务流程中的一个或几个环节，这些环节包括电子商务平台前期战略定位和规划、电子商务网络平台搭建、电子商务平台用户体验专项优化、电子商务营销策划顾问及执行、电子商务平台推广、物流配送方案及执行、财务结算方案及执行、客服服务、电商平台融资与小额贷款（抵押贷款）、人才培训及提供服务。例如，小二帮为企业提供网店运营与营销推广服务。只有少数几家企业能够提供多环节的电子商务服务，如四海商舟、杭州熙浪等。

据此，跨境电商代运营可分为两大派系。一类公司主做推广、销售、运营等核心业务，以海外市场前沿咨讯为基础，协助企业有针对性地推广核心产品，尽可能获取更多订单，专注于自己最擅长的领域，如小二帮。另一类公司为用户提供全程服务，从 ERP 到仓储物流都是自己构建，四海商舟、杭州熙浪等都有向此方向发展的趋势。

通过分析相关代运营公司发展，第一类公司更多是基于品牌营销、广告设计等领域起家，自身没有太多技术基因，对企业的服务会更多从渠道、营销推广、产品摄影、网店设计的维度切入，帮助企业在互联网上提升销售额、提升品牌影响力，分析用户需求行为。而第二类公司相对而言，技术占比很高，对企业的服务会从运营端向企业内容信息化管理渗透，如提供 ERP 解决方案、CRM 解决方案，甚至提供仓储 / 物流、供应链管理，希望使用技术等多种信息化手段帮助企业解决越来越多的问题。

## 第五节　跨境电商代运营商的收费方式

1. "服务费"模式

这种模式下，企业只需要定期向代运营商交一笔服务费，就可以享受其所提供的一系列代运营服务。该笔服务费通常是按月或年计算。如四海商舟针对海量的中小型 B2B 外贸企业往往采取这种收费方式，为小型企业提供海外市场研究、海外营销平台建设、营销推广及运营维护支持四大模块的单模块或者组合的营销服务，帮助外贸企业带来高质量的直接指向性询盘，直接面对国外的消费者或者批发商，收回定价权，提高企业的议价能力。

2. "服务费＋销售额提成"模式

跨境电商代运营商除了向企业收取定额的基础服务费，还根据企业的销售额收取提成。例如，四海商舟针对大型 B2B 或 B2C 等行业领先客户，通过提供从早期的海外市场调查到品牌建设等，一整套网络营销个性化定制服务，长期服务客户，与客户一起成长。采用"服务费＋销售额提成"的方式收取费用，能大大增加用户服务的深度和黏性。

3. "定金＋服务费＋销售额提成"模式

该种收费模式分为三个部分。第一部分是收取一定比例的定金。该定金会形成公司的现金流，定金幅度参照服务客户 1 ~ 2 个月的服务费而定。第二部分是服务费，这是企业最基本和核心的收费项目，根据客户不同的情况来收取。第三项就是营业分成，即帮客户完成一定销量后，会基于营业额来抽取一定的分成比例，这个比例通常根据行业不同的毛利率来设定，赛五洲就是这样设定的。

## 第六节　跨境电商代运营商的组织结构

一个功能完整的代运营商的组织结构与各部门的工作职责是：

1）财务部：负责企业的财务管理。

2）行政部：负责企业的行政管理。

3）运营部：负责企业内部资源的整合、计划、组织，跟进团队的运营事务，掌控全局，综合统筹，把控团队方向。

4）视觉设计部：对美工设计、网页设计、动画与视频设计等事务负责。

5）客服部：负责接待售后客户，处理纠纷、退换货、评价处理、客户答疑等。

6）营销推广部：负责品牌宣传推广、网络软营销、广告、网店运营、网店促销等。

7）销售部：直接面对消费者，以最优的服务态度，利用销售技巧，寻找和满足买家的需求点，并提供良好的售后服务和顾客体验。

8）物流部：负责管理仓库，进货、打包发货、进销存管理等。

9）技术部：负责技术开发与应用。

10）项目部：负责所有项目团队的统筹与管理。

11）产品部：负责新产品方案与创新，进行已有产品客户分析反馈等。

具体如图 16-2 所示。

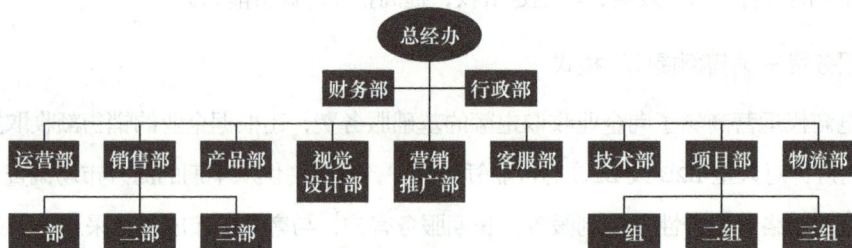

图 16-2　组织结构

## 第七节　职责分配

根据不同业务模式，跨境电商代运营商与委托人的职责分配也有显著不同。第一类往往不控制货源，也不管物流，只负责帮助品牌商在网上开店，进行前端商品展示，获取订单，而前端供货与后端的配货发货、物流配送、供应链统筹管理等都由委托人自己负责，这也是跨境电商代运营商通常的工作模式。第二类公司则有前后端供应链支撑，为委托人提供一揽子解决方案，从品牌定位、产品规划到供应链体系管理，为客户提供更多的增值服务。但是，这种工作职责的划分并不是绝对的。例如，上海宝尊电商能给客户提供一揽子解决方案，并建立了自己的仓库，但对于货物配送，约 1/3 是自己的物流、1/3 是第三方物流、1/3 是品牌自己发货。

跨境电商代运营企业与委托企业应采用合法的合同详细地规定各方的权利与义务，保障各方尽职履行自身权利义务以保证合作的长期进行，同时合同也是各方合法收入的重要保障。在合同中，应注意：

1）仔细确认店铺的所有权。双方首先要对关系建立的基础，即店铺所有权应归于委托企业，而跨境电商代运营企业只是代为管理，达成统一的认识。

2）对涉及的产品和服务范围进行认定。

3）对工作评估标准和争端解决机制进行设定。提前签订一份清楚表明何种行为可接受，以及在不符合标准的行为发生时应如何处理的文件，防止争议的发生。

4）对收益分配方式进行认定。收益的分配应与跨境电商代运营企业和委托企业风险的承担、资源的投入和目标的绩效考核结果密切相关，为了体现公平性和使收益分配方案对各方起到激励的作用，在合同中设计收益的分配方案时应考虑：①风险共担、利益共享的原则，即收益的分配应与企业所实际承担的风险正相关；②多投入多受益的原则，鼓励跨境电商代运营企业与委托企业进行资源投入；③动态原则，分配方案应适应绩效考核的动态性，以跨境电商代运营企业绩效考核的结果为分配依据，以起到激励先进鞭策落后的作用。

下面以某平台上委托方与代运营方为例具体说明一般情况下的职责分配。

1. 委托方的义务

1）应当全力配合对方的运营工作，包含拍摄、产品信息提供、新品开发等。按照要求提供所销售产品的详细介绍、图片、价格等相关资料，并向相关工作人员提供产品相关信息。

2）可以对店铺运营的任何操作提出建议，但需由代运营方确认并操作，产品库存、价格、属性等若有调整应及时告知。

3）委托方配合代运营方按时发货并提供产品售后的支持工作，如打包、填写快递单号、退换货、退款等相关的操作。如由于委托方发货延迟，有效追踪率不达标导致的 ODR 率各项指标过高，或客户发起 A-Z <sup>⊖</sup>、ChargeBack <sup>⊜</sup> 等相关投诉造成账号安全问题的，由委托方承担责任。其应在收到代运营方发货通知 24 小时内安排发货，若超出 48 小时仍未发货的，则代运营方不对此造成的客户投诉、差评、扣分等后续负面结果承担责任。

4）因委托方 FBA 备货不符合代运营方的要求或规定时限，造成缺货、排名下降等负面结果，由委托方承担责任。

5）物流公司、仓库或其他代发货仓库等所造成的损失，应由委托方与其交涉处理并承担相关法律责任，代运营方可配合提供相应证明材料，但不承担任何直接或间接责任。

6）委托方应及时、足额支付代运营方相应的营业额佣金。

7）销售过程中若因产品出现侵权行为（包括但不仅限于品牌侵权、图片侵权、产品外观侵权、产品知识产权侵权等）或质量问题、权利瑕疵，引起的相关责任由委托方自行承担。

2. 代运营商的义务

1）须以合法方式提供代运营服务，遵守平台的管理规定。

2）定期以书面形式向甲方通报运营情况，包括运营成果报告、商品排名分析、下一阶段工作计划、推广活动安排等。

3）若单方面违约，须支付一定赔偿金额。

4）应自发现异常情况起 1 小时内通知委托方，并采取积极措施尽量避免由此造成的损失；未及时通知或未积极采取措施造成损失扩大的，该部分损失由代运营商方承担。

此外，委托企业与代运营企业之间还应建立信任关系，促进合作展开：

---

⊖ A-Z，未收到货或收到的货物不符的投诉。
⊜ 退单。

1）合作建立项目团队、共享培训和其他机会。

2）建立长期沟通协调机制，对于积极和消极的信息都要进行分享，使双方在发生危机前可以进行补救。

3）减少关键人员的更替，以保证合作的连续性。

随着时间的推移，与双方关系相关的诸多因素难免变化，如消费者的需求变动，因此双方必须随时准备在上述情况发生时调整合作关系。

## 第八节　对跨境电商代运营企业的选择

通过对以上内容的分析，我们对跨境电商代运营已经有了一个基本的了解。那么在实际操作中，该如何进行代运营公司的选择呢？

### （一）筛选出少数意向代运营公司

通过搜索引擎对关键词进行检索，进入各大电商平台了解相关代运营公司排名，从新媒体平台收集相关信息或是通过同行推荐，锁定少数可能具有资质的代运营公司。

### （二）对备选代运营公司进行详细了解

#### 1. 对代运营企业的经营状况进行整体评估

这里可以选择企业家才能、技术装备水平、企业外部关系（包括企业与同行业其他合作企业及服务对象等的关系）及企业长期发展能力预测四项指标作为评估商业合作伙伴的定性指标。定量指标体系由三部分组成：收益性指标、安全性指标和成长性指标。其中，资产负债率、投资回收期两项安全性指标为费用型指标，收益型指标中的销售利润率、净现值、内部收益率和成长型指标中的销售增长率、利润增长率均为效益型指标。

#### 2. 对代运营企业相关的项目服务水平进行评估

根据企业需要托管的业务，重点了解代运营企业过往同类项目的进行情况和业绩数据，如团队配备、业务流程、现在托管的网上店铺经营数据及服务评分，重点关注和本公司同类产品的店铺经营情况。除此之外，可以重点关注代运营企业相关项目的续签率。

#### 3. 对意向代运营公司进行实地考察

锁定意向代运营公司以后，如果条件许可，尽量去代运营公司进行实地考察，查看代运营公司的软硬件情况，并尽可能根据相关项目的负责人进行面对面交流，了解过往类似项目的服务细节。

### （三）根据所需服务确定代运营企业

通过与少数备选代运营企业就托管业务进行具体交流，了解可能的投入与团队配置，以及预期经营销售收益等，确定最终选择。

## 本章小结 《《

随着更多的中小微企业加入业务流程繁杂的跨境电商大军，但很多企业不熟悉跨境电子商务的运营业务以及跨境网络零售专业分工细化等，为顺应跨境企业急迫需要将一部分繁复的运营流程外包出去的需求，跨境电商专业代运营应运而生。跨境电商代运营是跨境电商企业对跨境电商运营的需求开展的一种商业服务，是指企业以合同的方式委托专业第三方服务商，根据自身拓展线上业务的需求，由电商第三方服务商为其提供的以营销推广为核心，包含电子商务平台网站建设、技术维护、物流、经营推广、客户联络和服务、售后服务等一系列跨境电子商务的全流程或者部分环节代运营服务。从价值链角度来看，跨境电商业务运作流程可分为产品筛选和产品设计、网站/网页构思和设计及平台选择、营销推广、售前客服、在线支付、订单处理、运输配送、报关、售后客服、结汇退税等环节。从业务模式上看，大部分跨境电商代运营企业专注于整个电子商务业务流程中的一个或几个环节，这些环节包括电子商务平台前期战略定位和规划、电子商务网络平台搭建、电子商务平台用户体验专项优化、电子商务营销策划顾问及执行、电子商务平台推广、物流配送方案及执行、财务结算方案及执行、客服服务、电商平台融资与小额贷款（抵押贷款）服务、人才培训及提供服务。跨境电商代运营商代运营收费方式包括"服务费"模式、"服务费＋销售额提成"模式，以及"定金＋服务费＋销售额提成"模式。根据不同业务模式，跨境电商代运营商与委托人的职责分配也有显著不同。此外，对跨境电商代运营商的选择过程包括筛选出少数意向代运营公司、对备选代运营公司进行详细了解，并最终根据所需服务确定代运营企业。

## 名词解释 《《

跨境电商代运营：跨境电商代运营是跨境电商企业对跨境电子商务运营的需求开展的一种商业服务，是指企业以合同的方式委托专业第三方服务商，根据自身拓展线上业务的需求，由电商第三方服务商为其提供的以营销推广为核心，包含电子商务平台网站建设、技术维护、物流、经营推广、客户联络和服务、售后服务等一系列跨境电子商务的全流程或者部分环节代运营服务。各个跨境电商代运营企业服务内容因定位和行业不同而差别较大，通常狭义的跨境电商代运营仅指电子商务前端的店铺运营，以获得订单、完成销售为主要目标；广义的跨境电商代运营服务内容还包括电子商务渠道规划、建站、产品上架、营销、仓储物流、客服、财务结算等运营衍生业务。而跨境电商外包是从发包企业的角度即有跨境电商需求的企业进行的概念界定，而跨境电商代运营是从接包方即提供跨境电商运营服务的企业的角度进行的概念界定。

## 课后思考题 《

1. 分析跨境电商代运营的概念及其产生原因。

2. 分析跨境电商代运营的种类、组织结构与主要业务环节。

3. 试分析代跨境电商运营商与委托方的主要职责分配。

4. 假如你是一个跨境电商企业主，你将如何选择一个满意的代运营商？请简述选择过程。

# 第五篇

## 跨境电子商务法规环境

# 第 十 七 章

# 跨境电商的海关监管和政策

## 本章概要 《《

　　本章的主题是跨境电商的海关监管和政策，共分为两节内容。第一节分析外国对跨境电商的海关监管，主要分析与海关监管关系比较密切的海关通关监管制度及关税征收标准；第二节主要分析中国对跨境电商的海关监管与相关政策。

## 学习目标 《《

　　了解外国对跨境电商的海关监管；了解中国对跨境电商的海关监管与政策。

　　近年来，跨境电子商务市场的快速发展对中国而言既是机遇，也同时存在风险和挑战。政府高度重视并且积极鼓励跨境电商市场的发展，与此同时也不断加强对跨境电商市场的治理和引导，促进其朝着阳光化、规范化的方向发展。海关监管与政策对于跨境电商发展起着至关重要的作用，本章将对国内外跨境电商市场的海关监管和相关政策进行介绍。

## 第一节　外国对跨境电商的海关监管

### 一、海关通关监管制度

　　海关通关监管是指海关运用国家赋予的权力，通过一系列管理制度与管理程序，依法对进出境工具、货物、物品的进出境活动所实施的行政管理。为保证一切进出境活动符合国家政策和法律的规范，维护国家主权和利益，各国海关对进出口物品通关会制定较详细的监管制度。通关监管除了通过备案、查验、放行、后续管理等方式对进出境运输工具、货物、物品的进出境活动实施监管外，还要执行或监督执行国家其他对外贸易管理制度的实施，如进出口许可制度、外汇管理制度、进出口商品检验检疫制度、文物管理制度等，从而在政治、经济、文化道德、公众健康等方面维护国家利益。

　　跨境电商企业如果违反这些海关通关监管制度，可能会被海关扣货并引起商业纠纷，造成企业钱货两空。海关查验时，若发现物品申报价格和估价不一致、品名和产品不符、申报清单不详、私人物品超过一定货值或者违反当地国家规定的一些相关政策时，可能会扣货。

为防止发出的货物被海关扣货，跨境电商企业应做到：

1. 严格遵守本国和贸易国禁限寄物品规定

各国海关对通过邮寄渠道进境的物品有禁止或者限制的规定，跨境电商企业在从事交易之前需要明确交易国禁限寄物品的相关规定。企业可以参考《国际及台港澳邮件处理规则》《国际特快专递邮件处理规则》中禁止寄递物品的规定，《中华人民共和国海关对进出口邮递物品监管办法》以及寄达国海关对进出口邮递物品监管办法中禁止和限制邮寄物品的规定。

一般而言，具有下列性质的物品禁止寄递：

1）爆炸性、易燃性、腐蚀性、毒性、酸性和放射性的各种危险物品，如雷管、火药、爆竹、汽油，酒精、煤油、桐油、生漆、火柴、强碱、农药等。

2）麻醉药物和精神药品，如鸦片、吗啡、可卡因等。

3）国家法令禁止流通或寄递的物品，如军火、武器、货币等。

4）容易腐烂的物品，如鲜鱼、鲜肉、鲜水果、鲜蔬菜等，但经加工制作，已经干燥或者制成罐头的食品，不在此限（寄达国另有规定的除外）。

5）妨碍公共卫生的物品，如尸骨（不包括附有证明已焚化的骨灰）、未经硝制的兽皮、未经药制的兽骨等。

6）反动报刊书籍、宣传品和淫秽或有伤风化的物品。

7）各种活的动物（但蜜蜂、水蛭、蚕、医药卫生科学研究机构封装严密并出具证明交寄的寄生虫以及用作药物或用以杀灭害虫的虫类不在此限）。

8）具有私人和现实通信性质的文件，各国货币、旅行支票、不记名票据、白金、黄金、白银及其制成品、首饰、宝石及其他贵重物品。

2. 选择较安全的递送方式

对通过邮件和特快专递方式运送货物的跨境电商企业而言，有多种快递公司可供选择，企业可以根据货物的性质、贸易国海关等情况，选择价格适中同时安全度较高的快递公司来进行货物运输。

3. 真实申报邮寄包裹的价值

海关要求通关货物进行价值申报，海关对通关货物进行抽查来查验申报价值与货物实际价值是否相符。各国海关近年来对货物价值申报采取更加严格的监管措施来防止出现逃税的情况，如欧盟海关认为重量大于8kg的货物，如果申报低于22欧元，可能存在申报不符，货物会在海关滞留并要求重新申报。同时自 2011 年 5 月 18 日起，高值货物经过英国转运的将征 20% 的增值税和 4 英镑的高值清关费，税金一律由发件人承担。明显低值申报或零申报除了有可能被停止提供物流服务之外，还有两大风险：一是货物被扣关，清关延误，或海关强制退运等，跨境电商企业将承担因此产生的全部损失；二是若出现包裹丢包情况，各快递公司将根据包裹的申报金额进行赔偿，企业将承担因此产生的部分损失。所以，跨境电商企业在邮寄包裹的时候一定要清楚地填写，正确、合理、真实申报邮寄包裹的价值，且各处填写的申报价值应一致。

### 4. 规范填写国际货运单

国际货运单是海关对邮寄包裹进行清查的重要依据，也是货物能够顺利送达给国外客户的保证，所以企业在发出包裹时，要按要求规范填写国际货运单。在填写国际货运单时，要注意清楚填写发件人以及发件人的姓名、公司、邮编地址等信息，如实填写所寄快递的物品名称以及数量、价值等信息。在填写时，最好打印，如果手写，字迹需规范清晰，用英文或者寄达国语言进行填写，避免出现空格。

## 二、关税征收标准

关税是一国财政收入的重要来源，也是国家对进出口贸易进行管理的有力手段。对跨境电商企业而言，关税是其成本构成的重要部分，了解贸易国及本国的关税制度，对于企业开展外贸业务以及合理避税都有重要意义。一国在制定关税制度时，通常会对课税对象的价值设置起征点，这是为了提高工作效率，避免为小额税款而履行繁杂的征纳税手续，同时也是对纳税义务人的一种关税优惠。跨境电商企业可以利用关税起征点对货物进行适当拆分，利用关税起征点来达到合理避税的目的。

一国海关需参考课税对象的类型、原产国、货值等多种因素并根据本国相关规定对课税对象进行征税，因此跨境电商企业在计算关税税额时要了解出口货物应征收的税率、本国与贸易国之间是否有关税优惠政策、本国与贸易国综合关税的构成等。

部分国家关税起征点及综合关税构成见表 17-1。

**表 17-1　部分国家关税起征点以及综合关税构成**

| 国家 | 起征点 | 综合关税构成 |
| --- | --- | --- |
| 美国 | 800 美元 | Duty（进口税）+ ADV（清关杂税），Duty = 货值 × 税率 |
| 英国 | 15 英镑 | VAT（增值税）+ Duty + ADV，VAT=（所申报货值 + 运费 + 进口税）×20% |
| 澳大利亚 | 1000 澳元 | Duty + GST（货物服务税）+ADV，GST=（货值 + 运费 + 进口税）×10% |
| 法国 | 22 欧元 | VAT + Duty + ADV，VAT=（货值 + 运费 + 进口税）×19.6% |

（续）

| 国家 | 起征点 | 综合关税构成 |
|------|--------|------------|
| 意大利 | 22 欧元 | VAT + Duty + ADV, VAT=（货值＋运费＋进口税）×20%，Duty =（货值＋运费 × 70%）× 产品税率 |
| 德国 | 22 欧元 | VAT + Duty + ADV, VAT=（货值＋运费＋进口税）×19%，Duty =（货值＋运费 × 70%）× 产品税率 |
| 日本 | 130 美元 | Duty + Consumption Tax（消费税），Consumption Tax = 货值 ×8% |
| 韩国 | 100 美元 | Duty + 附加税，Duty = 货值 ×8% |
| 俄罗斯 | 10000 卢布 | 根据商品种类适用货值的 5%、10%、15% 和 20% 四档 |

# 第二节　中国对跨境电商的海关监管与政策

## 一、海关监管

国家高度重视对跨境电商市场的引导和监管，为适应市场的新形势不断调整相关的海关监管方式和关税制度，并且实行跨境电商零售进口商品清单，力促跨境电商规范化、阳光化发展。

### （一）海关监管方式

进出口货物海关监管方式是以国际贸易中进出口货物的交易方式为基础，结合海关对进出口货物的征税、统计及监管条件综合设定的海关对进出口货物的管理方式。为适应跨境电子商务在国内的快速发展，中国海关总署相继增列"9610"跨境贸易电子商务监管方式代码，以及"1210"保税跨境贸易电子商务监管方式代码。

1. 跨境贸易电子商务"9610"

2014 年 2 月 7 日，海关总署发布《关于增列海关监管方式代码的公告》（总署公告〔2014〕12），该公告中提出为促进跨境贸易电子商务零售进出口业务发展，方便企业通关，规范海关管理，实现贸易统计，决定增列海关监管方式代码"9610"，全称"跨境贸易电子商务"，简称"电子商务"，采用"清单核放、汇总申报"模式为电子商务零售进出口商品办理通关手续（通过海关特殊监管区域或保税监管场所一线的电子商务零售进出口商品除外）。以"9610"海关监管方式开展电子商务零售进出口业务的电子商务企业、监管场所经营企业、支付企业和物流企业，应当按照规定向海关备案，并通过电子商务通关服务平台实时向电子商务通关管理平台传送交易、支付、仓储和物流等数据。经营主体可在网上提交相关电子文件，将货物以邮寄快件的方式分批运送，海关凭清单核放出境，并按照外汇和税务部门要求，向海关申请签发报关单证明联。

"9610"海关监管方式发布之前,中国跨境电商缺乏有针对性的有效监管方式,灰色通关造成了国家税收流失,而且国内出口的货物无法正常退税。同时,电商的物流成本居高不下,严重影响了中国跨境电商的正常发展和国际竞争力。"9610"海关监管方式针对跨境电商产品种类多、发货零散而且频次高的特点,采用了"清单核放、汇总申报"的办理通关手续模式,企业可以每21天进行一次申报,节约了企业的报关成本,也提高了海关的工作效率。

2. 保税跨境贸易电子商务"1210"

2014年7月30日,海关总署发布《关于增列海关监管方式代码的公告》(总署公告〔2014〕57号),该公告中提出为促进跨境贸易电子商务进出口业务发展,方便企业通关,规范海关管理,实施海关统计,决定增列海关监管方式代码"1210",全称"保税跨境贸易电子商务",简称"保税电商",适用于境内个人或电子商务企业在经海关认可的电子商务平台实现跨境交易,并通过海关特殊监管区域或保税监管场所进出的电子商务零售进出境商品(海关特殊监管区域、保税监管场所与境内区外之间通过电子商务平台交易的零售进出口商品不适用该监管方式)。此外,"1210"监管方式用于进口时仅限经批准开展跨境贸易电子商务进口试点的海关特殊监管区域和保税物流中心(B型)。以"1210"海关监管方式开展跨境贸易电子商务零售进出口业务的电子商务企业、海关特殊监管区域或保税监管场所内跨境贸易电子商务经营企业、支付企业和物流企业,应当按照规定向海关备案,并通过电子商务平台实时传送交易、支付、仓储和物流等数据。

"1210"保税跨境电子商务模式特点是"先海外发货到保税仓再有订单",商品储存在海关监管的保税区仓库,消费者订购的商品可以快速完成通关并且通过国内物流送达消费者手中,极大提高了订单履行速度,优化了消费者的购物体验。对于海关部门而言,"1210"保税跨境电子商务模式一定程度上解决了传统通关模式下海关监管的痛点,提高了监管的效率,也有利于跨境电商企业的阳光化、规范化发展。

### (二)零售进口商品清单

2016年4月7日,商务部、海关总署等11个部门共同公布了《跨境电子商务零售进口商品清单》(海淘免税"白名单"),该清单共包括1142个8位税号商品,主要是国内有一定消费需求,可满足相关部门监管要求且客观上能够以快件、邮件等方式进境的生活消费品,其中包括部分食品饮料、服装鞋帽、家用电器,以及部分化妆品、纸尿裤、儿童玩具、保温杯等。清单内的商品将免于向海关提交许可证件,检验检疫监督管理按照国家相关法律法规的规定执行;直购商品免于验核通关单,网购保税商品"一线"进区时需按货物验核通关单、"二线"出区时免于验核通关单。2016年4月15日,继首批清单后,商务部等13个部门又共同发布了第二批

《跨境电子商务零售进口商品清单》，共包括 151 个 8 位税号商品。此外，2016 年 5 月 11 日，《海关总署办公厅关于执行跨境电子商务零售进口新的监管要求有关事宜的通知》显示，过渡期内，在上海、杭州、宁波、郑州、福州、广东、深圳、重庆、天津、平潭 10 个跨境电商试点城市将按照新政之前的监管要求进行监管。网购保税商品"一线"进入海关特殊监管区域或保税物流中心（B 型）时暂不核验通关单，暂不执行《跨境电商进口商品清单》中关于化妆品、婴幼儿配方奶粉、医疗器械、特殊食品的首次进口许可证、注册或备案要求。对于直购模式，《海关总署办公厅关于执行跨境电子商务零售进口新的监管要求有关事宜的通知》也规定，暂不执行《跨境电商进口商品清单》中关于化妆品、婴幼儿配方奶粉、医疗器械、特殊食品的首次进口许可证、注册或备案要求。这一过渡期监管措施将有利于支持跨境电子商务零售进口税收政策平稳过渡，有利于探索适应跨境电子商务零售进口发展特点的监管模式，有利于引导企业积极适应规范的监管要求，促进我国跨境电子商务健康发展。

### （三）关税制度

关税是一国财政收入的重要来源，也是国家对进出口贸易进行管理的有力手段。为适应跨境电商在中国不同发展阶段的要求，政府制定了行邮税以及综合税两种关税制度。

#### 1. 行邮税

行邮税是行李和邮递物品进口税的简称，是海关对入境旅客行李物品和个人邮递物品征收的进口税。目前，跨境电商采用直邮模式进口的商品适用行邮税。《中华人民共和国进出口关税条例》第五十六条规定："进境物品的关税以及进口环节海关代征税合并为进口税，由海关依法征收。"课税对象包括入境旅客、运输工具，服务人员携带的应税行李物品、个人邮递物品、馈赠物品以及以其他方式入境的个人物品等。行邮税采用从价方式计征，应税进口商品的完税价格由海关以该货物的成交价格为基础审查确定，成交价格不能确定时，完税价格由海关依法估定。根据海关法的规定，进口商品的价格包括商品的货价、保险费和运抵输入地点起卸前的运输及其相关费用。应纳的进口税税额 = 应税物品完税价格 × 进口税率。

由于行邮税针对非贸易属性的进境物品，并对关税和进口环节的增值税、消费税等实行三税统一征收，总体税费水平远低于一般进出口贸易税。但目前跨境电商零售进口作为一种贸易行为，在直邮进口模式下通过邮寄渠道进境，仍按非贸易性质的行邮税标准征税，因而对一般进出口贸易产生了冲击。为优化税目结构，方便旅客和消费者申报、纳税，提高通关效率，财政部关税司在 2016 年 3 月 24 日发布的《中国将自 4 月 8 日起实施跨境电子商务零售进口税收政策并调整行邮税政策》中对行邮税进行了调整（见表 17-2）。其中税目 1 主要为最惠国税率为零的商品，税目 3 主要为征收消费税的高档消费品，其他商品归入税目 2。调整后，为保持各税目商品的行邮税税率与同类进口货物综合税率的大体一致，税目 1、2、3 的税率将分别为 15%、30%、60%，50 元免征额保留。

表 17-2 　行邮税税率表

| 税目 | 适用商品品类 | 税率 |
|---|---|---|
| 1 | 书报、刊物、教育用影视材料；计算机、视频摄录一体机、数字照相机等信息技术产品；食品、饮料；金银；家具；玩具，游戏品、节日或其他娱乐用品 | 15% |
| 2 | 运动用品（不含高尔夫球及球具）、钓鱼用品；纺织品及其制成品；电视摄像机及其他电器用品；自行车；税目 1、3 中未包含的其他商品 | 30% |
| 3 | 烟、酒；贵重首饰及珠宝玉石；高尔夫及其球具；高档手表；化妆品 | 60% |

2. 综合税

跨境电子商务零售进口综合税自 2016 年 4 月 8 日税改后开始实施，对通过跨境电商零售进口的商品按照货物来征收进口关税和进口环节产生的增值税、消费税。目前，通过跨境电商保税模式进口的商品适用综合税。根据财政部 2016 年 3 月 24 公布的《关于跨境电子商务零售进口税收政策的通知》（财关税〔2016〕18 号）的规定，跨境电子商务零售进口商品的个人作为纳税义务人，实际交易价格（包括货物零售价格、运费和保险费，一般为商品的 CIF 价格）作为完税价格，电子商务企业、电子商务交易平台企业或物流企业可作为代收代缴义务人。跨境电子商务零售进口商品购买人（订购人）的身份信息应进行认证；未进行认证的，购买人（订购人）身份信息应与付款人一致。

综合税适用于从其他国家或地区进口的、《跨境电子商务零售进口商品清单》范围内的所有通过与海关联网的电子商务交易平台的商品；能够实现交易、支付、物流电子信息"三单"比对的跨境电子商务零售进口商品；或者未通过与海关联网的电子商务交易平台交易，但快递、邮政企业能够统一提供交易、支付、物流等电子信息并承诺承担相应法律责任进境的跨境电子商务零售进口商品。

在综合税下，跨境电子商务零售进口商品的单次交易限值为人民币 2000 元，个人年度交易限值为人民币 20000 元。在限值以内进口的跨境电子商务零售进口商品，关税税率暂设为 0；进口环节增值税、消费税暂按法定应纳税额的 70% 征收，取消免征税额。超过单次限值、累加后超过个人年度限值的单次交易，以及完税价格超过 2000 元限值的单个不可分割商品，均按照一般贸易方式全额征税。从 2019 年 1 月 1 日起，跨境电商零售进口产品的单次贸易限值由人民币 2000 元上升至 5000 元，年度交易限额由人民币 20000 元上升至 26000 元。跨境电子商务零售进口商品自海关放行之日起 30 日内退货的，可申请退税，并相应调整个人年度交易总额。

在限额之内时：

$$跨境电商综合税额 =（消费税税额 + 增值税税额）× 0.7 = 完税价格 ×$$
$$（消费税率 + 增值税率）/（1- 消费税率）× 0.7$$

其中

$$消费税税额 =（完税价格 + 关税税额）/（1- 消费税率）× 消费税率$$
$$增值税税额 =（完税价格 + 关税 + 消费税）× 增值税率$$
$$关税税额 = 完税价格 × 进口税率$$

超过限额时：

$$跨境电商综合税额 = 关税税额 + 消费税税额 + 增值税税额 = 完税价格 ×（进口关税率 +$$
$$消费税率 + 增值税率 + 进口关税率 × 增值税率）/（1- 消费税率）$$

其中

$$消费税税额 =（完税价格 + 关税税额）/（1- 消费税率）× 消费税率$$
$$增值税税额 =（完税价格 + 关税 + 消费税）× 增值税率$$
$$关税税额 = 完税价格 × 进口税率$$

## 二、政策规定

国家高度重视和鼓励跨境电子商务的发展，近来连续出台一系列政策促进跨境电子商务的高效化发展，这些政策包括明确跨境电商经营主体、完善跨境支付和收付汇制度、设立跨境电子商务试点城市和综合试验区、提升贸易便利化水平、推动外贸综合服务企业发展等。

### （一）经营主体

跨境电商的经营主体，从货物进出境的层面包括跨境出口电商和跨境进口电商。其中2013年8月21日，国务院办公厅以国办发〔2013〕89号转发商务部等部门《关于实施支持跨境电子商务零售出口有关政策的意见》，该文件中对跨境出口电商经营主体进行了明确的界定，即经营主体分为三类：一是自建跨境电子商务销售平台的电子商务出口企业，二是利用第三方跨境电子商务平台开展电子商务出口的企业，三是为电子商务出口企业提供交易服务的跨境电子商务第三方平台。经营主体要按照现行规定办理注册、备案登记手续。在政策未实施地区注册的电子商务企业可在政策实施地区被确认为经营主体。

跨境电商进口的主体，目前则并无明确界定，但浙江省人民政府办公厅于2014年4月出台的《关于印发浙江省跨境电子商务实施方案的通知》（浙政办发〔2014〕59号）则将跨境电商的经营主体直接界定为《关于实施支持跨境电子商务零售出口有关政策的意见》规定的三类主体，不区分出口和进口。

### （二）跨境支付和收付汇制度

随着中国跨境电子商务的发展，跨境电商企业和消费者对跨境支付和收付汇提出了更高的要求。《关于实施支持跨境电子商务零售出口有关政策的意见》中提出支持电子商务出口企业正常收结汇，允许经营主体申请设立外汇账户，凭海关报关信息办理货物出口收结汇业务，同时加强对银行和经营主体通过跨境电子商务收结汇的监管。《关于实施支持跨境电子商务零售出口有关政策的意见》还提出鼓励银行机构和支付机构为跨境电子商务提供支付服务，支付机构办理电子商务外汇资金或人民币资金跨境支付业务，应分别向国家外汇管理局和中国人民银行申请并按照支付机构有关管理政策执行。完善跨境电子支付、清算、结算服务体系，切实加强对银行机构和支付机构跨境支付业务的监管力度。

此外，为了进一步推动跨境电商支付的改革，国家外汇管理局于 2015 年 1 月 20 日发布了《支付机构跨境外汇支付业务试点指导意见》（以下简称《指导意见》），在全国范围内开展支付机构跨境外汇支付业务试点。该《指导意见》规定支付机构办理"贸易外汇收支企业名录"登记后可试点开办跨境外汇支付业务，同时将跨境支付的单笔交易限额由 1 万美元提高至 5 万美元。该《指导意见》允许支付机构集中办理收付和结售汇业务，事后完成交易信息逐笔还原，从而提高支付机构的办理效率，以满足跨境电子商务巨量的支付需求。

### （三）跨境电子商务试点城市和综合试验区

中国海关总署组织有关示范城市开展跨境贸易电子商务服务试点工作，为解决目前中国跨境电子商务发展存在的问题，打造跨境电子商务完整的产业链和生态链，逐步形成一套适应和引领全球跨境电子商务发展的管理制度和规则，为推动中国跨境电子商务健康发展提供可复制、可推广的经验，国家开展跨境电商试点工作，在国内建设跨境电商试点城市和跨境电商综合试验区。

#### 1. 跨境电商试点城市

国家从 2012 年开始开展跨境电商试点城市工作，前有上海、杭州、宁波、郑州、重庆、广州、深圳为前驱，后有福州、平潭、天津等，均在国家政策支持下发展跨境电商。从试点城市特点来看，试点城市主要集中在物流集散地、口岸或是产品生产地等。

试点工作主要从两个方面进行创新：一是政策业务创新，探索适应跨境电子商务发展的管理制度。二是信息化手段创新，依托电子口岸协调机制和平台建设优势，实现口岸相关部门与电商、支付、物流等企业的业务协同及数据共享，解决跨境电子商务存在的问题。

部分跨境电商试点城市及其发展经验见表 17-3。

**表 17-3　部分跨境电商试点城市及其发展经验**

| 试点城市 | 发展经验 |
| --- | --- |
| 郑州 | 率先实行将保税监管模式、邮件监管模式、快件监管模式集合成新的"1210 监管模式",成为海关总署面向全国推广的"郑州蓝本",对特殊监管区内拟进口的法检货物,预先实施检验,货物实际进口出区时检验检疫机构将不再实施检验,凭借预检验的凭证便可分批核销放行,实现"秒通关" |
| 广州 | 率先试行跨境电商备案制管理,最大限度降低企业开展跨境电商业务门槛,开创集展览、供应链整合和促销、采购、宣传于一体的进口直购消费展模式,为跨境电商搭建与普通消费者、进口贸易商、渠道分销商、政府直接沟通的平台 |
| 杭州 | 率先建立了电子商务产品质量监管机制,运用云信息、云监管、云服务等手段,探索形成了对网上产品质量进行风险监测、网上抽查、责任追溯、属地查处和信用管理的新型监管方式 |

**2. 跨境电商综合试验区**

跨境电商综合试验区是中国设立的跨境电子商务综合性质的先行先试的城市区域,旨在对跨境电子商务交易、支付、物流、通关、退税、结汇等环节的技术标准、业务流程、监管模式和信息化建设等方面先行先试,通过制度创新、管理创新、服务创新和协同发展,破解跨境电子商务发展中的深层次矛盾和体制性难题,打造跨境电子商务完整的产业链和生态链,逐步形成一套适应和引领全球跨境电子商务发展的管理制度和规则,为推动中国跨境电子商务健康发展提供可复制、可推广的经验。

2015 年 3 月 7 日,国务院国函〔2015〕44 号批复,同意设立中国(杭州)跨境电子商务综合试验区。2016 年 1 月 15 日,国务院国函〔2016〕17 号批复同意在天津、上海、重庆、合肥、郑州、广州、成都、大连、宁波、青岛、深圳、苏州等 12 个城市设立跨境电子商务综合试验区。2018 年 7 月 24 日,国务院同意在北京、呼和浩特、沈阳、长春、哈尔滨、南京、南昌、武汉、长沙、南宁、海口、贵阳、昆明、西安、兰州、厦门、唐山、无锡、威海、珠海、东莞、义乌等 22 个城市设立跨境电子商务综合试验区。

国务院国函〔2015〕44 号指出,将先行试点的中国(杭州)跨境电子商务综合试验区初步探索出的"六大体系、两个平台"等相关政策体系和管理制度向更大范围推广。"六大体系"是指企业、金融机构、监管部门等信息互联互通的信息共享体系,一站式的在线金融服务体系,全程可验可测可控的智能物流体系,分类监管、部门共享和有序公开的电子商务信用体系,以及为企业经营、政府监管提供服务保障的统计监测体系和风险防控体系。"两个平台"是指线上"单一窗口"和线下"综合园区"两个平台,实现政府部门间信息互换、监管互认、执法互助,汇聚物流、金融等配套设施和服务,为跨境电子商务打造完整产业链和生态圈,以更加便捷高效的新模式释放市场活力,促进企业降成本、增效益,支撑外贸优进优出、升级发展。

### （四）贸易便利化

贸易便利化的基本精神是简化和协调贸易程序，加速要素跨境的流通。在实践中，各种促进贸易便利化的措施大都体现在通过贸易程序和手续的简化、适用法律和规定的协调、基础设施的标准化和改善等，为国际贸易活动创造一个简化的、协调的、透明的、可预见的环境。

国务院于 2015 年 6 月 20 日印发《关于促进跨境电子商务健康快速发展的指导意见》（国办发〔2015〕46 号），该文件提出政府要最大限度地减少对电子商务市场的行政干预，并且着重要求提升跨境电子商务通关效率方面的行政效率，进一步完善跨境电子商务进出境货物、物品管理模式，优化跨境电子商务海关进出口通关作业流程，对商品采取集中申报、查验、放行和 24 小时收单等便利措施，不断加强电子商务领域的国际合作。

政府出台的一系列提高贸易便利化水平的政策有利于促进中国加快建立适应跨境电商特点的政策体系和监管体系，提高跨境电商贸易各环节的便利化水平，对促进中国跨境电商的发展以及外贸转型升级都有积极的意义。

### （五）外贸综合服务

外贸综合服务平台以整合各类环节服务然后统一投放给中小外贸企业，主要包括融资、通关、退税以及物流、保险等外贸必需环节，盈利也来自服务的批发和零售。2013 年 7 月，国务院出台促外贸"国六条"，其中明确指出："支持外贸综合服务企业为中小民营企业出口提供融资、通关、退税等服务"。2015 年 6 月 20 日，国务院办公厅在《关于促进跨境电子商务健康快速发展的指导意见》（国办发〔2015〕46 号）中再次强调支持外贸综合服务企业发展，为小微企业出口提供专业化服务。2016 年 5 月 9 日，国务院印发了《国务院关于促进外贸回稳向好的若干意见》（国发〔2016〕27 号）。按照意见，商务部会同海关总署、税务总局、质检总局、外汇局等部门将中建材国际贸易有限公司、宁波世贸通国际贸易有限公司、厦门嘉晟供应链股份有限公司、广东汇富控股集团股份有限公司纳入外贸综合服务试点企业，以探索有利于外贸综合服务企业发展的管理模式。试点工作将针对综合服务企业特点，按照"稳妥推进、责权对称、风险可控"的原则，着力在创新监管方式等方面先行先试，通过制度创新、管理创新、服务创新和协同发展，逐步形成适应综合服务企业发展的管理模式，为推动综合服务企业健康发展提供可复制、可推广的经验。

## 本章小结 《《

海关监管与政策对于跨境电商发展起着至关重要的作用。海关通关监管是指海关运用国家赋予的权力，通过一系列管理制度与管理程序，依法对进出境工具、货物、物品的进出境活动所实施的行政管理。为保证一切进出境活动符合国家政策和法律的规范，维护国家主权和利益，各国海关对进出口物品通关会制定较详细的监管制度。跨境电商企业如果违反这些海关通关监管制度，可能会被海关扣货并引起商业纠纷，造成企业钱货两空。海关查验时，若发现物品申报价格和估价不一致、品名和产品不符、申报清单不详、私人物品超过一定货值或者违反当地国家规定的一些相关政策时，可能扣货。关税是一国财政收入的重要来源，也是国家对进出口贸易进行管理的有力手段。对跨境电商企业而言，关税是其成本构成的重要部分，了解贸易国及本国的关税制度，对于企业开展外贸业务以及合理避税都有重要意义。各国针对跨境电子商务都有相关的海关监管与关税制度。中国也出台了监管代码跨境贸易电子商务"9610"、保税跨境贸易电子商务"1210"、《跨境电子商务零售进口商品清单》，制定相应的进出口税率、设立跨境电商试点城市等，支持与规范跨境电商发展。

## 课后思考题 《《

1. 试分析海关监管对跨境电商发展的影响。

2. 中国政府对跨境电商的监管出台了哪些政策、为支持跨境电商发展进行了哪些有益尝试？

# 第十八章

# 跨境电子商务法律与规则体系

## 本章概要 《《

本章的主题是跨境电子商务法律与规则体系。本章分为八个部分进行分析，分别是跨境电子商务的征税、网上争议解决、消费者保护、网络安全、个人数据保护与隐私规则以及双边自贸协定中的跨境电子商务政策、跨境电子商务法律法规的国际协调、跨境电子商务的法律管辖权问题。

## 学习目标 《《

掌握跨境电子商务法律与规则体系的主要内容；了解跨境电子商务的征税、网上争议解决、消费者保护、网络安全、个人数据保护与隐私规则，以及双边自贸协定中的跨境电子商务政策、跨境电子商务法律法规的国际协调、跨境电子商务的法律管辖权问题。

商务活动都要受到法律的监管，跨境电子商务是一种特殊形式的交易活动，其买卖双方的利益需要受到法律的保护，交易中产生的冲突也需要法律来解决。跨境电子商务法律与规则体系是由规范跨境电子商务活动的各国法律以及国际组织的规则体系共同构成的，具有其特殊性：①不同于传统的商事法律；②不同于国内电子商务法律；③增加了国际组织和区域经济组织的规则体系。

跨境电子商务由于跨越了国境，触碰到了不同国家的电子商务法律与规则体系，涉及各国电子商务法律的协调问题及管辖权问题，因而比国内电子商务法律法规体系更为复杂，值得单列一章，进行系统阐述。跨境电子商务法律与规则体系包括但不限于本章内容。

了解跨境电子商务法律与规则体系对于跨境电商企业具有重要意义。首先，避免由于不遵守东道国法律政策而受到制裁。例如，欧盟一些国家以不遵守东道国数据隐私保护法律为由对谷歌处以几十亿欧元的处罚，并责令其在门户网站进行公开道歉。跨境电商企业应该了解各国相关法律政策，才能避免在国外的法律壁垒面前遭受重创。其次，遇到争端能够找到正确的解决通道。了解跨境电商法律的管辖权及国际协调机制，跨境电商企业可以在进行跨国经营时合理规避法律风险，在应诉时援引正确的法律条款。最后，了解并加入相关国际规则体系，主动掌握规则，有利于跨境电商企业在国际竞争中获得优势。

# 第一节　跨境电子商务征税

## 一、跨境电子商务征税的难点

### （一）跨境电子商务征税的主要问题

根据跨境电子商务的交易特点，交易速度快和交易复杂性高给征税带来困难。由于纳税人交易信息电子数据化，账簿和记账凭证是以网上数字信息形式存在的，缺乏凭证，难以操作。主要表现在：

（1）纳税主体难以确定。由于跨境电子商务不同于传统的经营模式，没有常设机构或非独立代理人，而是通过在互联网服务器上维持一个相对固定的网址即可完成整个商业过程，因此很难确定纳税主体。

（2）纳税时间确定困难。现行税法对纳税期限的规定是按月、季、年。而跨境电子商务完成的交易与传统的交易行为在交易方式上存在明显不同，是按现行税法规定来确定电子商务的纳税期限（按月、按季），还是按发生交易当时来确定纳税期限，税务机关无法界定。纳税环节多样化，交易双方可以通过网上订单、网上支付、网上发货的方式进行，瞬间即可完成交易过程，而且交易具有隐匿性，因而纳税环节难以判断。

（3）纳税地点难以确认。纳税地点涉及的买卖双方主体、网上银行、服务器、网络服务商等，都可能处于不同的地方。因此，到底是以电子商务机构的所在地或是注册登记地为纳税义务发生地，还是以营业行为发生地为纳税义务发生地，或是以服务器所在地为纳税义务发生地，税务机关在实际工作中难以准确把握。

### （二）跨境电商征税的其他问题

跨境电子商务征税面临的其他问题有：是否对跨境电子商务进行税收优惠；是否对跨境电子商务征收新税。有关跨境 C2C 的国际税收也已成为各国与地区的潜在的税收来源。

跨境电商规模交易量大，进出口频繁，传统的税收政策不符合跨境电商交易特点，很多国家相关部门制定措施给予税收优惠政策；但是为了与传统一般贸易利益保持平衡，长期高度倾斜的跨境保税政策需要调整。

为了平衡跨境电商交易和一般贸易，有些国家倡导对跨境电商征收增值税。我国对跨境电商征行邮税，而一般贸易则征进口关税、增值税、消费税等。对跨境电商征收增值税，但税率远低于一般贸易的综合税率，依然体现出国家对跨境电商的政策扶持。

## 二、跨境电商征税的相关法规

### （一）国际通行法规

#### 1. 国际性组织

一些国家或国际性组织（如经济合作与发展组织）已就电子商务税务政策形成了框架协议并确立了相应的原则。1988 年 5 月，世界贸易组织在日内瓦召开为期三天的互联网商务会议，经过激烈的协商，与会的各国代表就互联网交易征税问题达成一致，即一年内暂时免征网上传输的商品关税。这被称为国际电子商务发展史上的里程碑。但是协议仅限于软件、有偿信息等无形的网上传输的商品，而不适用于采用互联网形式交易但是采用传统运输方式运输的有形商品。

#### 2. 美国

免征税费为互联网的发展降低了成本，有效地促进网络技术的创新和发展，可以进一步拓展跨境电商的发展空间。美国在跨境电商征税方面一直倡导免征关税。此外，美国还积极地与国际组织合作，力求实现跨境电子商务税收问题的全球统一。

#### 3. 欧盟

欧盟的在税收方面提倡法律确定性、纳税中立性。1998 年欧盟委员会确立了电子商务征收间接税的征收准则。2000 年 6 月，欧盟委员会提出了新的网上交易增值税议案，对欧盟境外的公司，通过互联网向欧盟境内顾客销售货物或提供应税劳务，销售额在 10 万欧元以上的，应在欧盟国家进行增值税纳税登记，并按当地税率缴纳增值税。欧盟在逐步建立起完善的电子商务税收管理体系，其征税规则被很多国家和地区采纳。

### （二）我国的相关法规

#### 1. 进出口税收政策

我国在跨境电商征税方面积极地实施适应电子商务出口的税收政策，主要解决电子商务出口企业无法办理出口退税的问题；2014 年，国家出台跨境电商零售进口政策，并进一步制定跨境电商零售进口税收政策。2015 年，国务院发布《关于促进跨境电子商务健康快速发展的指导意见》，指出将继续推进出口跨境电商增值税、消费税退税或免税政策。

**233**

### 2. 征税体制

我国借鉴国际上的征税体制，先在华北、华东、西南、华南等区域推行电子发票，再在全国范围内推广，并建立与电子工商登记配套的电子商务税收征管体系。未来的征税体系尚在探讨中。通过建立以网络交易平台为中心的控制"信息流"的税收征管模式和以银行和第三方支付平台为中心的控制"资金流"的税收征管模式成为趋势。

### 3. 征税政策调整

我国的税收政策必须从当下网络发票的全方位推行开始，坚持税收中性原则，采用个人所得税的征管方式，对跨境 C2C 的收入实行超额累进税率的形式，并结合网络数字化、高效化的特色，探索出针对跨境 C2C 业务的网络税收征管体系。现行的跨境关税政策，对小额的跨境电子商务实行免税的政策，极大地促进了跨境电子商务的发展，但是大额的跨境电子商务交易并没有与之相匹配的跨境关税政策。目前多数跨境贸易电子商务平台为了适应跨境贸易电子商务快速发展的需求都是通过快递小包的形式，以 600 美元以下标准分散出境，没有正规的报关、报检等手续，出口企业只能取得速递公司的运输单，却无法提供海关出口报关单等合法凭证，因而很多出口商品都无法退税和进行电子商务跨境结汇。在当前国际贸易不景气的条件下，对跨境电子商务应该采取扶持策略，征税须可缓，或是实行征税优惠政策或进行电子征税。

## 第二节　跨境电子商务网上争议解决

### 一、网上争议解决概况

由于跨境电商环境下交易主体的特殊性和交易方式的灵活性，使跨境电商的争议与传统交易争议的解决方式有很大差别，特别是小额交易的争议问题难以用传统的争议解决方式解决，建立公平、合理、公正的跨境电商网上争议解决体制势在必行。网上争议解决就是利用互联网手段采取在线和解和在线调解、在线仲裁的方式解决跨境电子商务过程中产生的纠纷的各种程序和方法的综合。网上争议解决有两大模式：在线和解的计算机自动化处理模式和在线调解、在线仲裁的网络技术加中立第三方模式。前一种模式是跨境电商销售网站一般都会具备的计算机自动化处理方式，争议双方在不知晓对方报价的情况下各自报价，大大缩短争议解决的时间，有效降低争议解决的成本和费用。后一种模式是利用现代先进的网络传输技术建立模拟的调解或仲裁场景，除了自动化的处理方式外，还需要中立第三方如调解员或仲裁员进行引导，促成争议有效解决。

## 二、联合国国际贸易法委员会网上争议解决机制

跨境电商的争议涉及国家之间的政策和法律的差异，导致跨境电商的网上争议解决无法顺利进行。为了解决跨境电商网上争议解决的困难，国际性的组织制定了相关的解决机制。ODR（Online Dispute Resolution）即在线争议解决，它是指涵盖所有网络上由非法庭但公正的第三方来解决企业与消费者间因电子商务契约所产生争执的所有方式，主要特征是程序的在线性、规则的灵活性、信息的机密性、协议的非强制性。同时 ODR 还具有不排除法院的实体审查、不排除当事人起诉的权利、传统仲裁裁决和法院判决优先的特征。ODR 可以用多种形式进行，主要包括：在线谈判、在线调解、在线仲裁、在线消费者投诉处理和在线诉讼。

但它也存在很多局限：对于大多数不能自动裁决的争议则需要考虑跨境的法律法规和法律管辖，而各国的网上争议解决的规定存在差异，则为网上争议解决带来困难。另外，对于网上争议的主体身份难以确定。我国《涉外民事关系法律适用法》对确定民事主体资格，认定为自然人适用经常居所地法律，法人则适用登记地法律；《涉外民事关系法律适用法》第十四条规定，"当事人可以协议选择合同适用的法律；当事人没有选择的，适用履行义务最能体现该合同特征的一方当事人经常居所地法律或者其他与该合同有最密切联系的法律。"由此可见，对于涉外电子合同的法律适用，在做出相关限制的同时，我国依然采取了合同自体法原则。ODR 网站取得案件管辖权主要方式是协议管辖，但是 ODR 网站采取的商业化的运作模式难以保证对 ODR 的公正性。由于人们对于虚拟环境的不信任以及 ODR 程序的弹性等原因，在世界范围内仅仅有为数不多的 ODR 网站的裁决具有司法强制执行力，远远不能满足跨境电商发展的需求。

## 三、最新进展

### （一）《纽约公约》

联合国国际贸易法委员会已于 2011 年明确提出要努力推动《承认及执行外国仲裁裁决公约》（简称《纽约公约》）关于执行网上仲裁裁定的议定书的订立，希望促成《纽约公约》框架下对网上仲裁协议效力的认可，《纽约公约》也把书面形式作为承认和执行外国仲裁裁决的要件。

### （二）《跨境电子商务交易网上争议解决程序规则草案》

联合国国际贸易法委员会通过的《跨境电子商务交易网上争议解决程序规则草案》，目的在于建立快捷、简易和低费解决低价值跨境争议的渠道。美洲国家组织（OAS）自 2003 年以来已

通过美洲国际私法专门会议审议该问题，希望建立一个"美洲国家网上争议解决平台"，能够统一解决美洲国家间货物和服务销售的电子商务合同争议，其工作也已进入实质性探讨阶段。

## 第三节　跨境电子商务中的消费者保护

近年来跨境网络消费者数量激增，消费纠纷也随之产生。在跨境贸易中，由于语言障碍、法律差异、司法管辖等问题，维权成本很高；无论是国内消费者还是外国消费者，都面临同样的维权难题。建立起合理可行的跨境消费者权益保护制度十分迫切。

### 一、消费者权益保护的内容

跨境电商时代，在线交易的消费者权益保护主要涉及个人数据与隐私的保护、统一适用的退货换货制度、消费者支付款项的安全、消费者网络交易知情权、网上交易消费者权益保护的行政监管和司法诉讼机制。

消费者权益保护内容包括：

1）个人数据与隐私的保护。个人数据是指可识别的与特定主体相关的数据，是对消费者的基础保护。

2）退换货权利。网络交易的特殊性使得消费者错误购买的概率增高，消费者的权益也是影响消费者退换货权利的因素之一。

3）交易安全保护。消费者通过网上银行进行交易，存在系统被入侵的风险，如消费者账户被篡改、交易支付密码被盗、账户资金被非法划走或莫名丢失等，交易应受到保护。

4）知情权。知情权包括商家的身份信息，其登记名称、负责人姓名、主营网址和地理位置、联系方式等；商家的信用情况，认证机构的认证及社会团体、社会中介机构对产品或服务质量做出的承诺和保证；与交易相关的信息，商品或服务的性质、种类、价格、付款方式、送货方式、售后服务等；网络通信所采用的方式、所需的费用；争议解决办法及法律依据等。

### 二、消费者权益保护存在的问题

跨境电子商务环境下，消费者权益受到侵害的现象屡见不鲜，其存在的问题主要有以下几点：

一是消费者对于他国法律在产品安全、信息披露等方面的规制和要求不熟悉往往会导致交易失败。

二是跨境物流相关的法律法规的滞后性导致了众多消费者权益得不到应有的保障，购买境外商品的消费者无法享受类似我国消费者购买境内商品《消费者权益保护法》新增的"网购无理由退货"制度。

三是侵权者能利用网络的虚拟性和高科技性很快地毁灭侵权证据，使消费者和监管者难以掌握证据，因而使侵权行为变得更加难以识别、难以控制。

四是消费者保护的国际管辖问题是导致跨境电商环境下消费者权益保护存在困难的原因之一。

五是以往国际组织推动消费者权益保护的落脚点放在改善国内立法方面，而直接体现在国际协定内容里的条款较为少见。

### 三、建立和完善消费者权益保护机制

针对以上提出的跨境电子商务消费者权益保护存在的问题，应从多个方面有针对性地制定相应措施对网络跨境消费者的权益予以保护：

一是注重保证个人交易数据和隐私安全。对于消费者个人的网上交易数据隐私保护，在现行的消费者权益保护法中还没有明确的规定。在跨境网络交易的有关立法中，规定网络商家应承诺只在所申明的使用目的范围内及消费者本人同意的情形下使用消费者个人资料；未经消费者授权，不得将信息提供给第三人等。

二是严格市场准入机制。对从事网络经营的企业进行严格的市场准入限制，在立法上建立详尽的资格认证审核制度，可以通过设立专门的网站，主管网络商店设立的网上申请及登记、审查和核发网络商店的营业执照。

三是维护网络消费者的知情权。应完善网络交易信息披露规则，应有法律条款规定跨境网络商家有提供产品信息和服务的义务以及应达到的要求，如商品介绍使用的语言最好使用目标消费者所在国家的主要语言。

四是完善国内相关法规，促进国际法规的协调性。我国出台的很多规定绝大多数属于管理性行政规章制度，很多不仅与以前所立的位阶较高的法律相冲突，且与司法解释相互不协调，造成管理与司法的冲突。跨境交易的各个国家在立法和政策上存在较大差异，即使有些国家有关于网络跨境消费者权益保护的法律法规，也存在很多问题，有待完善和优化。

## 第四节　跨境电子商务网络安全

网络安全是保障跨境交易过程的基础。不法分子利用网络进行欺诈，严重损害了消费者的利益。跨境电子商务中对于开拓海外市场的商家来说，若开拓市场所在国的法律制度

和网络系统不安全，则需要在防范网络方面投入较高的成本。了解跨境网络威胁的特点，对跨境网络进行安全防范，可以有效降低跨境电商交易的风险，保证跨境电商健康、快速地发展。

## 一、跨境网络安全的基本内容

跨境电商的网络安全（Cyber Security）问题是指在跨境电商环境下以互联网为载体的交易中的支付安全问题、由互联网引起的个人数据和隐私受到侵犯等问题。跨境电子商务面临的网络安全威胁表现在多方面：在网络的传输过程中被截获、传输的文件被篡改、伪造电子邮件，假冒他人身份、不承认或抵赖已做过的交易等。跨境电子商务安全的基本原则：授权合法性、不可抵赖性、保密性、身份的真实性、信息的完整性、存储信息的安全性。

## 二、跨境网络安全的预防措施

加强网络和信息核心技术关键基础设施及数据的安全可控要在总体国家安全观的统领下做好网络安全工作，各国之间应做好协调工作，建立通行的国际互联网安全防范机制，确保跨境网络的安全。一是要签订安全电子交易协议；二是要加强对网络安全系统的建设和动态监管，增加防火墙、入侵检测系统、公钥基础设施建设，采用数字签名、身份认证、数字时间戳和数字证书等手段；三是要深入开展信息网络安全人员的培训工作，普及网络安全知识、提高网络用户的安全常识。

## 三、跨境网络安全法律法规

### （一）国际相关法规

#### 1. 各国跨境数据流的管理和制约

大规模的政府数据、商业数据和个人数据通过云服务来存储和处理，随着跨境数据的越发频繁，各国开始重视跨境数据流动的管制并重点关注政府和公共部门数据的跨境管理。

澳大利亚在联邦个人隐私原则中对"数据的国际流动"进行了规定，要求机构向海外组织或信息主体以外的某人传送信息受到一定的制约，其在《政府信息外包、离岸存储和处理 ICT 安排政策与风险管理指南》中规定，为政府部门开发的云服务，属于安全分类的数据不能存储在任何离岸公共云数据库中，应存储在拥有较高级别安全协议的私有云或社区云的数据库中。在美国的外资安全审查机制中，对于国外网络运营商通常会要求其与电信小组签署安全协定，要求其国内通信基础设施应位于美国境内，将通信数据、交易数据、用户信息等仅存储在美国境内。意大利、匈牙利等国在当地的法律法规中禁止将政府数据存储于国外的 Iaas<sup>⊖</sup> 服务提供商。印度尼西亚在立法中要求提供公共服务的电子系统运营商必须在印度尼西亚国内建立数据中心，交易数据必须存储在境内。韩国《信息通信网络的促进利用与信息保护法》中规定，政府可要求信息通信服务的提供商或用户采取必要手段防止任何有关工业、经济、科学、技术等重要信息通过信息通信网络向国外流动。印度的电信许可协议中要求各类电信企业（包括互联网服务提供商）不得将用户账户信息、用户个人信息（除了外国用户的漫游信息）转移至境外，否则可能面临吊销许可证的惩罚。

2. 网络空间安全法律法规

2002 年以来，美国通过了近 50 部与网络空间安全有关的联邦法律。后来逐步发展出成熟的国家和国际性网络空间安全战略，制定了网络空间安全的三大战略，即《网络空间安全国家战略》《网络空间国际战略》《网络空间行动战略》。

欧盟网络安全法律法规始于 1992 年。《信息安全框架决议》掀开了欧盟信息安全立法新的一页，该《决议》的目标在于给一般用户、行政管理部门和工商业界存储电子信息提供有效的、切实的安全保护，使之不危及公众的利益。1999 年 1 月 25 日，欧洲议会和欧盟理事会《关于采取通过打击全球互联网上的非法和有害内容以促进更安全使用互联网的多年度共同体行动计划的第 276/1999/EC 号决定》强调必须安全使用网络，为欧盟介入互联网管制，杜绝种族歧视、分裂主义等非法和有害信息提供法律依据。自 2003 年欧盟理事会通过的《关于建立欧洲网络信息安全文化的决议》起，欧盟已经不满足于仅仅通过技术手段来保障网络与信息安全，而是意识到要向所有利益相关者阐明网络信息安全的责任，通过合作与交流，提高全社会的网络安全意识。2005 年，欧盟在掀起了一个信息安全立法的高潮，通过了《打击信息系统犯罪的框架决议》，规定应受到惩罚的犯罪包括三类：非法接触信息系统；非法进行系统干扰；非法进行数据干扰。2007 年，欧盟正式通过了《关于建立欧洲信息安全社会战略的决议》，标志着欧盟已经将区域的信息安全提升到社会形态的高度，要求在全社会实现网络和信息系统的规制，以保障信息网络系统的安全。

### （二）我国相关的法律法规

我国有关计算机和网络安全方面的法规有《计算机软件保护条例》《计算机信息系统安全保护条例》；现行《刑法》中第一次增加"计算机犯罪"的罪名。2000 年 9 月，国务院审议并通过了《中华人民共和国电信条例（草案）》<sup>⊖</sup>和《互联网内容服务管理办法（草案）》，规范电信市场秩序，加强对互联网内容服务的监督管理，维护国家安全、社会稳定和公共秩序。

---

⊖ Iaas，Infrastructure as a Service，基础设施即服务。云计算的一种类型。
⊖ 该条例2016年2月6日修订。

# 第五节　跨境电子商务个人数据保护与隐私规则

## 一、跨境个人数据保护与隐私规则的基本内容

### （一）范畴

传统的隐私权主要是指自然人（非法人）在以下三个方面享受被保护的权利，即个人信息、个人行为自由和个人空间。随着计算机技术和互联网的广泛应用，个人隐私更多的表现为网络上的个人数据，数据隐私于是体现为三个新的方面，即个人数据、网络浏览踪迹、个人邮箱及网络空间。电子商务需要收集、利用、加工、传输消费者的个人数据，在网页上抓取消费者的浏览踪迹，给消费者的电子邮箱发送广告邮件，因此涉及数据隐私保护问题，具体分析如下：

1. 个人数据

消费者对于个人数据何时被收集、怎么收集、收集的内容拥有知情权，即电商应在网站显眼的位置公布其隐私政策，应写明关于个人数据利用、加工、传输的相关政策，不得未经数据主体同意即向第三方泄漏其个人数据。由于商业需求向第三方传输个人数据时，应采取合理的手段保证数据接收方给予数据主体相当的保护。

2. 网络浏览踪迹

利用一些软件，电商网站可以抓取到消费者的浏览路径，推测其购买喜好，实时地向其推销相关产品。有的消费者不喜欢自己的浏览路径被跟踪，拒绝软件对自己进行定位，电商企业应尊重消费者的隐私权利。

3. 个人网络空间

个人拥有网络空间不被打扰的权利。垃圾邮件充斥个人邮箱、广告信息侵扰个人网络空间就是侵犯个人隐私的行为，电商企业不应给消费者滥发广告邮件，并且应给予消费者选择退订广告邮件的权利。

跨境电子商务的隐私保护在电子商务隐私保护基础上多了一些特殊性，即电商企业应该对国外消费者的个人数据进行保护、未经国外消费者允许不能随意抓取其浏览踪迹、不给国外消费者滥发广告邮件；向境外第三方传输个人数据时应保证数据接收方给予同等的保护。然而，跨境电子商务的隐私保护问题不仅是消费者的国籍变化，而是牵涉到了不同国家的法律体系，因此需考虑法律管辖的问题以及国际协调问题。另外，还有一些国际经济组织针对跨境电商隐私保护出台了指导文件，创建了隐私规则体系，跨境电商企业也需要了解。

### （二）主要保护模式

隐私保护模式主要有两大类：以欧盟为代表的法律规制模式和以美国为代表的行业自律模式。

#### 1. 法律规制模式

采取法律规制模式的国家主要通过颁布法律、严格执法程序来实现对数据隐私的保护。到目前为止，世界上已经有几十个国家颁布了数据隐私保护法律，比如欧盟的《数据保护指令》（95/46/EC）、日本的《个人信息保护法》（2003年）、加拿大的《个人信息保护与电子文件法》（2000年）等。采用法律规制模式的国家主要以法律监管措施来规范电商企业的隐私保护行为，通过罚款、强制执行等手段对电商企业产生震慑力。

#### 2. 行业自律模式

采取行业自律模式的国家通常是市场经济发达的国家，重视市场调节手段，弱化政府干预力度。美国有很多不同类型的行业自律组织：倡议性隐私保护自律组织（如"网络隐私联盟"）、个人隐私保护认证组织（如 TRUSTe 和 BBBonline）以及行业协会。在美国，行业组织主要通过对电商企业的隐私保护政策进行审核并在其网站张贴隐私保护信赖标章的形式，引导消费者的购物选择，以市场的力量促使电商企业提高隐私保护标准。

两种模式各有利弊，并且出现了融合的趋势。美国已经修订并颁布了十多部法律，欧盟也在采用"约束性公司规则体系（BCR）"的企业自愿认证方式。总体来说，采取行业自律模式的国家电子商务发展水平较高，而采取法律规制模式的国家对电商企业的束缚较多，略显活力不足。

### （三）国际数据隐私保护规则体系

由于跨境个人数据保护涉及不同国家法律政策的协调问题，不是单个国家可以解决的，因此不少区域经济组织或国际经济组织纷纷出台了相关的指南和框架，以及构建了区域的跨境隐私规则体系。

国际经济组织颁布的相关法律文件包括：1980年OECD提出的《关于隐私保护与个人数据跨境流动指南》，1981年欧洲理事会提出的《个人数据自动处理中的个人保护公约》，1990年联合国出台的《计算机处理的个人数据文档规范指南》，1995年欧盟委员会发布的《数据保护指令》（95/46/EC），以及2004年亚太经合组织推出的《隐私框架》。在这些法律文件中，只有欧盟的具有法律效力，欧洲理事会的对签约国有效。

规则体系目前有两个，即欧盟的"约束性公司规则体系（BCR）"与亚太经合组织的"跨境隐私保护规则体系（CBPR）"。两个规则都以企业自愿申请为前提，对符合隐私保护标准的企业进行认证。规则体系结合了行业自律和法律监管的要素，获得认证的企业将继续受到它的监管，并能够在区域内获得较大的竞争优势。

## 二、跨境个人数据保护与隐私规则的重要性

了解和掌握跨境个人数据保护与隐私规则对于跨境电商企业具有非常重要的意义：

第一，数据隐私保护是信息时代的核心商业规则。电子商务企业的构建离不开消费者的个人信息。一个电商企业拥有的网上消费者越多，占有市场的份额就越大。在电商世界，个人数据才是商业成功的法宝，在跨境电子商务中，拥有国外消费者的个人数据也是海外业务成功的保证。隐私保护不是电商企业吸引个人数据的充分条件，但一定是留住个人数据的必要条件。国外许多实证研究表明，隐私保护水平与消费者在该网站的购物意愿呈正比。

第二，数据隐私规则体系可能成为跨境电商的新壁垒。为了保护信息时代的数据隐私，世界上几十个国家已经颁布了自己的隐私保护法律，其中欧盟的保护力度最高。近来，欧盟已经频频对谷歌、Facebook 等跨境电商巨头发起指控和处罚，要求其对欧盟居民执行"被遗忘权"。类似于外贸中常见的反倾销调查、知识产权保护以及其他技术标准，隐私保护规则很可能成为一个新的贸易壁垒，将对跨境电商的发展产生重要影响。

## 三、跨境个人数据保护与隐私规则的主要问题

跨境个人数据保护与隐私规则尚未解决的问题主要有：

一是法律水平差别问题。虽然世界上已经有几十个国家（尤其是发达国家）颁布了自己的个人数据保护法律，但是仍然有不少国家在这方面基本空白。在已经对个人数据进行立法保护的国家中，保护程度和立法严格程度也存在很大差别，欧盟的数据保护法律最严格，而有些国家，只有一个法律框架，缺乏执法力度。不同国家的数据保护水平给跨境电商的发展带来了很多困难，因为保护水平高的国家会禁止将本国居民的个人信息输出到保护水平低的国家和地区，于是对跨境电商的发展制造了障碍。

二是国际协调问题。由于各国隐私保护法律的范畴、标准、原则、执法有所区别，而且跨境隐私保护执法也需要各国政府部门的配合，因此需要建立国际协调机制。目前，鉴于各国分而治之，还没有完善的国际协调机制，一些区域经济组织建立的隐私规则体系做了有益的尝试。比如 APEC "跨境隐私保护规则体系（CBPR）"要求申请国必须至少有一个隐私保护当局加入"跨境执法安排"，在发生跨境隐私保护案件时与其他国家的隐私保护执法机构合作执法。

三是管辖权问题。跨境电子商务跨越了国界，就产生了法律的适用问题。目前法律界有以下几种观点：适用电商企业所在国的法律、适用利益受到损害的消费者所在国法律、适用购买

行为发生地的法律以及服务器所在国法律等，有待学者和专家研究制定一个统一的标准。

四是全球隐私规则体系问题。由于各国隐私保护法律存在很大区别，最终还需要建立一个全球隐私规则体系，构建统一的隐私保护标准，把全球自愿加入并符合标准的跨境电商企业纳入进来，以促进个人数据在全球范围内无障碍流动。目前只有两个区域性的隐私规则体系，即欧盟的"约束性规则体系 BCR"和亚太经合组织的"跨境隐私规则体系 CBPR"，且影响力还不够大。两个规则正在讨论联手的可能性，有望成为全球隐私规则体系的雏形。

## 第六节　双边自贸协定中的跨境电子商务政策

随着电子商务的应用日益广泛，跨境电子商务已经越来越成为双边自贸协定中必不可少的主题。纵览双边自贸协定中关于跨境电商政策的规定，发现它们在很大程度上具有一致性，都是本着消除跨境电子商务贸易壁垒和促进电子贸易繁荣的原则。双边自贸协定的跨境电子商务政策部分主要涉及以下几个问题：

### 一、电子贸易的非歧视问题

双边自贸协定为促进跨境电子商务的发展，规定不得歧视电子贸易形式以及数字产品。例如，《澳美自由贸易协定》规定不对数字产品征收关税，不得歧视采用电子贸易形式的数字产品（在线音频产品与刻在光盘上的音频产品不应采用不同的收税标准）。不得歧视以电子贸易形式交易的商品，比如用电子邮件发送的建筑设计图与通过传统邮寄形式发送的建筑设计图不应采取不同收税标准。

### 二、数字认证问题

双边政府应努力促成政府签发的数字证书的互认。例如在证书互认的情况下，澳大利亚企业就可以直接在网上向美国政府机构办理数字产品的报关手续；通过网络提交的报关单据也应视为与纸质单据具有同等效力。关于数字认证的合法性，双边自贸协定还规定，任何一方都不得以法律形式阻止电子交易双方采用适当的数字真实性认证方式；也不得剥夺电子交易双方在法庭上证明电子交易真实性的机会。双方应鼓励数字证书在商业领域的互认。

### 三、关税问题

跨境电子商务属于新兴的业态，政府通常对它采取免税的措施以促进其发展。双边自贸协定中大多规定，无论是附着在物理媒介上还是通过网络传送的数字产品，双方政府都不得对其征收进口或出口关税。

## 四、消费者保护问题

促进跨境电商的同时，双边自贸协定也不忘强调对双方消费者的保护。协定通常规定，应采取透明有效的措施来保护消费者的权益，使之在参与电子商务时免受欺诈。在制定个人数据保护标准时，双方应尽可能参照国际标准和相关国际组织的标准。

## 五、无纸化管理问题

双方政府部门应努力推进无纸化办公，并向公众公开电子表格。贸易监管部门应承认电子单据与纸质单据具有同等效力。双方应在无纸化管理上积极合作，提高对贸易管理电子单据的接受程度。

# 第七节　跨境电子商务法律法规的国际协调

由于跨境电商的业务是通过互联网在全球范围内展开的，涉及不同国家和地区，一旦发生纠纷，不太容易得到解决。跨境电子商务是新兴的业态，各国相关领域的法律法规有很大区别，国际协调机制尚未建立，网上争议解决还不规范。一些主要的国际组织意识到了这个问题，从不同方面为跨境电商法律法规的国际协调做出了各自的贡献。

## 一、联合国

联合国国际贸易法委员会于 1966 年由大会设立。大会在设立国际贸易法委员会时承认，各国的国际贸易法律存在差异，给贸易流通造成了障碍，因此，大会把国际贸易法委员会视作联合国可借此减少或消除这些障碍、发挥更积极作用的工具。

联合国国际贸易法委员会一直致力于推动跨境电商法律法规政策的制定，为这种特殊的国际贸易形式保驾护航。早在 20 世纪 90 年代初，国际贸易法委员会就在推动 EDI（电子交换数据）的建设，有力地促进了国际贸易无纸化的发展。从 90 年代末至今，又在讨论电子可转让记录的规范问题。2010 年，针对跨境电商在世界范围内蓬勃发展的状况，国际贸易法委员会决定成立专门的工作组来制定与跨境电商相关的网上争议解决机制。近些年来，在线纠纷解决机制（ODR，Online Dispute Resolution）工作组每年召开会议，向各成员国征求意见，希望最终形成解决方案。

　　2015 年 2 月，ODR 工作组在纽约召开了第 31 次会议，重点讨论了网上争议解决规则的草案，中国作为成员国之一参加了会议。国际贸易法委员会网上争议解决规则旨在为价值低、数量大的电子商务交易提供方便快捷、成本效益高的争议解决程序；旨在为交易营造安全、可预测的法律环境，以确保交易者对网络市场抱有信心；旨在能够推动中小微企业通过电子商务和移动电子商务手段进入国际市场。

## 二、OECD

　　经济合作与发展组织（Organization for Economic Co-operation and Development），简称经合组织（OECD），是由 34 个市场经济国家组成的政府间国际经济组织，旨在共同应对全球化带来的经济、社会和政府治理等方面的挑战，并把握全球化带来的机遇。它成立于 1961 年，总部设在巴黎。

　　OECD 是较早关注数字经济的国际经济组织，成立了数字经济政策委员会（OECD's Committee for Digital Economy Policy），重点关注三个方面，即电子商务的信任问题、大数据和知识经济、互联网政策与治理。电子商务的信任问题也是个人信息保护问题，只有对个人信息采取恰当的保护措施，网络消费者才会建立起对电子商务的信任。早在 1980 年，OECD 就出台了《关于隐私保护与个人数据跨境流动指南》，成为世界个人数据保护立法的蓝本，对欧盟 1995 年颁布的《数据保护指令》（95/46/EC）具有重要影响意义。2013 年，OECD 又推出了《关于隐私保护与个人数据跨境流动指南》的修订版。2007 年，OECD 通过了隐私保护法律国际执法合作的建议，得到了成员国政府的积极响应，取得了很大的进步，尤其是 2010 年由隐私执法当局推出了新的国际合作网络，成效显著。

　　在大数据和知识经济方面，OECD 一直努力推动大数据分析的创新和发展，为成员国最大化利用数字经济的福利而最小化相关风险提供政策指导。

　　在互联网政策与治理方面，OECD 的长期工作目标之一是帮助政府制定刺激数字经济发展、造福全社会的政策。该组织出台了《互联网政策制定原则建议》，旨在保护隐私、互联网安全、知识产权、信息自由流动，以及在加强国际合作的基础之上保持互联网的开放性。从 2006 年开始，OECD 数字经济政策委员会每年都举办关于互联网政策与治理的高端会议，议题广泛，涉及信息基础建设、信息安全、隐私保护、知识产权、国家域名等，对国家的社会、经济和安全政策都有启示意义。

## 三、APEC

　　亚太经济合作组织（APEC，Asia-Pacific Economic Cooperation）是亚太地区最具影响的经济合作官方论坛，共有 21 个正式成员和 3 个观察员。APEC 主要讨论与全球及区域经济有关的议题，如促进全球多边贸易体制、实施亚太地区贸易投资自由化和便利化、推动金融稳定和改革、开展经济技术合作和能力建设等。

APEC 很关注区域内电子商务的发展和合作，专门设有电子商务指导组（Electronic Commerce Steering Group），下设无纸化贸易分组（Paperless Trading Subgroup）和数据隐私分组（Data Privacy Subgroup）。无纸化贸易分组积极推动区域内国际贸易电子化，先后就电子原产地证书、电子商务谈判、电子发票、电子卫生和植物检疫证书、电子提单、电子舱单、电子单据归档及电子贸易金融等问题进行研讨，制定了相关标准和文件，促进了亚太区域电子商务的协同发展。

数据隐私分组于 2003 年成立，致力于在保障区域内个人数据保护水平的基础上推动个人数据的自由流动。DPS 于 2004 年推出《隐私框架》，经部长级会议签字认可；之后研究制定了能够落实隐私框架并具有可操作性的"跨境隐私规则体系 CBPR"，从 2012 年开始接纳符合规则要求的成员。2012 年 12 月，数据隐私分组和欧盟第 29 条工作会联合成立了一个工作组，讨论 APEC 的 CBPR 与欧盟的 BCR 之间的对接问题。2015 年 1 月，APEC 通过了数据加工企业的隐私认证项目，并于近期启动纳新认证工作。数据隐私分组的工作主要是运用行业自律认证来促进企业提高数据隐私保护标准，最终实现亚太区域甚至欧盟区域个人数据的自由流动。

## 四、国际商会

国际商会是为世界商业服务的非政府间组织，是联合国等政府间组织的咨询机构。国际商会于 1919 年在美国发起，1920 年正式成立，总部设在法国巴黎。由于国际商会的成员公司和协会本身从事于国际商业活动，因此它所制定用以规范国际商业合作的规章，如《托收统一规则》《跟单信用证统一惯例》《国际商会 2010 国际贸易术语解释通则》（INCOTERMS）等被广泛地应用于国际贸易中，并成为国际贸易不可缺少的一部分，国际商会属下的国际仲裁法庭是全球最高的仲裁机构，它为解决国际贸易争议起着重大的作用。

随着数字经济的到来，电子商务正在对国际贸易产生深刻的影响，国际商会成立了数字经济委员会（The Commission on the Digital Economy），开始研究制定相关的规则政策。数字经济委员会主要在以下三方面开展国际协调工作：互联网与电信、隐私与个人数据保护、网络安全。

在互联网与电信方面，国际商会努力推动会员所在国政府加大电信基础设施建设，降低电信企业成本，为电子商务的发展建立良好的基础；引导企业经营管理实现透明化，提高诚信，保证域名体系的安全和稳定。

在隐私与个人数据保护方面，国际商会对欧盟旨在保护跨境传输个人数据的标准合同条款

（SCC, Standard Contractual Clauses）提出了合同范本，并针对欧盟 BCR 的申请制作了标准表格；对欧盟的《数据保护指令》（95/46/EC）发表意见；密切关注亚太经合组织的 CBPR 的具体内容和进展情况；引导没有隐私保护法律的国家尽早立法，以提高电子商务消费者的信心。

在网络安全方面，国际商会颁布了《企业网络安全指南》，给企业信息技术部经理们提供实用的网络安全实践指导。国际商会是全球网络专家论坛的创始成员，来自世界各地的网络专家在此交流经验，促进全球网络应用水平的提高。

## 第八节　跨境电子商务的法律管辖权

### 一、传统的商务合同管辖权

传统的买卖合同存在四种管辖基础，即：

（1）原告就被告原则。以被告住所地法院为诉讼管辖法院。该原则在消费合同管辖中依然适用，它是确定民商事管辖的最主要依据。

（2）协议管辖。商家和消费者如果签订了有效协议来选择管辖法院，则纠纷发生后在双方选择的法院地诉讼。协议管辖条款在消费合同中一般是由商品或服务提供者提供的。

（3）合同履行地管辖。有关合同的案件，可以由债务履行地法院管辖。消费合同作为合同的一种，也同样可由合同履行地法院管辖。

（4）消费者原地管辖。在消费合同中，消费者一方无论是在资源占有还是在经济实力上都处于劣势地位，因此各国都在法律上对消费者进行倾斜性规定以保护消费者利益。在消费者对合同另一方提起诉讼时，允许消费者在另一方住所地国法院或在消费者本人住所地国法院进行。

在以上四种管辖基础中，协议管辖优先适用，消费者原地管辖次之，然后才适用原告就被告原则、合同履行地管辖。

### 二、跨境电子商务对传统管辖权提出的挑战

跨境电子商务给传统的法律管辖权提出了挑战：

（1）原告就被告原则的难点在于，识别合同当事人身份及当事人所在地，在目前的技术条件下仍是棘手的难题。

（2）协议管辖的最大挑战是协议管辖条款的效力问题。在网络环境下，一般为在线的格式合同，由于技术限制，消费者除了完全接受格式合同外别无选择。况且该在线合同在消费者点选"我同意"后即进入下一界面，消费者难以保存该电子合同，使得该合同在诉讼中作为证据

使用的难度很大。

（3）合同履行地很难判断。例如，某家网站提供在线电影收费观看服务，而此在线电影网站服务器很可能不在商家所在地国，可能是租用他国的服务器，也可能连商家也不知道他租用的服务器的真实所在国家，此时合同履行地点就无法判断。

（4）消费者原地有时也难以判断。商家在网络环境下，面对浩瀚的商业信息，也难以全面掌控各种信息资源。并且电子商务是背对背的交易，商家不可能具有足够精力、技术来查明与其交易的消费者的真实信息，因此，其面对的消费者可能处于世界任何一个角落，此种情况下如果坚持适用消费者原地管辖，则会把商家推往全世界被诉的巨大风险中。

## 三、跨境电子商务管辖权的探索

电子商务是新兴领域，国际上有关电子商务消费合同管辖理论和实践尚处于起步阶段，未构建出完整的理论体系，各国的立法也基本属于空白。欧盟于2002年生效的《布鲁塞尔条例》，其涉及电子商务消费合同管辖的规定成为世界关于电子商务管辖的第一部相关立法，对各国具有示范与借鉴意义。而海牙国际私法会议是最为重要和最富影响的从事国际统一私法的国际组织，为适应经济全球化的趋势，海牙国际私法会议正将关注的目光转向商法领域，集中精力起草了《民事管辖权和外国判决公约》，开始致力于研究电子商务等新课题。

### （一）欧盟电子商务消费合同管辖权的立法

1968年由法国、联邦德国、意大利、比利时、荷兰、卢森堡在布鲁塞尔签订了《关于民商事案件管辖权及判决执行的公约》(又称《布鲁塞尔公约》)，公约于1988年以《卢加诺公约》的形式将其主要规则扩展到欧洲自由贸易区。《卢加诺公约》确立了原地管辖规则，规定消费者对合同另一方提起诉讼，可在另一方住所所在地缔约国法院或在消费者本人住所地缔约国法院进行；消费合同另一方提出诉讼仅能在消费者住所地缔约国法院进行。《卢加诺公约》还对启动原地管辖规则规定了两项条件：一是在消费者住所所在国，合同缔结前曾收到向其发出的明确特定的邀请或广告；二是消费者在该国采取了缔结合同的必要步骤。

随着科学技术的飞跃发展，贸易活动的不断演变，新的商务活动方式不断涌现，《卢加诺公约》不能有力解决电子商务问题，因此，欧盟于2000年11月30日通过了新的《布鲁塞尔条例》。《布鲁塞尔条例》将《卢加诺公约》规定的适用原地管辖的两项条件修改为：合同是与此类当事人缔结的所有其他情形；消费者与其所居住的缔约国从事商业或职业活动的相对方订立的合同，或者与通过其他方式将其商业或职业活动指向该缔约国的相对方订立，且合同属于这些活动的范围。

### （二）海牙国际私法会议对电子商务消费合同管辖权的立法探索

海牙国际私法会议是 1893 年成立的一个国际组织，于成立之初便将统一管辖权规则、建立国家间判决承认与执行机制作为任务之一。该组织于 2005 年 6 月 30 日通过了海牙《选择法院协议公约》。由于各国现有的管辖权规则存在广泛差异，以及互联网的发展对管辖权规则带来的巨大冲击，《选择法院协议公约》则以统一欧洲共同体和美国之间在民商事案件管辖权规则以及法院判决承认与执行方面的分歧为主要目的。在《选择法院协议公约》起草过程中，消费合同管辖问题始终是讨论的焦点。

《选择法院协议公约》在讨论并在制定的几个草案中，一开始在消费合同管辖问题上借鉴《卢加诺公约》的规定，确立了消费者原地管辖原则，但与《布鲁塞尔条例》有区别，主要是其仍坚持消费者在其住所地采取"必要步骤"作为适用原地管辖的条件之一。这一规定使电子商务中消费者难以适从，因为在互联网环境下，消费者进行交易时其自身真实所在地很难确认，在目前技术条件下无从判断消费者是否采取了必要步骤。其后，草案摒弃了过时的"消费者采取必要步骤"的要求，而主要根据商家将其商业活动指向消费者惯常居住地国，使消费者惯常居住地国享有管辖权。而且还规定，如果商家一方能够证明它采取了合理步骤来避免与惯常居住地在某国的消费者缔结合同，则商家行为不被看作指向该国。此项建议试图保护那些采取一定措施来避免受某特定国家管辖的商家。因为在商务实践中，已有企业通过网站声明其将不与某一国家居民进行交易，所以根据这一规定，此类企业将不接受网站声明地区法院的管辖。

## 本章小结 «

商务活动都要受到法律的监管，跨境电子商务是一种特殊形式的交易活动，其买卖双方的利益需要受到法律的保护，交易中产生的冲突也需要法律来解决。跨境电子商务法律与规则体系是由规范跨境电子商务活动的各国法律以及国际组织的规则体系共同构成的，包括但不限于跨境电商的征税、网上争议解决、消费者保护、网络安全、个人数据保护与隐私规则，以及双边自贸协定中的跨境电子商务政策、跨境电子商务法律法规的国际协调、跨境电子商务的法律管辖权问题。了解跨境电子商务法律与规则体系对于跨境电商企业具有重要意义：首先，避免由于不遵守东道国法律政策而受到制裁；其次，遇到争端能够找到正确的解决通道；最后，了解并加入相关国际规则体系，主动掌握规则，有利于跨境电商企业在国际竞争中获得优势。

## 课后思考题 «

试述跨境电子商务法律与规则体系的主要内容。

# 参考文献

[1] 王健. 电子商务导论——商务角度 [M]. 北京：对外经济贸易大学出版社，2002.

[2] 王健. 跨境电子商务基础 [M]. 北京：中国商务出版社，2015.

[3] 李鹏博. 揭秘跨境电商 [M]. 北京：电子工业出版社，2015.

[4] 易传识网络科技. 跨境电商多平台运营：实战基础 [M]. 2 版. 北京：电子工业出版社，2017.

[5] 王军海. 跨境电子商务支付与结算 [M]. 北京：人民邮电出版社，2018.

[6] 速卖通大学. 跨境电商物流：阿里巴巴速卖通宝典 [M]. 北京：电子工业出版社，2015.

[7] 速卖通大学. 跨境电商数据化管理：阿里巴巴速卖通宝典 [M]. 北京：电子工业出版社，2015.

[8] 速卖通大学. 跨境电商营销：阿里巴巴速卖通宝典 [M]. 北京：电子工业出版社，2015.

[9] 熊斌. 揭秘外贸综合服务 [M]. 北京：团结出版社，2015.

[10] 李瑛. 跨境电商对传统国际贸易的影响 [J]. 现代经济信息，2015(21)：1-2.

[11] 李婵玉. 跨境电子商务背景下的物流模式选择研究 [D]. 南昌：南昌大学，2015.

[12] 王香怡，杨蓊. 中国跨境电商试验区发展现状与经验——以广州跨境电商综合试验区为例 [J]. 对外经贸，2017(9)：91-92.

[13] 龚裕富. 跨境电商 B2B 出口业务发展研究——以杭州跨境电商综试区为例 [D]. 杭州：浙江大学，2017.

[14] 白红平. 电子商务消费合同管辖权规则的选择 [J]. 生产力研究，2008(11)：68-70.

[15] 鞠晔. 电子商务 ODR 争议解决机制研究 [J]. 商业经济，2014(11).

[16] 薛源. 跨境电子商务交易全球性网上争议解决体系的构建 [J]. 对外经济贸易大学学报，2014(4)：95-103.

[17] 戴振华. 论国际数字产品贸易的关税问题 [J]. 理论观察，2015(8)：85-86.

[18] 陈剑玲. 论消费者跨境电子商务争议的解决 [J]. 首都师范大学学报 ( 社会科学版 )，2012(2)：154-156.

[19] HORNLE J. Cross-Border Internet Dispute Resolution[M]. Cambridge：Cambridge University Press，2009.